# GRACE KELLY

DONALD SPOTO

# GRACE KELLY

## A VIDA DA PRINCESA DE HOLLYWOOD

1ª Edição
2014

São Paulo-SP
Brasil

Publicado anteriormente nos Estados Unidos com o título
*High Society – The Life of Grace Kelly* pela Three Rivers Press e, originalmente, pela Harmony Books, selos da Crown Publishing Group, uma divisão da Random House, Inc.

Copyright© 2009 Donald Spoto

Todos os direitos desta edição reservados à Prata Editora e Distribuidora Ltda.

ISBN 978-85-86307-56-0

*Editor-Chefe:*
Eduardo Infante

*Tradução:*
Frederico Rimoli e Marilu Reis

*Preparação e Revisão de Texto:*
Flávia Portellada

*Projeto Gráfico e Direção de Arte:*
Julio Portellada

*Diagramação:*
Estúdio Kenosis

*Foto da capa:*
MPTV.net

**Dados Internacionais de Catalogação na Publicação (CIP)**
**(Câmara Brasileira do Livro, SP, Brasil)**

Spoto, Donald
　　Grace Kelly : a vida da princesa de Hollywood / Donald Spoto ; [tradução Frederico Rimoli e Marilú Reis]. — 1. ed. — São Paulo : Prata Editora, 2013.

　　Título original: *High society : the life of Grace Kelly*
　　Bibliografia

　　1. Atores e atrizes de cinema – Estados Unidos – Biografia 2. Grace, Princesa de Mônaco, 1929-1982. 3. Princesas – Mônaco – Biografia I. Título.

13-12852　　　　　　　　　　　　　　　　　　　　　　　　CDD-923.1

**Índices para catálogo sistemático:**
1. Princesa de Mônaco : Biografia 923.1

Prata Editora e Distribuidora
www.prataeditora.com.br
facebook/prata editora

É PROIBIDA A REPRODUÇÃO

Todos os direitos reservados à editora, de acordo com a legislação em vigor. Proibida a reprodução total ou parcial desta obra, por qualquer meio de reprodução ou cópia, falada, escrita ou eletrônica, inclusive transformação em apostila, textos comerciais, publicação em websites etc., sem a autorização expressa e por escrito da editora. Os infratores estarão sujeitos às penalidades previstas na lei.

Impresso no Brasil/*Printed in Brasil*

**Impressão e acabamento:** Yangraf Gráfica e Editora

PARA MINHAS CUNHADAS
Lissi Andersen e Hanne Møller,
com grande admiração e amorosa gratidão

# SUMÁRIO

Agradecimentos .................................................... 11
Introdução ........................................................ 15

## PARTE 1: ASCENSÃO (1929-1951)

1  Uma estranha no ninho ......................................... 25
2  A melhor aluna ................................................ 45

## PARTE 2: REALIZAÇÃO (1951-1956)

3  Menos é mais .................................................. 65
4  O romance com Gable ........................................... 93
5  No mundo da lua .............................................. 109
6  Amigos e amantes ............................................. 151
7  Subindo no telhado ........................................... 173
8  Crise ........................................................ 187
9  No papel de princesa ......................................... 203

## PARTE 3: OCASO (1956-1982)

10  Incompletude ................................................ 221

Bibliografia ..................................................... 255

# AGRADECIMENTOS

MINHA MAIOR DÍVIDA DE GRATIDÃO é com Grace Kelly Grimaldi, princesa de Mônaco, que me concedeu entrevistas sem as quais este livro não seria possível.

Muitos daqueles com quem conversei sobre Grace, que a conheceram ou trabalharam com ela, não estão mais entre nós. Agradeço então, em memória, a Jay Presson Allen, Peggy Ashcroft, Anne Baxter, Ingrid Bergman, Herbert Coleman, Joseph Cotten, Hume Cronyn, Cary Grant, Tom Helmore, Alfred Hitchcock, Evan Hunter, Stanley Kramer, Ernest Lehman, Simon Oakland, Gregory Peck, Peggy Robertson, James Stewart, Jessica Tandy, Samuel Taylor, Teresa Wright e Fred Zinnemann.

Todos os diretores que trabalharam com Grace e a maioria dos que atuaram com ela também já se foram. Eu fico especialmente agradecido, portanto, aos atores e amigos remanescentes que se dispuseram a colaborar com minhas entrevistas, entre eles, John Ericson, Rita Gam, Edward Meeks e Jacqueline Monsigny.

GRAÇAS A GARY BROWNING, GERENTE do Museu de Rádio e Televisão em Beverly Hills, pude assistir a muitas apresentações de Grace em programas de TV. Mark Gens e a equipe do Arquivo do Centro de Estudos e Pesquisas da Universidade da Califórnia, em Los Angeles, também disponibilizaram algumas das suas imagens televisivas.

## AGRADECIMENTOS

Por muitas vezes, fui auxiliado pela dedicada equipe da Biblioteca Margaret Herrick da Academia de Artes e Ciências Cinematográficas de Beverly Hills, principalmente por Stacey Behlmer e Barbara Hall.

Tom Smith colaborou com as pesquisas feitas na Inglaterra e Jonathan Boone nos Estados Unidos, e eu agradeço a ambos pelo entusiasmo e meticulosidade.

Em 2007, o Grimaldi Forum, um importante centro de exposições em Monte Carlo, organizou um grande tributo para homenagear a vida e a carreira de Grace, 25 anos após sua morte. Pela primeira vez, o príncipe Albert e as princesas Caroline e Stephanie tornaram públicos importantes documentos, como cartas pessoais e fotos.

Claus Kjær e Stine Nielsen do Instituto Dinamarquês de Cinema, em Copenhague, ofereceram uma importante assistência à minha pesquisa.

A atriz Diane Baker, minha amiga, me apresentou à autora francesa Jacqueline Monsigny e a seu marido, o ator Edward Meeks. A pedido de Grace, Jacqueline escreveu e Edward coestrelou o filme *Rearranged* — o último de sua carreira, produzido pouco tempo antes de sua morte, porém, indisponível ao público. Graças à Jacqueline e Edward, pude assistir a este extraordinário filme várias vezes, sobre o qual falo longamente neste livro. Eles foram amigos íntimos de Grace por mais de vinte anos e suas entrevistas me proporcionaram um material valioso e único.

Não pela primeira vez, e certamente não pela última, meu cunhado John Møller dedicou seu tempo e considerável talento na preparação deste livro para a publicação. Mais uma vez, meus cumprimentos por seus dons artísticos e técnicos.

Por várias gentilezas, eu sou grato a John Darretta, Lewis Falb, Sue Jett, Irene Mahoney e Gerald Pinciss.

MINHA AGENTE EM NOVA YORK, Elaine Markson, tem sido uma amiga dedicada e minha confidente há mais de trinta anos. Eu sou igualmente agraciado pela constante ajuda e afetuoso encorajamento de seus sócios, Gary Johnson, Geri Thoma e Julia Kenny.

Elaine me apresentou ao excelente pessoal da Harmony Books, uma divisão da editora Random House, cujo editor é o respeitável e perspicaz Shaye Areheart. Shaye e minha editora incrivelmente atenciosa, Julia Pastore, ofereceram um grande apoio ao meu trabalho. E sou muito grato por isso.

Este livro é dedicado às minhas cunhadas, Lissi Andersen e Hanne Møller, por serem tão empenhadas e acompanharem com tanto entusiasmo a minha carreira. Elas e seus maridos, Søren Andersen e John Møller, me receberam de braços abertos desde o meu primeiro dia na Dinamarca, onde sou abençoado por compartilhar minha vida com o irmão de Lissi e Hanne, Ole Flemming Larsen. Ele assistiu comigo aos filmes de Grace, ouviu pacientemente vários trechos do manuscrito e ofereceu sugestões pontuais para o seu aperfeiçoamento. O olhar artístico de Ole e sua incrível competência linguística são alguns dos seus inúmeros talentos, e seu compromisso comigo e com nossa vida em comum significa mais do que sou capaz de dizer. Grace, que sempre colocou a família em primeiro lugar em sua vida, teria admirado e amado Lissi, Hanne e Ole, tanto quanto eu...

*D.S.*
Sjælland, Dinamarca
Natal de 2008

# INTRODUÇÃO

EM NOSSO ÚLTIMO ENCONTRO, perguntei à Grace Kelly Grimaldi se ela planejava escrever uma autobiografia ou autorizar algum escritor a contar sua história. "Gosto de pensar que ainda estou muito jovem para isso!", disse ela, com uma gargalhada. Sem qualquer indício de presságio, acrescentou: "Donald, você terá que esperar vinte e cinco anos depois que eu partir e, então, *você* contará a minha história". Eu honrei o seu pedido: Grace nos deixou em setembro de 1982 e eu comecei a trabalhar neste livro no início de 2007.

Passei várias horas ao lado dessa notável mulher durante anos, desde que nos conhecemos, na tarde de 22 de setembro de 1975. Em pouco tempo, surgiu uma amizade que se estreitou com o passar do tempo. Quando a encontrei pela primeira vez, em Paris, ela estava preparando a mudança do seu apartamento da Avenue Foch para uma residência nas proximidades. Havia caixas e carregadores por todo lado, mas a gravação daquela tarde apresentou apenas três breves interrupções em nossa longa conversa.

Primeiro, um mordomo idoso, o único empregado que eu vi naquele dia, quis saber o que ele poderia oferecer para o lanche, e Grace perguntou se eu gostaria de chá e biscoitos. Então, alguns momentos depois de começarmos a entrevista, ela pediu licença e foi abrir a porta de vidro que dava para o terraço, deixando entrar o seu gato, curioso para sondar o visitante. Depois, sua filha mais nova, a princesa Stéphanie, então com dez anos, apareceu vinda do quarto. "Mamãe, não consigo encontrar o meu suéter amarelo." Grace disse para ela procurar no lugar mais óbvio: nas gavetas da sua cômoda. Stéphanie retornou momentos depois, sem conseguir encontrar o adorado suéter. Ela pediu licença novamente e foi ajudar a menina, voltando em seguida, depois de solucionar o problema.

O assunto não foi resolvido por algum empregado, nem havia alguém para cuidar das crianças durante a minha visita. "Eu espero que você não se importe com essas pequenas interrupções", disse Grace naquela tarde. "Não gostamos da ideia de deixar as crianças com babás ou acompanhantes. Gostamos de ajudá-las pessoalmente, assim podemos dizer a elas quando devem fazer algo sozinhas. Elas nem sempre recebem tudo nas mãos, isso eu posso garantir!"

A minha visita, naquele dia, era parte importante de uma pesquisa para o meu primeiro livro, *The Art of Alfred Hitchcock*, um tratado completo a respeito dos filmes do diretor. Sabendo que ela raramente concedia entrevistas, eu não tinha muitas esperanças quando escrevi de Nova York, onde morava na época, para o secretário de Grace no palácio de Mônaco. Até 1975, as minhas contribuições literárias se resumiam a alguns artigos publicados em revistas e um ensaio em um livro, por isso não esperava conseguir uma entrevista com a princesa, que era constantemente assediada com esse tipo de coisa.

Duas semanas depois, no entanto, recebi uma resposta de seu secretário, Paul Choisit, perguntando se eu gostaria de me encontrar com Sua Alteza Sereníssima em Paris, em setembro. Mas é claro que eu gostaria. Fui me encontrar com Grace logo depois de passar duas semanas com Alfred Hitchcock, enquanto ele estava dirigindo (o que seria) o seu último filme, *Trama Macabra*, no verão de 1975. Quando contei que tinha uma entrevista marcada com Grace, ele deu um sorriso enigmático, e disse: "Isso será interessante".

EM MINHA PRIMEIRA CONVERSA COM GRACE, naquela tarde de setembro, falamos principalmente sobre os três filmes que ela fez com Alfred Hitchcock, produzidos entre julho de 1953 e agosto de 1954. Ela tinha uma memória afiada, era inusitada, divertida e repleta de histórias engraçadas. Comentou sobre outros diretores, especialmente Fred Zinnermann e John Ford, e comparou os seus métodos e manias com os de Hitchcock. Não havia dúvida quanto ao respeito, ao afeto e à profunda compreensão que ela sentia em relação a Alfred Hitchcock, como diretor e como ser humano. Ela também falou muito francamente a respeito da própria vida e de alguns incidentes sobre os quais me pediu segredo, "enquanto eu ainda estiver por aqui", como ela disse. E eu lhe dei a minha palavra.

Fiquei impressionado com a sua total falta de afetação e de qualquer formalidade da realeza. Ela usava um *tailleur* azul-marinho e, pelo que me lembro, pouquíssimas joias. Grace era muito autêntica, engraçada e irônica, capaz de lembrar coisas com detalhes, e me contou algumas passagens deliciosamente picantes de Hollywood; era realista e cheia de estilo, e parecia tão interessada em minha vida quanto eu na dela. Ficamos sentados em um confortável sofá a tarde inteira, conversando, tomando chá e comendo deliciosos biscoitos, até começar a escurecer.

Mas eu ainda teria uma grata surpresa antes de ir embora.

No final da tarde, Grace me perguntou se alguém iria escrever o prefácio ou a introdução do meu trabalho. Respondi que como este seria meu primeiro livro, ainda não tinha pensado nisso — já me considerava com sorte apenas por ter encontrado um editor independente. "Eu sou constantemente requisitada para endossar produtos", ela continuou, "e para comentar sobre livros ou filmes, mas eu não posso fazer isso, por muitas razões. No entanto, no seu caso farei uma exceção. Se me enviar o manuscrito quando estiver finalizado, você gostaria que eu escrevesse um prefácio para o seu livro?"

Em dezembro, eu lhe enviei a versão final de *The Art of Alfred Hitchcock*, e em 16 de janeiro de 1976, uma correspondência oficial chegou ao meu apartamento em Nova York, contendo a introdução e uma encantadora carta: "Estou enviando o prefácio", ela escreveu, "junto com os impressos que gostei muito de ler. Esta certamente será uma grande obra sobre Alfred Hitchcock". O livro foi publicado em agosto daquele ano, trazendo as palavras de Grace na abertura. Mais de trinta anos depois, ele ainda é editado. A Doubleday comprou os direitos do original, algumas traduções foram surgindo, e o prefácio da princesa de Mônaco ainda honra minha estreia como escritor. Sua generosidade representou um significante acréscimo; sem isso, estou certo de que teria sido ignorado. E "Sim, é claro!", foi o que ela respondeu, quando perguntei se podia citar suas palavras e seu nome na promoção do livro.

INTRODUÇÃO

No verão de 1976, Grace me convidou para ir ao palácio de Mônaco, onde eu a presenteei com a segunda cópia do livro publicado. A primeira, é claro, foi para Hitchcock. Era um dia quente e úmido, e ela havia voltado de sua casa de campo especialmente para a nossa reunião. Chegando aos seus aposentos, eu a encontrei com um lindo vestido de seda laranja, tentando, com dificuldade, colocar uma pulseira. "Ah, Donald", ela disse, sorrindo e estendendo o pulso ao me ver, "você poderia me ajudar com isso por gentileza?"

"O que vamos beber?", ela perguntou em seguida, enquanto nos acomodávamos em um sofá de frente para as portas abertas do terraço, tentando capturar alguma brisa. Resolvemos tomar água com gás. Naquele dia, também conheci a princesa Caroline, uma jovem incrivelmente bonita, que chegou e logo se juntou a nós. Grace tinha orgulho de mostrar a filha, inteligente e elegante, que na época era uma estudante universitária em Paris. Nosso encontro estava agendado para o final da manhã, mas ela insistiu para que eu ficasse para o almoço.

De 1975 até a morte de Hitchcock, em 1980, eu atuei como uma espécie de intermediário, levando mensagens de Mônaco para Hollywood e vice-versa, durante minhas várias visitas a Grace e Hitch. Com a provável exceção de sua esposa, ele não confiava facilmente em ninguém, mas eu era um mero assistente, e comigo ele era tranquilo, especialmente nas vezes em que almoçávamos juntos em seu escritório na Universal Studios. Nesses momentos, em que estávamos só nós dois, ele costumava ser mais franco do que em uma entrevista formal. Ele quase não ria, mas eu o vi chorando ao falar, por exemplo, de sua irmã recentemente falecida.

Grace, por outro lado, era bem mais franca e desarmada, e logo se sentiu segura sobre minha discrição. Acredito que foi isso que a fez se oferecer para escrever o prefácio do meu livro e confiar a mim detalhes de sua parceria com Hitch, de sua vida e sua carreira.

Quando Grace morreu, fui convidado pela National Public Radio dos Estados Unidos para prestar-lhe uma homenagem. Foi uma das coisas mais difíceis que eu fiz em toda a minha vida. Falei brevemente da nossa amizade e de nossas longas conversas sobre as grandes e pequenas coisas da vida.

O livro que você lê agora conta a história de uma vida de trabalho, desde os dias de Grace como modelo e atriz de televisão, até o seu último trabalho cinematográfico, produzido pouco tempo antes de sua morte. Embora este último filme nunca tenha sido lançado, não restam dúvidas de que Grace era um dos maiores talentos de seu tempo, aliás, de todos os tempos. Tenho a sorte de poder comentar este filme inédito com detalhes neste livro, bem como uma vasta seleção de suas aparições televisivas que têm sido, até agora, completamente ignorada pelos biógrafos que retrataram a sua história.

Salvo raras exceções, a vida de Grace não têm sido muito bem narrada. Além de uma surpreendente série de erros factuais e omissões, houve um acúmulo de supostos eventos criados e boatos fantasiosos sobre todo tipo de assunto, casos de amor especialmente, a grande maioria se revelando sem embasamento algum. Ela foi, como descrevo aqui, uma bela jovem com necessidades absolutamente normais e, acima de tudo, com uma profunda capacidade de amar e de ser amada. Como ela mesma disse, "costumava se apaixonar o tempo todo", antes de se casar com o príncipe Rainier de Mônaco. Mas, naquele tempo, se apaixonar não significava ir para a cama com alguém. Eu tentei corrigir os registros sobre este e outros importantes assuntos sem camuflar a verdade — ela teria odiado se eu fizesse isso.

As conquistas de Grace foram singulares sob vários aspectos, e não apenas pelo enorme volume de filmes feitos em tão curto espaço de tempo. Ela trabalhou durante dois dias em uma filmagem durante o verão de 1950 e, depois, de setembro de 1951 a março de 1956, ela atuou em dez filmes. Dez produções em apenas quatro anos e meio já seria algo considerável, mas houve um hiato de um ano nesse período, o que torna mais correto afirmar que ela fez dez filmes em quarenta e dois meses. Sob qualquer ponto de vista, é algo formidável. Além disso, ela também atuou em trinta e seis programas de televisão ao vivo e em duas peças da Broadway, entre 1948 e 1954.

Escrever um livro sobre a vida de Grace Kelly é um privilégio, pois mais que uma biografia, é um testemunho da nossa amizade. Que me perdoem o clichê, mas Grace era muito mais do que um simples rostinho bonito.

"A IDEIA DA MINHA VIDA SER UM CONTO DE FADAS É, POR SI SÓ, UM CONTO DE FADAS."

*Grace Kelly Grimaldi*,
Princesa de Mônaco, para Donald Spoto

# PARTE 1

# ASCENSÃO
## (1929-1951)

Aos 18 anos, como modelo em Nova York, em 1948.

# 1

## UMA ESTRANHA NO NINHO

*Eu nunca me senti realmente bonita, brilhante ou sociável.*
Grace

NO FINAL DA DÉCADA DE 1920, o Hahnemann Medical College, na Filadélfia, era um dos maiores hospitais dos Estados Unidos. Os quartos particulares possuíam luxos incomuns: havia um telefone e um rádio ao lado de cada cama. As enfermeiras podiam ser chamadas através de um botão especial com alto-falantes e modernos elevadores transportavam os visitantes através das alas do hospital. Apesar de atender casos de emergência de todas as classes sociais, o Hahnemann oferecia os seus serviços principalmente aos mais abastados das cidades do leste da Pensilvânia.

Nas primeiras horas da manhã de 12 de novembro de 1929, uma terça-feira, Margaret Majer Kelly chegou ao hospital Hahnemann acompanhada do marido, John B. Kelly, para dar à luz uma criança, que nasceu de parto normal. Eles já tinham um casal de filhos na época, e agora ganhavam mais uma menina. No primeiro dia de dezembro, os Kelly batizaram a filha na Igreja Católica Romana St. Bridget, próxima de onde moravam, no luxuoso bairro da Filadélfia conhecido como East Falls. Ela recebeu o nome de Grace Patricia, em homenagem a uma tia que havia morrido ainda jovem e (segundo Grace acreditava) "porque era uma criança nascida em uma terça-feira", que de acordo com a Mamãe Ganso, era "cheia de graça".

Às margens do rio Schuylkill, East Falls sempre foi um bairro residencial tranquilo, conhecido por seu fácil acesso ao centro de Filadélfia. As famílias estabelecidas e respeitáveis, protestantes com "dinheiro antigo" como os Drexels, Biddles, Clarks, Cadwaladers e Wideners, viviam do outro lado do rio nos subúrbios a oeste, ao longo da chamada Linha Principal, em dezoito comunidades (entre elas Overbrook, Merion, Wynnewood, Ardmore, Haverford, Bryn Mawr, Rosemont and Radnor). O rio funcionava como uma linha de divisão social.

Mas o ingresso na elite da Filadélfia dependia mais da história do que da geografia: uma pessoa era considerada "da sociedade" somente se sua família pudesse ser rastreada até os tempos coloniais, antes da Guerra da Independência. As distinções de classe eram tão imutáveis que os Kelly sabiam que nunca seriam aceitos, não importando a extensão de sua riqueza: eles eram irlandeses, católicos e democratas, e a alta sociedade da Filadélfia era inglesa, episcopal e republicana. "Nós poderíamos ser membros dos registros sociais — os chamados Quatrocentos — se quiséssemos", dizia a sua mãe. "Mas tínhamos mais o que fazer". Se ela realmente acreditava nisso, era muito ingênua. O pai, por outro lado, sabia que não era assim, e se propunha apenas a "se dar bem" nos negócios, nos esportes e na política.

QUANDO GRACE NASCEU, O PAÍS inteiro passava por uma terrível crise financeira. No final de outubro, o mercado de ações estava quase completamente desmoronado, anunciando um desastre econômico que levaria à Grande Depressão. Dezenas de bancos faliram da noite para o dia, inúmeras empresas fecharam suas portas e milhões de americanos se viram subitamente desempregados e sem-teto, arrastados para a extrema pobreza, enfrentando um futuro sem perspectivas. Os Estados Unidos estavam mergulhados no desespero e as manchetes nos jornais relatavam uma trágica onda de suicídios.

No entanto, algumas famílias — como a de Grace —, não foram atingidas pelos terríveis acontecimentos da realidade nacional. Seu pai, John B. Kelly, nunca havia investido no mercado de ações, sua riqueza provinha do mercado da construção civil, que crescera vertiginosamente depois da Primeira Guerra Mundial, e era mantida em dinheiro vivo e títulos do Tesouro Nacional. Sua mansão com dezessete cômodos, localizada no número 3901 da Henry Avenue, fora construída em meio a exuberantes gramados e a propriedade possuía uma quadra de tênis e uma enorme área de lazer para as crianças. Além disso, estava livre de hipoteca, assim como a casa de veraneio que os Kelly possuíam em Ocean City, Nova Jersey. A família passou pela época da Depressão desfrutando de uma vida distinta e privilegiada: as crianças, muito bem-vestidas com as roupas da moda, frequentavam escolas particulares, e havia empregados para cuidar da casa e dos jardins.

Grace tinha dois irmãos mais velhos: Margaret ("Peggy"), nascida em setembro de 1925 e John Junior ("Kell"), nascido em maio de 1927. Depois dela veio Elizabeth Anne ("Lizanne"), em junho de 1933. "Eu não fui uma criança tão saudável quanto meus irmãos", dizia Grace, "meus pais achavam que eu tinha nascido com algum tipo de doença respiratória; estava sempre fungando, espirrando ou tossindo". Nas refeições, sua mãe reservava-lhe sempre o caldo dos assados, tentando constantemente reforçar a resistência da frágil menina.

"Meus outros filhos eram mais fortes e extrovertidos, mas Grace era tímida e retraída", recorda sua mãe. "Ela também era muito frágil e passava a maior parte do tempo doente". Em seus frequentes confinamentos, a garota preenchia o tempo inventando histórias e brincadeiras para sua coleção de bonecas. "Grace podia mudar o tom de voz o quanto quisesses, conferindo a cada boneca uma personalidade diferente. Ela adorava a atenção que recebia por isso, mas também não chorava, caso não a obtivesse."

Magra e reservada, Grace preferia ler histórias de contos de fadas e livros sobre dança; na verdade, suas bonecas favoritas eram vestidas como pequenas bailarinas, com sapatilhas de ponta e delicados *tutu*. Ela também adorava poesia e já dava mostras de seu talento em alguns versos:

> *Eu odeio ver o sol se pôr*
> *No chão, a se espremer,*
> *Temo que em alguma noite quente, ele possa se prender*
> *E pela manhã não ascender!*

Grace não se importava muito com atividades físicas: "Eu gostava de nadar, mas evitava ao máximo os outros esportes e jogos". Isso fez com que algumas vezes ela fosse discriminada. O pai havia sido atleta olímpico e a mãe, campeã de natação e professora de educação física. Os filhos eram fortemente encorajados a se destacar nas competições — aliás, na verdade, era isso o que os pais esperavam deles. A preferência de Grace pelos livros e pelas brincadeiras que faziam uso da imaginação não era muito bem recebida por seu pai, um homem que se interessava pouco por assuntos culturais ou intelectuais.

Nascido em 1889, John B. "Jack" Kelly, era o mais novo dos dez filhos de um casal de imigrantes irlandeses. Abandonando a escola no começo da adolescência, ele foi trabalhar nos negócios da família como pedreiro, enquanto aperfeiçoava sua técnica como remador, treinando no rio, e durante o serviço militar na Primeira Guerra Mundial, se tornou um campeão de boxe. No regresso à vida civil, Jack voltou a trabalhar na construtora do pai, e com o *boom* no ramo da construção civil do pós-guerra da década de 1920, rapidamente se tornou um milionário. Contudo, ele não conquistou tudo sozinho, como frequentemente sugeria, e também não era um modelo de esforço e determinação, em busca do sonho americano. "Ele tinha essa mania de pedreiro e uma fixação pelo mito de Horatio Alger",[1] dizia seu irmão George, que contestava frontalmente essa autoglorificação de Jack. "Que conversa é essa sobre ter as mãos calejadas de tanto assentar tijolos? As únicas vezes que me lembro dele com calos nas mãos era quando passava horas praticando remo no Rio Schuylkill!"

A prosperidade permitia a Jack passar essas longas horas remando. Depois de vencer seis campeonatos nacionais ele partiu para a Regata Henley na Inglaterra, o evento mais famoso do esporte. Mas, em 1920, sua inscrição foi rejeitada no último minuto, quando os juízes determinaram que seus anos de trabalho braçal como pedreiro lhe davam uma vantagem muscular injusta sobre os atletas "cavalheiros". A verdadeira razão, contudo, era que as autoridades inglesas não queriam correr o risco de serem obrigadas a entregar o prêmio para um católico irlandês americano. Os protestos foram tão grandes que, em 1937, as regras de Henley foram modificadas, não mais considerando trabalhadores braçais, mecânicos ou artesãos inaptos para a competição.

Mais determinado do que nunca após essa rejeição, Kelly seguiu para os Jogos Olímpicos da Antuérpia, na Bélgica, onde conquistou a medalha de ouro na modalidade skiff individual e, meia hora depois, a medalha

---

[1] Horatio Alger Jr (1832–1899), foi um autor americano, famoso por escrever livros sobre garotos pobres que conquistaram sua ascensão social com determinação, coragem e honestidade. (N.T.)

de ouro no skiff duplo, remando com seu primo. Sua família jura ser verdade a história de que mais tarde ele teria enviado o seu boné para o Rei George V, e um cartão dizendo "Com os cumprimentos de um pedreiro". Quatro anos depois, durante o verão de 1924, Kelly e seu primo repetiram o feito nas Olimpíadas de Paris, uma conquista que transformou "o pedreiro irlandês" no primeiro atleta do remo a conquistar três medalhas de ouro olímpicas. Com isso, ele se tornou um dos mais famosos atletas de sua geração e seu nome foi incluído no Hall da Fama Olímpico nos Estados Unidos. Anos depois, foi nomeado para o cargo de diretor do National Physical Fitness, pelo presidente Franklin D. Roosevelt, com quem mantinha uma relação de amizade.

Antes de seu triunfo em Paris, Kelly renunciou à solteirice (mas não à vocação de mulherengo), casando-se com Margaret Majer em 30 de janeiro de 1924, na Igreja de St. Bridget. Ela era mais jovem que ele nove anos e muito bonita, aliás, ele também era muito atraente. Eles se conheceram em um clube onde ela competia. Além de campeã de natação, Margaret também era uma das modelos fotográficas mais bem-sucedidas da Filadélfia. Formada em Educação Física, ela se tornou a primeira mulher a lecionar a disciplina na Universidade da Pensilvânia e na Faculdade de Medicina para Mulheres. Ela se converteu do luteranismo para a religião do noivo pouco antes do seu casamento.

"Eu recebi uma sólida formação alemã", declarou Margaret, anos mais tarde. "Meus pais acreditavam em uma disciplina rígida, assim como eu; não estou falando de tirania nem nada parecido, mas de uma certa firmeza." A aparência adequada, o decoro inabalável, a importância das boas maneiras, essas eram preocupações importantíssimas para Margaret Majer Kelly. Ela educou os filhos ensinando-os a se controlar, a mascarar a dor e o desapontamento, a esconder as emoções em público, a disfarçar o esforço e a perseguir a perfeição sem se denunciar. Mas seus ensinamentos foram mais assimilados por Grace do que pelos outros.

A disciplina de Margaret parecia não encontrar limites. Kell a chamava de "General da Prússia" por sua mão pesada, e Grace se lembra da insistência da mãe para que as filhas aprendessem não somente as práticas dos esportes de competição, mas também corte e costura, culinária e jardinagem. "Minha mãe era quem nos educava", dizia. "Meu pai era muito gentil, nunca nos repreendia ou dava umas palmadas. Minha mãe fazia isso. Mas quando meu pai falava com algum de nós, era o suficiente". A vida entre os Kelly era tranquila, movimentada apenas pela necessidade de um constante aprimoramento, e a ocupação principal de Margaret passou a ser a formação dos filhos. Enquanto isso, Jack estava envolvido com a política, os negócios, os esportes e com uma vida social (e amorosa) que não incluía sua família.

Quando Jack estava em casa, recebia frequentemente a visita de atletas famosos do mundo todo. Para Margaret, Peggy, Kell e Lizanne, essas personalidades eram uma companhia agradável e animada, mas não para Grace. Elas faziam com que ela se sentisse ainda mais alienada do que o normal. "Eu nunca me senti realmente bonita, brilhante ou sociável, e todas aquelas conversas sobre esportes, política e negócios me deixavam entediada." As pessoas normalmente confundiam a timidez de Grace com superioridade ou a julgavam pretensiosa. A verdade era que, além de seus diferentes interesses e hobbies, ela era muito míope, e sem os seus odiados óculos grossos ela não enxergava muito bem e não podia reconhecer as pessoas. "Ela era tão míope que não conseguia enxergar a uma distância de três metros sem os seus óculos", recorda Howell Conant, que mais tarde se tornaria o seu fotógrafo favorito.

A autoestima de Grace também foi construída baseada no favoritismo de seu pai, e isso, como em muitas crianças, causou-lhe certa insegurança. "A minha irmã mais velha era a favorita de meu pai", refletiu Grace, anos mais tarde, "depois veio o meu irmão, o único filho homem. Então eu nasci. Mas depois veio a caçula e eu tinha muito ciúme da atenção que ela recebia. Eu ficava sempre agarrada nas pernas da minha mãe, do tipo grudento. Mas ela sempre me afastava, e por isso fiquei ressentida com minha irmã por vários anos".

"Entre os quatro filhos, Peggy era a favorita de Jack", relembra Dorothea Sitley, uma velha amiga da família. "Grace era introvertida, quieta, serena e se sentia abandonada. Peggy e seu pai estavam sempre juntos". Jack admitia a preferência pela primogênita: "Eu sempre achei que seria o nome de Peggy que brilharia algum dia. Qualquer coisa que Grace fazia, Peggy conseguia fazer melhor", pelo menos era o que ele achava.

"De acordo com ele, Peggy estava destinada a ser a estrela da família", recorda o melhor amigo de Grace, o publicitário Rupert Allan (que depois viria a ser o cônsul-geral de Mônaco em Los Angeles). "Jack nunca prestava muita atenção em Grace, ele a aceitava, porém, não a compreendia. Mas ela o adorava e sempre buscava sua aprovação". Jack Kelly era "um homem muito bom", lembra a amiga de Grace, Judith Balaban Kanter Quine, "mas era um homem sem muita sensibilidade".

Consciente da preferência do pai por Peggy, Grace também ansiava pela aprovação da irmã tanto quanto a dele. "Eu costumava ajudar minha irmã a vender flores na rua para arrecadar dinheiro para os programas de caridade da minha mãe, destinados a ajudar animais, o hospital da Pensilvânia e a Faculdade de Medicina da Mulher. Naturalmente, a maior parte de nossos clientes eram os nossos vizinhos. Eles não faziam ideia de que muitas flores vinham dos seus próprios jardins. Durante a noite, Peggy me mandava roubar flores nos jardins da vizinhança e, na manhã seguinte, descaradamente, nós vendíamos essas mesmas flores para eles."

Assim como ela tentava conquistar a amizade da irmã, "Grace admirava muito o pai", segundo a atriz Rita Gam, uma de suas melhores amigas. "Mas ela acreditava que ele nunca havia realmente gostado dela. Ele sempre preferiu Peggy e nunca aprovou a carreira de Grace, e sua mãe era uma mulher muito difícil, bastante crítica e nada calorosa. Seus pais ficaram muito surpresos e intrigados com o seu sucesso. Quando Grace falava sobre isso, havia uma certa melancolia em sua voz, mas ela era uma pessoa leal e muito protetora em relação à família." O seu comportamento, que poderia ser considerado fora do padrão, em uma família de destemidos competidores, no fundo evocava um desejo de carinho e de afeto. "Quando criança", relembra sua irmã Lizanne, "ela adorava ser abraçada e beijada". Essa carência afetiva aumentou com o passar dos anos.

Grace e o pai mantiveram uma convivência distante até sua morte, em 1960. Ela nunca abordou o assunto diretamente, mas dizia que seu pai gostava mais de crianças autoconfiantes, que podiam cair no meio de um jogo e logo se levantar. A insinuação era evidente: essa nunca foi a descrição de Grace, em nenhuma idade, e ela se sentia totalmente incapaz de conquistar sua admiração. Judy Quine concorda: "Jack Kelly nunca foi afetuoso com Grace. Ele entendia de negócios, política e esportes. Ele sabia como lidar com essas coisas, mas não sabia nada a respeito de Grace. Perto do fim de sua vida, ele a aceitou. Ele viu o impacto que ela causou no mundo e só então demonstrou algum respeito. E foi isso que os dois compartilharam no final de sua vida, um profundo respeito".

Era quase provável, então, que um antigo empregado da família, chamado Godfrey Ford, se tornasse uma figura paternal. Tratado como "Fordie", ele era o motorista dos Kelly, além de faz-tudo, e conquistou o carinho e a afeição das crianças, especialmente de Grace. "Ele mantinha todos os carros polidos", lembra a amiga de infância Elaine Cruice Beyer. "E era capaz de organizar uma festa, servir, supervisionar os garçons e o bufê e ainda cuidar dos jardins." O respeito e a afeição de Grace por Fordie, um afro-americano, incutiram nela uma aversão pelo racismo que permaneceu por toda a sua vida.

Toda quinta-feira, quando a babá estava de folga, Fordie ficava encarregado de colocar as crianças na cama. "Grace perguntava minha opinião sobre alguns assuntos", contou ele, anos mais tarde. "Eu dizia a ela o que achava e ela normalmente seguia meus conselhos." Depois, ele deu a ela aulas de direção em frente à casa e nas avenidas próximas, "mas ela nunca foi muito boa para estacionar".

POUCOS DIAS ANTES DE COMPLETAR seis anos de idade, em novembro de 1935, Grace se juntou à Peggy na Ravenhill, um colégio de freiras a menos de um quilômetro de sua casa, na alameda School House. Construída no século 19 pelo milionário William Weightman, Ravenhill era uma enorme mansão em estilo vitoriano, com paredes escuras, lareiras ornamentadas, escadarias teatrais e salões formais. A filha de Weightman doou a vasta residência para a Arquidiocese Católica da Filadélfia, e quando Dennis Dougherty foi nomeado arcebispo em 1918, ele convidou as Religiosas de Assunção, uma ordem de freiras professoras com quem ele havia trabalhado nas Filipinas, para virem de Manila e fundar uma escola para moças em Ravenhill, o que foi feito em 1919. As admissões eram rigorosamente controladas, nunca houve mais de cinquenta alunas na escola, do primeiro ao décimo segundo ano.

"Elas eram excepcionais", dizia Grace, "e eu tinha muito carinho por elas. Eram muito rigorosas com os nossos estudos, mas também muito, muito gentis. Era um grupo extraordinário de professoras, vestidas formalmente com seus longos hábitos pretos, e apesar da austeridade da vida religiosa, as freiras compreendiam aquelas jovens meninas e se dedicavam completamente ao seu bem-estar educacional e espiritual". As freiras exigiam, entre outras regras de etiqueta, que as meninas usassem luvas brancas na escola, uma convenção a qual Grace já estava familiarizada, pelos modos ensinados em casa, por sua mãe.

Em Ravenhill, as professoras de Grace encorajavam o seu hábito de leitura, os seus desenhos, o seu talento para organizar os arranjos de flores da sala de aula e da capela e o costume de preencher o caderno com poesias:

> *Que sorte você tem, pequena flor*
> *recebe do sol todo calor*
> *e assiste impassível a tudo passar*
> *sem nunca sequer piscar*
> *enquanto os outros precisam lutar e se esforçar*
> *contra um mundo e seu eterno pesar.*
>
> *Mas você também deve ter guerras para vencer*
> *como a escuridão sombria e fria das noites sem luar,*
> *ou uma grande trepadeira que procura crescer.*
> *Suporta a chuva e a neve*
> *sem deixar nada, nem de leve*
> *em sua linda face transparecer.*

Em 1943, Grace iniciou os quatro anos do ensino médio na Stevens, uma instituição de ensino leiga, perto de sua casa. Naquele tempo, era incomum uma família católica mandar uma criança para uma escola que não fosse católica, especialmente depois de passar anos em Ravenhill. Mas a família Kelly não era assim tão devotada. "Além de ir à missa aos domingos e rezar antes de ir para a cama, nós não fazíamos mais nada", relembra Lizanne. "Nós não comíamos carne às sextas-feiras, mas minha mãe não era inflexível. Ela dizia: 'Se por acaso vocês estiverem visitando alguém na sexta e servirem carne, comam. Eu não quero que ninguém se sinta constrangido por causa de vocês'". É preciso reconhecer que esta era uma atitude de bom senso religioso de Margaret, um ponto de vista "liberal" como esse não era muito comum entre os católicos norte-americanos.

"Meu pai não era muito religioso", disse Kell, anos mais tarde. "Ele frequentava a igreja principalmente por causa dos filhos, e não porque sinceramente acreditasse. Minha mãe, então, nem era católica até se casar com ele. Ela cumpria a rotina e fazia o mínimo necessário, mas nunca foi uma católica praticante. As pessoas que não a conhecem bem tendem a acreditar que ela é uma devota. Mas ela não se incomoda com o meu afastamento do ponto de vista da religião católica, mesmo sabendo que isso a faz parecer um pouco menos perfeita como mãe". Já Grace, graças tanto a sua família quanto às sábias freiras de Ravenhill, nunca apresentou o neurótico sentimento de culpa e perseguição tão comuns entre os fiéis. Por outro lado, ela sempre encarou sua fé com seriedade, aumentada pelo acúmulo de exigências e decepções da vida.

Aos quatorze anos, ela quase já havia alcançado a estatura de um metro e setenta. Os olhos eram azuis e os cabelos loiros, levemente escurecidos. Ela era esbelta e elegante e praticamente já havia superado os problemas respiratórios da infância; mesmo assim, ainda haviam deixado sua voz com um tom anasalado, o que levaria alguns anos para superar.

Como os hospitais locais estavam abarrotados de vítimas da Segunda Guerra Mundial, voluntários apareciam de todas as classes sociais, e muitas garotas dedicavam várias horas por semana para ajudar as enfermeiras e seus auxiliares sobrecarregados. Apesar de tímida e sensível, Grace apresentava uma eficiente frieza no tratamento das tarefas das enfermarias. Além disso, ela logo percebeu o quanto sua presença era significativa para aqueles jovens rapazes, afinal, sua beleza era estonteante.

A Stevens School, também localizada no bairro de Germantown, havia sido formada "por mães de família interessadas na construção de ideais e de um bom lar e administrá-los de modo eficiente e científico". Este programa amplamente declarado por escrito na virada do século vinte, pretendia, na verdade, um pouco mais do que a conclusão dos estudos das filhas dos ricos da Filadélfia, mas no tempo em que Grace estudou lá, a escola havia tomado um rumo mais acadêmico. Ela se saiu bem em seus quatro anos de estudo, exceto em matemática e ciências, disciplinas que a deixavam entediada.

"Ela é uma das belezas de nossa classe", dizia o livro anual da escola, em 1947. "Muito bem-humorada, sempre pronta para uma risada, nunca teve problemas para fazer amizades. Com um talento nato para a mímica, ela é conhecida por suas habilidades teatrais, cujo apogeu foi alcançado em sua interpretação de Peter Pan na primavera". Grace também participava da classe de música e das equipes de hóquei e de natação, se destacava em dança moderna e ostentava o título de "presidente do Comitê de Bom Comportamento", o que deve ter agradado muito sua mãe. Seu ator favorito, ela declarou naquele ano, era Joseph Cotten, e a atriz era Ingrid Bergman —

ambos contracenaram juntos no filme *À meia-noite*, que ela assistiu várias vezes. "Ingrid Bergman causou um enorme impacto em mim", disse Grace, "Eu não conseguia descobrir de onde vinha aquele tipo de talento teatral". Seu lugar favorito era Ocean City, onde a família possuía uma casa de veraneio, a bebida de que mais gostava era milk-shake de chocolate, sua música clássica preferida era *Clair de Lune* de Debussy, a orquestra era a de Benny Goodman, e ela era fã da cantora Jo Stafford.

Mas o que mais a atraía dentro do ambiente escolar era a atuação, os papéis que representava nos grupos amadores. Seus pais ficaram espantados ao ver sua tímida e retraída filha florescer, não nas competições, mas na participação do esforço conjunto a que um elenco é submetido no palco, com o objetivo de criar um impacto memorável em uma plateia. E a sua principal inspiração veio de um dos irmãos de seu pai.

MAS O MENTOR DE GRACE não foi, como acreditam alguns, seu tio Walter Kelly, que era dezesseis anos mais velho do que o seu pai. A família tinha visto suas atuações no palco e em alguns filmes, mas ele era um tanto constrangedor. Intérprete de vaudeville,[2] ganhou fama com uma série de monólogos que não podiam mais ser representados nas décadas seguintes, pois eram declaradamente racistas. Corpulento e de cara larga, Walter Kelly interpretava "O juiz da Virgínia", uma série de esquetes constantemente modificadas em que ele imitava não somente o juiz como também uma legião de homens negros caracterizados como ignorantes e preguiçosos.

Tanto o juiz quanto os malfeitores, todos interpretados por Kelly, apareciam em um tribunal simulado no qual as "pessoas de cor" tentavam sem sucesso se defender de uma série de acusações capciosas.

As esquetes de Walter sobre "negrinhos" (como ele os chamava) foram apresentadas em clubes, teatros e salões de música por mais de vinte e cinco anos. Ele também fez uma série de gravações de grande sucesso, e apareceu em sete shows da Broadway e em uma meia dúzia de filmes. Grace assistiu a alguns de seus trabalhos, mas considerou apenas um ao mesmo tempo divertido e coerente: o filme *McFadden's Flats*, de 1935, sobre um pedreiro

---

[2] *Vaudeville* foi um gênero de entretenimento — um teatro de variedades — predominante nos Estados Unidos de 1880 ao início dos anos 1930. Diversos números eram apresentados por músicos, dançarinos, comediantes, animais treinados, mágicos, imitadores, acrobatas, atores e cantores, entre outros. N. T.

que enriquecera construindo apartamentos. Walter Kelly morreu em janeiro de 1939. Ele foi atropelado por um caminhão em alta velocidade, em uma rua de Los Angeles, e não resistiu aos ferimentos. Tinha sessenta e cinco anos, nunca havia se casado e acabou perdendo toda a sua fortuna levando uma vida perdulária.

A orientação artística de Grace veio de outro irmão de seu pai, cuja fama merecidamente permaneceu. Para ela, George Kelly era como um guru, um herói. Primeiramente como ator e depois como um dos mais bem-sucedidos dramaturgos americanos. George era um homem completamente diferente de Walter; as divergências eram tantas que eles nunca se interessaram em conviver.

"George Kelly era uma pessoa muito agradável e educada", recorda Rupert Allan, "culto e espirituoso, mas também excepcionalmente elegante e refinado. Grace simplesmente o adorava". Rita Gam concorda: "George era um homem sensível e incrivelmente gentil, e demonstrava um grande interesse pelas incursões teatrais de Grace na juventude".

George Kelly nasceu em 1887 e passou a se apresentar pelo país a partir de 1911. Depois do serviço militar na França, durante a Primeira Guerra Mundial, ele escreveu, dirigiu e estrelou suas próprias peças, muitas das quais (*The Flattering Word, Poor Aubrey, Mrs. Ritter Appears* e *The Weak Spot*) resistiram ao tempo e ainda são representadas ocasionalmente nas escolas e por grupos amadores. A sua primeira grande peça na Broadway, *The Torch-Bearers,* de 1922, que ele também dirigiu, era uma crítica divertida e mordaz sobre os atores de teatro amador e seu egocentrismo. A peça revela o profundo respeito de George pelo palco e o seu desprezo velado pelos artistas amadores sem talento; ironicamente, desde a sua estreia, a peça tem sido apresentada principalmente pelos grupos amadores do "teatro mambembe" que ela critica. "Eu adoro aquela peça tanto quanto adoro o tio George", dizia Grace ao contar as histórias da família. Mas ela nunca mencionava Walter, ou qualquer assunto relacionado a ele.

Dois anos depois de *The Torch-Bearers,* George dirigiu a peça *The Show-Off,* que foi encenada na Broadway quase seiscentas vezes e repetiu o sucesso em Londres. Logo em seguida, ele produziu *Craig's Wife,* que ganhou o prêmio Pulitzer de drama e foi a base do filme *A Dominadora,* de 1950, que deu a Joan Crawford um de seus papéis mais intensos, sobre o arquétipo da esposa da classe média, de meia-idade, controladora, que coloca a perfeição da vida doméstica acima de todos os seus relacionamentos.

Mais peças se seguiram, mas a última década da vida de George Kelly, apesar de confortável e pessoalmente gratificante, foi profissionalmente estagnada. Suas peças não eram satíricas nem vulgares, e geralmente eram compostas de longos atos, nos quais os personagens e os comentários sociais se revelavam através dos diálogos. Ele era um homem que pertencia a um tipo específico de teatro, extremamente moralista, e não conseguira se adaptar ao estilo dos novos autores, como por exemplo, Arthur Miller, Tennessee Williams e William Inge. "Eu não vou mais produzir peças, pois o teatro mudou muito", disse ele, em 1970. "Eu só não quero me envolver com essa era assustadora, superficial e sensacionalista." A verdade é que os estilos do teatro e da comédia popular tinham se modificado, e ele não tinha nenhum desejo de se adaptar a essas mudanças.

Margaret e Jack Kelly, ao contrário do que muitos poderiam pensar, não se orgulhavam de sua ligação com George Kelly. Na verdade, não faziam a menor questão disso. George era homossexual e vivia há décadas com seu parceiro, William Weagley. Naquela época, ter um parente gay era algo terrível demais para qualquer família suportar, com exceção de algumas famílias americanas mais esclarecidas. Um homem "sensível" (a palavra código) podia ser aturado apenas se o silêncio mais profundo sobre a verdade fosse mantido. Quando George morreu, em 1974, Weagley não foi sequer convidado para o funeral. Na igreja, sentou-se em um banco distante e chorou sozinho, completamente ignorado. Ele morreu no ano seguinte.

Durante a infância e adolescência, Grace ouvia as conversas sussurradas e permeadas por comentários sarcásticos sobre o seu tio George. Isso a deixava muito magoada, pois ela gostava muito de suas visitas, quando ele a aconselhava sobre quais peças ler, dava dicas sobre suas falas enquanto ela estava ensaiando, fazia listas de papéis que ela poderia encenar no futuro e era o único da família que encarava com seriedade suas aspirações teatrais. "Eu tenho tanto orgulho de minha sobrinha Grace", disse ele no final da vida. "Ela não é apenas uma excelente atriz, mas é também um ser humano com qualidades notáveis. Se tivesse ficado no palco e continuado sua carreira, acredito que teríamos assistido ótimas performances."

Mesmo à beira da morte, George era capaz de oferecer um belo espetáculo teatral. Quando uma de suas sobrinhas chegou para visitá-lo, ele se dirigiu a ela com palavras dignas de Oscar Wilde: "Minha querida, antes de me dar um beijo de adeus, arrume o seu cabelo — está um horror".

"Para mim, ele era a pessoa mais maravilhosa do mundo", dizia Grace. "Eu podia ficar sentada ouvindo-o falar por horas, o que fazia quase sempre. Ele me apresentou coisas que eu nunca havia considerado — literatura clássica, poesia e grandes peças. Ele amava o belo e o refinamento da linguagem, e compartilhava comigo uma cumplicidade que jamais serei capaz de esquecer. E também era uma das poucas pessoas que enfrentava meu pai, discordava dele e o contradizia. Eu achava tio George um destemido."

George conversou com Jack sobre permitir que Grace atuasse em produções amadoras locais: suas notas na escola eram excelentes, então, por que ela não poderia se dedicar ao teatro? E então, logo que entrou para a Stevens, Grace atuou em uma comédia chamada *Don't Feed the Animals*, escrita por Bob Wellington e encenada pelo grupo The Old Academy Players, na Indian Queen, no bairro East Falls. Não por acaso os atores, que se apresentam a cada temporada desde 1923 (e ainda mantêm uma agenda impressionante), eram fãs de George Kelly, e representaram várias de suas obras.

Para Grace, o tio George foi sempre o favorito da família. Ela convenceu todo o clã dos Kelly a viajar para Nova York, em 12 de fevereiro de 1947, para a noite de estreia na Broadway da peça *Craig's Wife*, que George dirigiu. (O papel principal foi de Judith Evelyn, que depois atuou como a Miss Lonelyhearts no filme *Janela Indiscreta*, de Alfred Hitchcock.)

O álbum de recortes da adolescência de Grace, que ela preservou e que seus filhos exibiram na exposição feita em sua homenagem, em 2007, dá uma ideia do amor que ela tinha pelo teatro. Em 9 de dezembro de 1943, por exemplo, ela assistiu à comédia *Kiss and Tell*, de F. Hugh Herbert, no Teatro Locust e, sempre que pôde, foi assistir às peças do seu tio George.

Em 1943, a vida social de Grace floresceu. Naquele tempo, a expressão "um encontro" não significava uma aventura sexual casual, mas atividades inocentes como assistir a um filme, dançar ou ir a uma festa. De acordo com sua mãe, "O primeiro encontro de Grace foi com um jovem rapaz chamado Harper Davis, que frequentava a escola William Penn Charter e que, às vezes, a levava para assistir a um jogo de basquete ou para dançar". Três anos mais velho do que Grace, Harper era um dos rapazes mais bonitos e populares do seu círculo social, e o álbum de recortes inclui muitas lembranças dos seus encontros. Ele deu a ela um frasco de perfume no Natal, com um cartão dizendo, "Para Grace com amor, Harper". Ela guardou o convite do baile da escola, em que Harper fora o seu par, a embalagem da goma de mascar que ele deu a ela na véspera do Ano-Novo e o cartão da loja em que ele comprou um pingente de prata para ela no Dia dos Namorados. Havia também alguns restos secos e comprimidos de flores que ele deu a ela. A paixão de Grace por arranjos florais começou nesse tempo e culminou no lançamento do livro *My Book of Flowers* [*Meu Livro de Flores*, em coautoria com Gwen Robyns], publicado em 1980.

Naquela época, o namoro entre os jovens "educados" deveria cumprir um cerimonial complexo — que chegava a ser ensinado em escolas como a Stevens e a William Penn. Garotas e garotos tinham que aprender a dançar e saber quais temas eram apropriados para uma conversa civilizada. As meninas eram instruídas sobre a postura correta, como andar e sentar, como segurar suas luvas brancas e o que dizer para o rapaz na porta de casa, ao final do encontro. Os garotos eram ensinados a convidar uma garota para dançar, e recebiam aulas de decoro e compostura regularmente.

Na primavera de 1944, no auge da Segunda Guerra Mundial, Harper concluiu a escola, entrou para a Marinha e foi enviado para o exterior. Pouco tempo depois de voltar, ele desenvolveu esclerose múltipla, doença com a qual lutou até sua morte, em 1953. Grace o visitou muitas vezes durante seu confinamento e compareceu ao seu funeral. "Ele foi o meu primeiro amor, e nunca vou esquecê-lo", disse ela.

O seu relacionamento com Harper, como muitos outros durante seus anos no ensino médio, era completamente recatado. Essa reserva era comum naquele tempo, especialmente nos círculos sociais mais refinados; as necessidades sexuais dos jovens não levavam a uma precipitação, ou a uma correria para, como se dizia, "chegar até o fim". Métodos confiáveis de contraceptivos ainda não estavam disponíveis, e o medo de uma gravidez, de doenças venéreas ou de uma reputação manchada seguravam as rédeas dos impulsos juvenis. Além disso, a penicilina, que mais tarde se tornaria a droga prescrita para o tratamento das doenças sexualmente transmissíveis, tinha sido desenvolvida recentemente e permanecia reservada para os homens feridos em combate. Os médicos civis só tiveram acesso à penicilina para o uso geral depois de 1946.

Isso não quer dizer que as normas de conduta da Rainha Victoria e dos mais conservadores eram observadas em todos os lugares, mas é óbvio que a experiência sexual entre adolescentes norte-americanos na década de 1940 não era tão comum quanto mais tarde se tornaria. Quando Grace se formou no colegial, ela ainda era virgem, apesar de ter se apaixonado muitas vezes. "Minha irmã Lizanne amou somente uma pessoa, o rapaz com quem se casou, mas eu e Peggy nos apaixonávamos todos os dias". Em 5 de junho de 1947, Grace se formou na Stevens School e seus colegas de classe previram o seu futuro: no livro anual da escola, citaram que ela certamente "se tornaria uma estrela dos palcos e das telas". No mês seguinte, ela fez sua primeira viagem para a Europa, com toda a família. A oportunidade foi ocasionada pela participação de Kell na Regata Henley, depois de ter recebido o prêmio James E. Sullivan no início do ano, como atleta amador mais destacado na América. Antes e depois de prestar o serviço militar na Marinha, durante a Segunda Guerra Mundial, Kell foi implacavelmente, até mesmo cruelmente, treinado e impulsionado por seu pai. Ele venceu a competição nacional de skiff simples em 1946 e, no verão de 1947, Jack Kelly finalmente se sentiu vingado pelo episódio ocorrido em 1920 quando Kell venceu o Desafio Diamante de remo, uma vitória que ele repetiu dois anos depois. "Todos sabiam qual era o desejo de Jack", disse Margaret. "Ele sempre dizia que teria um filho que ganharia o Desafio Diamante".

Apesar da conquista impressionante de Henley, Kell nunca ganhou uma medalha de ouro olímpica. "Essa era uma falha que os contemporâneos de meu pai não me deixavam esquecer", disse ele, em 1971. "Era muito difícil seguir alguém como meu pai — um cara grande, forte, com boa aparência e muito bem-sucedido. Sempre houve a pressão pela busca da excelência, para seguir em frente. Eu competi com ele por toda a minha vida. Viver à sua sombra fazia com que as derrotas fossem mais difíceis; embora não fossem frequentes, quando aconteciam eu me sentia humilhado por nós dois". Naquele verão, Jack garantiu que a presença de seu filho na Inglaterra fosse documentada pela imprensa. "Eu nunca consegui entender por que meu pai permitia que os fotógrafos tirassem fotos de Kell se barbeando no banheiro", disse Grace. A influência de Jack, acrescenta Margaret, "nem sempre foi boa para Kell. Eu disse várias vezes para Jack que ele estava "exagerando", treinando o garoto implacavelmente para as Olimpíadas, e que isso o prejudicaria". Arthur Lewis, que conhecia a família inteira, era mais direto: "Jack prejudicou a vida do seu único filho fazendo dele um instrumento para sua vingança pessoal".

Também por exigência do pai, Kell começou a trabalhar nos negócios da família enquanto continuava envolvido com os esportes. Ele era presidente da União Atlética de Amadores e ganhou uma medalha de bronze na Olimpíada de 1956. Ele se tornou vereador na Filadélfia e logo assumiu o cargo de presidente do Comitê Olímpico dos Estados Unidos.

A vida pessoal de Kell era complicada. Ele se casou com uma campeã de natação e teve seis filhos, mas um dia, sem nenhuma explicação, abandonou a família e nunca mais voltou. Ele passou a se comportar como um playboy, teve sérios problemas com o álcool e no dia 2 de maio de 1985, com cinquenta e sete anos de idade, John B. Kelly Jr. caiu morto enquanto caminhava para o clube depois de seu exercício matinal costumeiro, remando no Rio Schuylkill. Ele foi incluído postumamente no Hall da Fama Olímpico dos Estados Unidos, e a Kelly Drive, uma estrada sinuosa ao longo do rio Schuylkill, recebeu o seu nome em homenagem a ele. Até então, ambos eram os únicos atletas pai e filho incluídos no Hall da Fama Olímpico dos Estados Unidos.

"Kell nunca precisou amadurecer", disse Grace. "Ele era ingênuo, confundia atenção com lealdade e tentou muito fazer com que as pessoas gostassem dele, mas ele não tinha a mesma resistência, o senso de humor ou a resiliência do meu pai."

Peggy também não teve uma história feliz. Depois de dois casamentos fracassados, ela se afundou no alcoolismo e morreu de um acidente vascular cerebral com sessenta e seis anos de idade, em 1991. Lizanne era, então, a única filha que restara.

DEPOIS DE HENLEY, NAQUELE VERÃO de 1947, Margaret levou as filhas para a Suíça, enquanto os homens voltaram para a Filadélfia. As férias eram uma espécie de prêmio de consolação para Grace, cujas notas baixas em matemática impediram a sua matrícula na Universidade Bennington, em Vermont, que ela queria frequentar por causa de seu departamento de teatro, altamente conceituado.

Mas Grace não precisava realmente de nenhum consolo. Assim que recebeu a carta de Bennington dizendo que não fora aceita, ela começou a buscar informações sobre como se matricular na Academia Americana de

Artes Dramáticas, em Nova York. Porém, quando finalmente comunicou sua ideia aos pais, eles não ficaram nada satisfeitos, talvez por causa da vida nada ortodoxa de George, irmão de Jack. "Papai ficava desconfortável perto das pessoas de teatro por uma razão muito simples: ele não os entendia", dizia Lizanne. Judith Quine era mais explícita: "Jack Kelly acreditava que o ambiente do teatro era apenas um pouco melhor do que o da prostituição".

"Ela não deixou seu tio George ajudá-la a se preparar para a Academia Americana", lembrou Jack. "Estava determinada a conquistar o seu espaço sem receber privilégios ou o apoio de ninguém." Judith acrescenta, "Ela deixou uma família proeminente na Filadélfia para se tornar uma atriz em Nova York. Era um movimento de independência. Ela tinha, no íntimo, uma certa rebeldia, e era totalmente autossuficiente. Ela sabia como se manter sozinha". Grace estava obstinada em conquistar o sucesso como atriz profissional. "Eu me rebelei contra a minha família e fui para Nova York para descobrir quem eu era, e quem eu não era."

Margaret interveio tentando impedir que a desaprovação do marido se transformasse em um veto total. "Ah, Jack, não é como se ela estivesse indo para *Hollywood*, afinal de contas", disse a mãe. "Deixe Grace ir, não vai acontecer nada demais e ela estará de volta em uma semana."

A ideia de uma carreira no teatro já era suficiente para perturbá-lo, mas perseguir esse sonho em Nova York, e não apenas com um grupo amador na Pensilvânia, bem, isso era a combinação de Sodoma e Gomorra. Manhattan não estava a mais do que 90 minutos de trem da Filadélfia, mas não era lugar para uma jovem sozinha. Por que ela não podia ficar na Pensilvânia e se casar com um bom e rico rapaz católico? "Ouvi dizer que alguns de seus colegas de escola estão saindo", disse Jack a Grace, levantando a possibilidade de permitir a sua "entrada formal" na sociedade, o que era comum naquela época. "Você não quer sair com alguém também?"

A resposta foi firme: "Eu *já* estou saindo com alguém! Por acaso você acha que para conseguir um namorado eu tenho que usar aquelas mulheres que vendem listas com nomes de pretendentes?" Não, definitivamente, ela tinha outros planos que não podiam ser interrompidos.

"Fui salva da perdição profissional", contou Grace, "porque existia um lugar em Nova York em que meus pais acreditavam que eu estaria protegida e preservada. Era um hotel reservado somente para mulheres e, para que eu conseguisse a autorização de meu pai para a audição na Academia

Americana de Artes Dramáticas, deveria concordar em ficar lá e não em um apartamento, sozinha". Talvez por ser um mulherengo, Jack não estivesse inclinado a confiar muito em seus filhos. Um lugar que não permitisse o acesso de homens além do hall de entrada poderia manter segura a jovem senhorita Kelly.

# 2

## A MELHOR ALUNA

*Eu não quero ter a sua mente e vontade, pai — quero ser eu mesma.*
Grace (como Bertha), em *The Father*, de Strindberg

O HOTEL BARBIZON PARA MULHERES, com vinte e três andares, na esquina da Lexington com a 63, foi projetado com elementos da Renascença Italiana combinados os estilos gótico e islâmico. Inaugurado em 1927, representava uma alternativa para as moças que chegavam a Nova York nos anos 1920, saindo de casa em busca de oportunidades de trabalho e de um lugar seguro e respeitável para viver. Os proprietários conquistaram a confiança das famílias mais ricas da época — em 1947, poucas podiam pagar a taxa de doze dólares por semana.

Eram exigidas três cartas de recomendação das pretendentes e sempre havia uma longa lista de espera. As regras de conduta e de vestuário eram rigorosamente observadas, as bebidas alcoólicas eram proibidas nas dependências do hotel e os homens só eram admitidos no térreo. Apesar das restrições, ou talvez por causa delas, o Barbizon era um local muito procurado. "Se uma garota colocasse em seu currículo que vivia no Barbizon", relembra Margaret Campbell, antiga governanta, "isso era quase o suficiente, moral e socialmente", para garantir um emprego; no mínimo, as residentes conseguiam acesso à alta sociedade de Nova York. Várias filhas dos Beale Bouvier viveram no hotel nos anos 1920 e 1930, e com o passar dos anos a lista de inquilinas acumulou futuras celebridades, como a escritora Sylvia Plath e muitas atrizes, aspirantes ou profissionais, como Lauren Bacall, Barbara Bel Geddes, Gene Tierney, Candice Bergen e Liza Minnelli.

As acomodações não eram luxuosas; à primeira vista, o quarto mais parecia a cela de um convento. A maioria tinha cerca de dez metros quadrados, com espaço apenas para uma cama, uma cadeira, um cabideiro, um abajur e uma pequena escrivaninha. Dos seiscentos e oitenta e seis quartos, menos de oitenta tinham banheiros, o restante compartilhava as instalações comunitárias de cada andar. Mas todas podiam usar a academia, a piscina, a biblioteca, a sala de música, a cozinha e a sala de jantar. O chá da tarde era servido no salão, perto da hora do jantar, para beneficiar as que possuíam um orçamento apertado. O lugar era animado, recheado de notícias, fofocas e de música, vinda de uma vitrola que já tinha visto melhores dias.

Grace se mudou para o Barbizon no final de agosto de 1947. "Ela era muito reservada", relembra Hugh Connor, gerente do hotel na época, "parecia muito tímida, sentava-se sozinha e usava óculos enquanto lia ou tricotava". Grace mantinha um gravador no seu quarto; lia em voz alta e depois ouvia a própria voz para melhorar a dicção. Mas não era antissocial e fez muitas amizades que permaneceram por toda a sua vida: quem convivia com ela sabia do seu talento para imitações e não resistia a sua contagiante risada. Carolyn Scott, uma aspirante a modelo que também vivia no hotel, se lembra de Grace como uma pessoa tranquila, que gostava de terninhos de *tweed*, sapatos confortáveis e um chapéu com véu — uma imagem lembrada por muitos, naquele ano. "As roupas que Grace costumava usar", de acordo com outra amiga, Alice Godfrey, "eram um suéter ou cardigã, um lenço ou uma echarpe, e uma saia simples, sem nenhum glamour".

ANTES DE COMPLETAR DEZOITO ANOS, e depois de várias audições e entrevistas, a Academia Americana de Artes Dramáticas aceitou a inscrição de Grace, e entregou-lhe uma cópia da avaliação de suas habilidades:

*Voz:* Inadequadamente colocada
*Temperamento:* Sensível
*Espontaneidade:* Juvenil
*Instinto dramático:* Expressivo
*Inteligência:* Boa
*Observações gerais:* Boa, com muito potencial e frescor

Fundada em 1884, a Academia foi a primeira escola a oferecer um ensino profissionalizante em artes dramáticas e era considerada uma instituição prestigiada para estudantes e atores que trabalhavam nos Estados Unidos. Quando Grace chegou, a lista de inscritos incluía várias personalidades que, mais tarde, se tornariam famosas, como Spencer Tracy, Katharine Hepburn, Edward G. Robinson, Ruth Gordon, Rosalind Russell e Kirk Douglas. Os alunos matriculados deveriam cumprir um programa de dois anos, frequentando aulas durante dois ou três dias por semana nos andares superiores do Carnegie Hall.[3]

"Pelo que me lembro, nossos exercícios e ensaios não tinham uma estrutura rigorosa", contou Grace. "Nós líamos e analisávamos as cenas de peças clássicas e modernas, improvisávamos e, de tempos em tempos, representávamos peças completas para os alunos e professores. Havia aulas de voz, esgrima, maquiagem, mímica — não faltava nada. Também eram disponibilizados ingressos com desconto para as peças da Broadway". Durante o seu primeiro ano na Academia, Grace se lembra de ter assistido às produções de *Finian's Rainbow*, *All My Sons*, *Brigadoon*, *The Heiress*, *A Streetcar Named Desire* e *Mister Roberts*.

O valor da anuidade na Academia era de mil dólares, uma quantia significativa em 1947. Quase todas as estudantes tinham um emprego, assim como Grace, que manteve firme sua recusa em aceitar o apoio dos pais. Muitas de suas colegas trabalhavam como modelo, e insistiam em dizer que ela também poderia ganhar um bom dinheiro em anúncios e comerciais. Ela só precisava de algumas boas fotos para apresentar nas agências.

Em 1946 e 1947, os tempos de paz do pós-Guerra proporcionaram uma prosperidade que permitiu aos americanos o consumo de itens não tão básicos, como aparelhos eletrodomésticos, por exemplo, e gastos com entretenimento e lazer. A retomada da produção em massa impulsionou a fabricação e o consumo de aparelhos de televisão, ao mesmo tempo que as emissoras nova-iorquinas se instalaram na região Oeste para cobrir todo o país. Esse crescimento foi acompanhado por uma proliferação de agências de publicidade, como a criada por Eileen Ford, que precisavam cada vez

---

[3] Quando eu cursei aulas de teatro aos sábados, em 1956, a Academia ficava sobre o Teatro Alvin (mais tarde chamado de Teatro Neil Simon). Lembro-me de um mural de fotos de alunos, em que o retrato de Grace se destacava. Ela tinha recebido um Oscar e já era a princesa de Mônaco.

mais de jovens para promover e divulgar os seus produtos. Ford, por exemplo, passou de dois clientes em 1946 para trinta e quatro no ano seguinte.

As amigas de Grace no Barbizon estavam certas. Com seu porte elegante, seus olhos brilhantes azul-esverdeados, sua tez de alabastro, e um sorriso aberto que fazia todo mundo querer sorrir, ela representava a imagem que a classe média norte-americana adorava e queria copiar. Grace não teve a menor dificuldade para encontrar trabalho como modelo de 1947 até 1949, através da agência de modelos de John Robert Powers, fundada na Filadélfia em 1923. A agência representou sua mãe por um curto período e frequentemente fotografava seus filhos. Em 1947, Powers tinha um escritório em Nova York e, junto com Grace, a atriz Rita Gam entrou para sua lista de modelos. "Eu achava Grace a criatura mais deslumbrante que já havia conhecido", recorda Rita. "Ela também era completamente despretensiosa, sem nenhuma vaidade."

Grace começou a trabalhar por 7,50 dólares por hora, e logo o seu valor subiu para 25,00 dólares por hora e, depois, para mais de 400,00 dólares por semana. Ela se tornou uma das modelos mais bem pagas de Nova York, seus rendimentos permitiam que ela arcasse com o custo da Academia Americana de Artes Dramáticas e ainda economizasse uma boa quantia todo mês. "Ela não queria de jeito algum ser sustentada pela família", diz Lizanne. "Eu me lembro dela dizendo, 'Se eu não puder construir minha carreira com meu próprio esforço, então não quero carreira nenhuma.'" Grace apareceu em comerciais de moda de cinco minutos de duração, filmados em Paris e nas Bermudas, saiu na capa da *Cosmopolitan* e da *Redbook*, fotografou para propagandas de batom da Max Factor, shampoo Lustre Creme, sabonetes Lux e Cashmere Bouquet, cerveja Rheingold, pasta de dentes Ipana, cremes de beleza Talbot e cigarros Old Gold e atuou em muitos comerciais de TV.

"Minhas fotografias até que eram boas", disse ela, anos mais tarde, "mas nos comerciais de TV, francamente, eu estava simplesmente terrível. Eu acho que qualquer um que me assistisse promovendo a pasta de dentes Ipana correria para comprar a Colgate, ou se me vissem nos comerciais do cigarro Old Gold, comprariam Lucky Strikes ou Chesterfields. Poderiam pensar que eu não me saía bem porque não acreditava nos produtos que promovia, mas a verdade é que eu simplesmente não sabia interpretar as palavras e meus gestos não eram nada naturais. Meu primeiro comercial para a TV foi para promover um inseticida, e eu tinha que correr pelo quarto rindo como uma idiota e apertando o spray como se estivesse possuída por um demônio. Não era exatamente para isso que a Academia estava me preparando". Quando contei para Grace que era muito difícil encontrar um de seus comerciais para assistir, ela disse, "Agradeça a Deus por isso!".

A VIDA AMOROSA DE GRACE foi um tema consideravelmente especulado nos tabloides desde a sua morte, mas o número de relacionamentos que ela teve foi largamente exagerado. Mas uma relação íntima realmente se iniciou no final de 1948, quando ela se apaixonou por Don Richardson, um de seus professores na Academia. Onze anos mais velho, ele era um sofisticado nova-iorquino que a deixou completamente encantada, e o romance entre os dois foi muito intenso, durante quase dois anos. "Não foi nenhuma surpresa quando ela pediu permissão para trazê-lo em casa para o final de semana", recorda Lizanne. "A visita aconteceu em abril de 1949 e foi um desastre. Na mesa de jantar, o som dos talheres era ensurdecedor diante do silêncio praticamente absoluto. De vez em quando, alguém tentava iniciar uma conversa, mas era em vão. Richardson tentava encontrar qualquer tema que não fosse o teatro, mas, de novo, o silêncio. Ele simplesmente não se encaixava naquele ambiente, e nunca se encaixou."

Vários motivos poderiam justificar a frieza dispensada a Don Richardson. Separado, mas ainda não divorciado, ele era um ator de Nova York e judeu. Além disso, Margaret insinuou que Grace estava usando o namorado para alavancar a sua carreira. "Querida", ela falou para a filha, "você consegue alcançar o sucesso sozinha. Você não precisa de ninguém". Grace ficou horrorizada com as suspeitas de sua mãe, mas aquelas palavras incutiram nela uma dúvida sobre suas intenções com Richardson. "A situação toda não podia ter sido mais chocante", Grace escreveu para Prudy Wise, uma amiga do Barbizon que depois foi sua secretária. "O fato de eu me apaixonar por um judeu estava além do que eles podiam suportar". Grace terminou o romance quando percebeu que Richardson insistia em manter outros relacionamentos ao mesmo tempo e porque ele não podia se casar, mas, acima de tudo, ela ficou muito confusa sobre os verdadeiros motivos de cada um naquela relação.

Quando se formou na Academia, na primavera de 1949, com dezenove anos de idade, Grace teve a oportunidade de cortar completamente os laços que ainda mantinha com Richardson. "Todos diziam que logo estaríamos dando autógrafos para milhares de fãs e praticávamos todo tipo de assinaturas diferentes. Ah, era só uma questão de tempo antes de conquistar fama e fortuna! Não havia nada entre nós e o estrelato, exceto alguns quarteirões, da Academia para os teatros da Broadway, uma simples caminhada de cinco minutos". Na festa de formatura estava John Cassavetes, um jovem que cursava a Academia, um ano atrás de Grace, e logo iniciaria uma carreira importante como ator e diretor. Ele ficou surpreso ao ouvir o comentário de um outro estudante, dizendo "Aquela Grace Kelly é uma gracinha. É uma pena que sua timidez a impeça de conquistar qualquer coisa".

Mas naquela mesma semana ela estava prestes a conquistar algo independentemente de sua ligação com Richardson ou sua carreira de modelo.

Todo ano, o produtor Theron Bamberger surgia na Academia para selecionar um jovem casal para atuar no Teatro Bucks County, em New Hope, Pensilvânia — uma instituição respeitável do teatro de repertório e um ótimo lugar para um ator principiante ser descoberto. Depois de visitar algumas classes e entrevistar alguns alunos, Bamberger escreveu para Grace, no dia 22 de junho de 1949, convidando-a para atuar em duas peças no verão; os ensaios começariam no dia 19 de julho. De algum modo, essa notícia chegou à imprensa, porque o *New York Times* escreveu que "Grace Kelly, sobrinha do dramaturgo George Kelly, fará sua estreia profissional nos palcos no dia 25 de julho no Teatro Bucks County, na comédia *The Torch-Bearers*, do Sr. Kelly".

O programa impresso para a semana de apresentações identificava Grace descrevendo as conquistas de sua família. "Ela é a filha de John B. Kelly. Seu irmão recentemente apareceu nos noticiários como o vencedor da modalidade skiff no Desafio Diamante da Regata Henley, na Inglaterra. Seu pai foi um campeão de remo e ficou conhecido como o presidente do Partido Democrático na Filadélfia".

Na sátira do seu tio sobre o teatro amador, Grace desempenhou o papel de Florence McCrickett, personagem descrita pelo dramaturgo na edição de 1922 como "uma coisa linda de morrer em um vestido sem mangas de seda amarelo-canário, elegante, explorando a silhueta longa e esbelta de sua figura. Ela usa o cabelo cacheado, em um penteado perfeito, marcante, num tom castanho avermelhado".

Florence representa uma personagem de mesmo nome na peça *The Doctor's Wife* — uma peça dentro da peça —, em que um grupo mambembe é escolhido para uma única performance por uma companhia amadora muito divertida (e mal ensaiada). Grace foi instruída a falar como se estivesse abatida, desligada, e isto ela evidentemente fez com perfeição. "Para uma jovem com muito pouca experiência", escreveu uma crítica local, "a senhorita Kelly passou esplendidamente por esse batismo de fogo das luzes da ribalta. Apesar de ter seu pai e sua mãe sorrindo nas primeiras fileiras e vários amigos espalhados pelo teatro, Grace enfrentou uma verdadeira multidão. De onde eu estava sentada, parecia que ela era a portadora da tocha teatral da família". Esta foi a única crítica que saiu sobre Grace, e foi escrita por uma mulher que conhecia a sua família.

Naquela temporada em New Hope, ela desempenhou outro papel, pequeno mas encantador, como Marian Almond, prima de Catherine Sloper, no drama *The Heiress* (baseado no romance de Henry James, *Washington Square*), que não recebeu nenhuma nota da crítica. Por essas produções ela recebeu o pagamento padrão, cem dólares por duas peças com os ensaios incluídos. Novamente sua família estava na plateia. A reação deles sobre suas apresentações não foi registrada, mas o apoio que Grace constantemente buscou, o do seu pai, ela nunca recebeu. Ao longo dos anos, sempre que era entrevistado, ele declarava aos jornalistas que o sucesso de Grace o surpreendia muito. "Eu sempre achei que Peggy fosse a filha que tivesse mais potencial", dizia. "Pensei que ela alcançaria o sucesso."

NO FINAL DO VERÃO, DURANTE uma curta viagem de férias com sua família em New Jersey, à beira-mar, Grace leu uma notícia dizendo que Raymond Massey iria dirigir e atuar em uma remontagem na Broadway da peça *The Father* (1887), de August Strindberg, o trabalho mais lido e representado do dramaturgo sueco, uma tragédia sombria e colérica. Em um diálogo tenso e cheio de suspense, a peça conta a história do capitão Adolph e sua esposa Laura, que discordam sobre a educação de sua filha Bertha: o pai acreditava que seria melhor a filha sair de casa para estudar, mas a mãe queria que ela ficasse. Esta premissa aparentemente nada dramática é apenas um pretexto para a luta cada vez mais acirrada do casal pelo poder. Laura insiste que a decisão final deve ser só dela porque Adolph pode realmente não ser o pai de Bertha. Ouvindo isso, o capitão fica perplexo, e cada vez mais irritado e agressivo, antes de morrer de um acidente vascular cerebral.

Grace correu para Nova York para fazer a leitura do papel de Bertha. Sem nenhuma experiência na Broadway, e apenas com as recentes peças de verão no currículo, ela sabia que seria difícil conseguir um papel significativo em um clássico importante, com a direção e a companhia do respeitado Massey. Mas Grace havia lido e relido a peça, e fez a audição com uma suave intensidade que conquistou Massey e os produtores. Ela foi escolhida entre vinte e três candidatas. Os ensaios começariam no meio de outubro e a estreia seria no dia 16 de novembro, no Teatro Cort.

Brooks Atkinson, o crítico de arte dramática titular do *New York Times*, sentiu que a produção estava bem feita, mas que havia muita nobreza, que faltava na atuação e na direção de Massey a ferocidade implacável necessária para uma representação do "relâmpago de ira e ódio" de Strindberg. Por outro lado, destacou a garota de vinte anos de idade que estreava na Broadway: "Grace Kelly ofereceu uma encantadora e suave interpretação da filha confusa e de coração partido". Outro crítico escreveu que Grace representava com "uma naturalidade, sem pose, apenas com um frescor encantador". Mas *The Father* — uma peça difícil e exigente —, conseguiu atrair o público apenas por dois meses, e foi encerrada em 14 de janeiro de 1950, depois de sessenta e nove apresentações.

Grace falou da sua estreia com modéstia: "Por dois anos, antes da estreia, me disseram que eu era muita alta para este ou aquele papel, mesmo na Academia. Felizmente, Raymond Massey e Mady Christians (que interpretavam seus pais) eram atores altos; se eles fossem alguns centímetros mais baixos tenho certeza de que eu não estaria no elenco". Massey descartava completamente essa hipótese: "Ela conquistou o papel porque mostrou ser a mais promissora. Durante os ensaios ficamos impressionados com sua seriedade, seu profissionalismo e seu comportamento. Ela era organizada e dedicada. Nos intervalos, perguntava à Mady se ela podia ir ao seu camarim para conversar sobre a peça. Foi um prazer tê-la na companhia, um tipo raro de jovem com uma grande necessidade de aprender e de evoluir".

É interessante tentar imaginar por que Grace queria tanto representar Bertha nesta peça tão sombria. A resposta óbvia é que se tratava de um clássico, com protagonistas experientes no elenco. Mas não há como negar sua atração pelo tema, que ela conhecia tão bem em sua própria vida: uma filha que luta pela independência de uma família rigorosa e possessiva.

> Pai: *Eu acredito que sair de casa será bom para o seu futuro, vá para a cidade e aprenda algo útil. Você irá?*
> Filha: *Ah, sim. Eu vou adorar sair de casa, para longe daqui. Se eu apenas pudesse vê-lo de vez em quando...*
> Pai: *Mas se sua mãe não quiser que você vá?*
> Filha: *Mas ela precisa deixar.*
> Pai: *Mas e se ela não deixar?*
> Filha: *Bem, aí eu não sei o que poderá acontecer. Mas ela precisa, ela precisa! Você deve falar com ela com cuidado. Se eu perguntar, ela não prestará muita atenção.*

A peça sustenta a ideia de que a verdadeira família não deve ser aquela que molda a criança de acordo com as crenças dos pais, mas sim a que proporciona aos filhos a liberdade para aprender e evoluir de acordo com a própria inspiração. "Eu quero ser eu mesma!", grita Bertha — em um texto que Grace conseguia compreender bem, e que ela aparentemente interpretou de forma comovente. No caso da família Kelly, a posição dos pais era só um pouco diferente: Jack não queria que sua filha "fosse para a cidade", e Grace só conseguiu partir porque Margaret achou que ela logo voltaria para casa. Assim como Bertha, Grace precisava que seus pais lhe dessem a liberdade de ser ela mesma e de decidir o próprio caminho — uma autonomia que Grace mais tarde lutaria para dar aos próprios filhos. Em outras palavras, o ponto central de Strindberg atingia em cheio o seu coração, ela era sensível e perceptiva demais para não ter notado que a família na peça era um espelho de sua própria família. Como Judith Quine relembra, "O pai de Grace queria que ela fosse criada à sua própria imagem".

Esse raciocínio poderia explicar a sua hesitação em falar sobre a peça e sua auspiciosa estreia teatral em Nova York, que impulsionou o começo de sua carreira. Com um ar indiferente, ela só comentou que se os atores principais não fossem tão altos, "Eu não estaria no elenco".

AS BOAS CRÍTICAS RECEBIDAS CHAMARAM a atenção dos produtores de televisão em Nova York. Assim como a publicidade e as agências de modelo, os produtores de TV estavam sendo requisitados para fornecer mais "produtos" para os programas ao vivo, em crescente ascensão, como as comédias, game shows, noticiários, programas infantis e dramas.

No início de 1950, muitos programas de sucesso (alguns de longa duração) de vários gêneros já estavam no ar. *The Howdy Doody Show* e *Kukla, Fran and Ollie* eram feitos para crianças, mas grande parte do humor era espontâneo, sem ensaio e mais apreciado pelos pais. O programa de variedades de Milton Berle denunciava o seu passado no gênero Vaudeville. Arthur Godfrey era um humorista que tocava ukulelê, e fez sucesso com uma certa "simpatia arrogante" — até começar a despedir o seu elenco ao vivo na TV. Os jogos de beisebol dominavam a temporada esportiva.

Talvez os mais marcantes tenham sido os dramas televisivos transmitidos ao vivo, patrocinados por empresas que exploraram seus nomes majestosamente, como a *Westinghouse Studio One*, *The Kraft Television Theatre*, *The Lux Video Theatre*, *The Armstrong Circle Theatre*, *The Goodyear Television Playhouse* e *The Philco Television Playhouse*, entre outras. Toda noite, os telespectadores podiam escolher entre vários programas para adultos de trinta minutos ou uma hora de duração, muitos escritos e dirigidos por profissionais com experiência em rádio e teatro, que depois construíram carreiras de sucesso em Hollywood. Eram estrelados por atores antigos, como Robert Montgomery e Ronald Reagan, e novos, como James Dean, Eva Marie Saint, Paul Newman, Walter Matthau, Rod Steiger e Steve McQueen. Os produtores teatrais e agentes compareciam regularmente às peças na Broadway com a esperança de assinar com novos talentos antes que surgisse alguma oferta do cinema, pois os grandes estúdios, que já estavam envolvidos em uma grande batalha com a TV pela audiência, não permitiam que um ator contratado aparecesse nas telinhas de casa.

Edith Van Cleve, que havia sido agente de Marlon Brando, estava procurando um novo talento para representar. (Após uma longa temporada na peça *Um Bonde Chamado Desejo*, de Tennessee Williams, Brando foi para Hollywood no final de 1949 e nunca mais trabalhou no teatro). Grace, que ainda não tinha um empresário, estava trabalhando na peça *The Father*, quando Edith a viu no palco e se ofereceu para representá-la.[4] Grace estava recebendo muitas propostas de trabalho no início de 1950, e percebeu que

---

[4] Grace, que tinha um olho aguçado e um bom tino comercial, aparentemente negociou os próprios termos de seu contrato para a peça *The Father*, simples e objetivo, com duas páginas, sem nenhuma das complicações de um contrato típico de Hollywood.

precisaria de um bom empresário; Edith, uma antiga atriz, de boa família, se adequava perfeitamente às suas necessidades profissionais e pessoais.

"Eu tinha acabado de fazer um teste", Grace relembra, "e recebi um telefonema para ir até um estúdio, localizado em um galpão no extremo oeste de Manhattan, onde fiz outro teste com Robert Alda, para um filme chamado *Taxi*. Eu estava ansiosa para conseguir o papel porque seria filmado em Nova York e não em Hollywood, e o contrato era para um único filme — àquela altura, eu tentava evitar assinar contratos de longa duração com os estúdios —, além disso, era um papel interessante, de uma garota irlandesa que vinha para Nova York com seu bebê e andava pela cidade com um carrinho tentando encontrar o marido. Eu queria experimentar um sotaque irlandês e achei o papel muito simpático. Acabei não conseguindo o papel, mas o teste serviu por alguns anos, me ajudando em outros trabalhos".

O diretor de *Taxi*, Gregory Ratoff, entusiasmado, indicou Grace para o papel de Mary Turner, mas depois de assistirem ao teste, os executivos da Twentieth Century Fox em Hollywood decidiram que ela era muito sofisticada para o papel de uma simples moça do interior. A personagem foi representada por Constance Smith, uma atriz irlandesa que já tinha aparecido em uma dúzia de filmes. "Eu estive na categoria do 'muito' por um longo período", contou Grace. "Eu era 'muito' alta, tinha pernas 'muito' longas, era 'muito' brilhante. Eu me lembro que o Sr. Ratoff gritava sem parar, 'Ela é perfeita! O que eu adoro nessa garota é que ela *não é bonitinha!*'".

Mas Edith logo lhe arranjou um novo teste, para um papel coadjuvante na produção da peça *The Wisteria Trees,* do diretor Joshua Logan, estrelada por Helen Hayes. Os ensaios foram marcados para fevereiro e a estreia seria no final de março, mas Grace perdeu o papel porque Hayes, que possuía o apoio do elenco, julgou que ela não conseguia projetar sua voz e por isso não poderia atuar no palco. Não houve nenhum problema desse tipo durante a peça *The Father* no Teatro Cort, de 1.102 lugares, mas quando ela precisou alcançar do palco vazio os 1.437 assentos do Teatro Martin Beck, na audição para *The Wisteria Trees*, pode ser que, de fato, sua voz tenha soado forçada ou incompreensível. De acordo com seu amigo de longa data, Gant Gaither, "Ela rapidamente ignorava esses contratempos, e se recusava a perder tempo chafurdando em autopiedade". Em vez disso, Grace considerava qual seria sua próxima oportunidade.

Ela não teve que esperar por muito tempo — na verdade, de 1950 até 1954, atuou em três dúzias de dramas ao vivo na TV, o que fez dela uma das atrizes mais ocupadas do meio, mesmo sem estar no elenco de uma série.[5]

Grace começou o movimentado ano de trabalho na TV durante a exibição da peça *The Father*. Depois de haver ensaiado por uma semana pelas manhãs, ela apareceu ao vivo na noite de domingo do dia 8 de janeiro, no canal *Philco Television Playhouse*, no papel principal de Bethel Merriday, baseado no romance de Sinclair Lewis, de 1940. O roteiro de William Kendall Clarke percorreu rapidamente a história de Bethel desde os quinze anos de idade, quando era uma estudante em 1931, até os seus anos na faculdade, em que ela descobre o seu amor pelo palco. Ela inicia uma turnê como atriz profissional e mostrava a sua transformação de tiete em uma experiente atriz. O papel parecia ter sido escrito para Grace.

"Apesar da velocidade da preparação e da transmissão, ela realmente estudou e se empenhou em entender a personagem", relembra o diretor Delbert Mann. "Na verdade, o seu desempenho foi brilhante e por isso ela rapidamente passou a fazer parte do elenco da TV, formado por atores que recebiam vários papéis porque eram profissionais confiáveis."

Fred Coe, que produziu vários projetos de TV com a participação de Grace, acrescenta que ela "era atraente e tinha talento, mas isso muitas outras jovens atrizes de teatro também tinham, e nem por isso se transformaram em estrelas. O que a destacava era o que costumávamos chamar de 'estilo'. Ela não era apenas bonita, ela era a essência do frescor — o tipo de mulher com quem os homens sonhavam em se casar. Todos nós éramos apaixonados por ela. Simplesmente não havia como trabalhar com Grace Kelly sem se apaixonar um pouco por ela". E isso acontecia com frequência. "Todos os integrantes da produção de *Janela indiscreta* e *Ladrão de Casaca* se apaixonaram por ela", relembra o produtor associado de Alfred Hitchcock, Herbert Coleman, alguns anos mais tarde. "Não era somente Hitch. Quase todo mundo queria trazer-lhe uma xícara de chá ou executar

---

[5] A estreia de Grace na TV foi em 3 de novembro de 1948, em *Old Lady Robbins*, uma produção de Albert G. Miller para a *Kraft Television Playhouse*, coestrelada por Ethel Owen, da qual não restou nenhuma cópia. Parece ter sido uma produção banal, pois ela mal se lembrava 30 anos mais tarde. Ela ressurgiu onze vezes em 1950, cinco em 1951, quinze em 1952, três 1953 e uma em 1954. Durante anos, a maioria das fontes erroneamente afirmou que Grace apareceu em mais de sessenta programas de TV, porém, o número exato seria trinta e seis.

uma tarefa ou fazer *qualquer coisa* para ela. Ela quase nunca pedia nada, mas todo mundo queria demonstrar o quanto a admirava. Acho que isso, às vezes, até incomodava."

"Por trás das câmeras ela parecia uma professorinha do interior", recorda Rita Gam. "Seu cabelo ficava preso em um rabo de cavalo, seu rosto não tinha nenhuma maquiagem além de batom e ela usava óculos. Eu a achava muito simpática — e muito tímida. Mas quando nos tornamos amigas, vi que junto à sua determinação de se tornar uma atriz bem-sucedida, ela possuía um tipo de calma interior. Ela aceitava o mundo como ele realmente era, e não como ela gostaria que fosse. Eu me lembro de achar isso uma característica rara em alguém tão jovem."

Durante a última semana de *The Father*, Grace ensaiava com o diretor Franklin Schaffner para a produção *The Rockingham Tea Set*, baseada em uma história de Virginia Douglas Dawson; a transmissão ao vivo (como todas as suas outras apresentações) na noite de segunda, 23 de janeiro, é o exemplo mais antigo que existe de sua performance na TV.

No drama de uma hora de duração (apresentando Grace Kelly como Miss Mappin), ela interpretava a enfermeira acompanhante de uma velha senhora. Miss Mappin é suspeita de haver matado uma antiga paciente — uma mulher amarga que fingia ser paralítica na tentativa de manter seu marido confinado em casa (o que ela, é claro, não conseguiu). Grace tinha uma longa fala introdutória que conduzia a história em flashbacks e, ao assistir a esse monólogo, quase sessenta anos depois, foi inevitável ficar impressionado com sua perfeita dicção e interpretação. Depois disso ela apareceu em mais dez dramas televisivos durante o ano de 1950.[6]

Tudo estava acontecendo muito rapidamente. Em 22 de maio ela era uma das doze personalidades apontadas pela revista *Theatre World* como

---

[6] Em 2 de fevereiro, ela interpretou a protagonista em *Ann Rutledge* — o suposto grande amor de Abraham Lincoln, morta aos 22 anos de idade — uma performance de grande ternura, permeada de jovialidade. Em 3 de março, o canal ABC apresentou Grace em *The Apple Tree* (sem nenhuma ligação com o musical da Broadway); e no dia 25 de abril em um episódio de meia hora da série *Cads, Scoundrels and Charming Ladies*. No dia 26 de maio ela surgiu em *The Token*, e no dia 17 de julho em um episódio da série de suspense *Lights Out*, no capítulo "The Devil to Pay". No dia 6 de setembro, em uma versão da peça de Ferenc Molnár, *The Swan*. No dia 5 de outubro, em "The Pay-Off", um episódio da série *Big Town*. No dia 1 de novembro, em "Mirror of Delusion" da série *The Web*; e duas semanas mais tarde, em "Episode", da série *The Somerset Maugham Television Theatre*, em que interpretava a filha de um casal em ascensão social que se apaixonava por um garoto da classe trabalhadora. Ela passou a véspera do Ano-Novo atuando em *Leaf Out of a Book*.

"as mais promissoras dos palcos da Broadway em 1950". Entre outros homenageados naquela noite, durante a cerimônia no Hotel Algonquin, estavam Charlton Heston e sua esposa, Lydia Clarke.

Naquela primavera de 1950, a agenda de Grace efetivamente acabou (para o seu alívio) com sua carreira de modelo. Edith Van Cleve continuou marcando testes em peças teatrais, mas em junho um evento importante suspendeu também esses compromissos.

Sol C. Siegel, um poderoso produtor da Twenty Century Fox, havia visto Grace em *The Father* e entrou em contato com o diretor Henry Hathaway, que estava em Nova York na época, preparando um filme chamado *Horas Intermináveis*, lançado em 1951. Após uma breve leitura e um teste de figurino e maquiagem, Grace recebeu a oferta de um pequeno papel. Ela aceitou mais pela curiosidade de ver um filme sendo feito em um estúdio de Hollywood. "Estava decidida a construir uma carreira no teatro, mas eu aceitei porque seriam apenas dois dias de trabalho — estaria de volta a Nova York antes do final do verão. Eu realmente acreditei que seria somente uma experiência". Ela concordou com o cachê de 500 dólares e em 15 de junho saiu uma nota no *New York Times* dizendo que Grace havia se juntado ao elenco de *Horas Intermináveis*.

NA MANHÃ DO DIA 26 de julho de 1938, um homem chamado John William Warde abriu a janela do décimo sétimo andar do Hotel Gotham, em Nova York, e subiu no parapeito, ameaçando se suicidar. Sua irmã, alguns amigos, dois médicos e a polícia tentaram convencê-lo a voltar para o quarto. Os bombeiros tentaram estender uma rede para desacelerar sua queda, mas as cordas ficaram completamente emaranhadas. Mais tarde, naquela noite, enquanto milhares de pessoas assistiam horrorizadas e câmeras de televisão filmavam, Warde pulou para a morte depois de onze horas de desespero.

Hollywood sabia reconhecer uma boa história da vida real, apesar de mórbida, e mesmo tendo que modificá-la para preservar a privacidade da família. Uma matéria sobre o incidente, publicada na revista *Nova Yorker*, de 1949, foi chamada de "The Man on the Ledge", mas a Fox mudou esse título, estendeu o tempo e chamou o filme de *Fourteen Hours*. Além disso, nenhum estúdio naquele tempo poderia lançar um filme que terminasse com um suicídio — em vez disso, no roteiro de John Paxton, o homem é finalmente salvo por uma rede e resgatado com segurança (e tratado por um psiquiatra). Com um temperamento nervoso, Richard Basehart interpretou o protagonista como uma pessoa infeliz em todas as suas relações pessoais, sem nenhuma esperança de sucesso na vida, e Paul Douglas é um policial que tenta salvar a vida do homem.

Quando a Fox enviou para Grace a programação de agosto, ela estava na casa dos pais, na Filadélfia. Sua mãe (nas palavras de Lizanne) previu "só Deus sabe que perigos poderiam ocorrer naquela cidade cheia de pessoas do cinema", e sugeriu: "A presença de sua irmã deveria ser muito bem-vinda pela família". A rainha da Inglaterra não poderia ter escolhido um modo mais formal de falar, e imediatamente as irmãs obedeceram ao decreto da mãe. Mas Peggy estava negociando os termos de uma maternidade e de um casamento difícil, então Lizanne, com dezessete anos, foi para Hollywood como a improvável dama de companhia de Grace.

Graças à Edith Van Cleve, que usou alguns contatos, Grace e sua irmã foram instaladas em uma suíte de luxo (cortesia do estúdio) do Hotel Beverly Hills, na Sunset Boulevard. Na manhã seguinte, elas estavam nos portões da Twenty Century Fox, na Pico Boulevard. Grace foi levada para se maquiar em um trailer e, depois, foi vestir o figurino: um vestido caro, luvas, um chapéu branco com um véu e um grande casaco de pele.

Sua personagem era, obviamente, uma mulher de posses, e Grace foi preparada para ser notada em uma cena cheia de pessoas.

Em seguida, ela foi acompanhada por um diretor-assistente para a "Rua Nova York", na parte de trás do estúdio Fox, onde Hathaway estava pronto para dirigir a primeira cena de Grace — em um táxi preso no engarrafamento causado pelo drama do homem no parapeito. As câmeras começaram a filmar e Grace abaixou o vidro da janela do táxi para dizer a um policial (Douglas) que ela estava a caminho de "um importante compromisso, e já estou atrasada agora". Ele a aconselha a descer do táxi e caminhar, o que ela faz. Hathaway gritou, "Corta!", assim que os vários ângulos foram capturados. A primeira cena de Grace Kelly em um filme de Hollywood durou precisamente trinta e um segundos na versão final. Um motorista do estúdio as levou de volta para o hotel, de onde ligaram para casa para contar as novidades do dia. Seu pai não parecia impressionado: "Esse pessoal de cinema consegue ser bem superficial", ele murmurou, como se soubesse isso por experiência própria.

A segunda e última cena de Grace foi filmada no dia seguinte, no cenário de um escritório de advocacia. Depois de ouvir os advogados lendo os complicados termos do seu divórcio e as formalidades sobre a custódia de seus filhos, ela diz uma única palavra: "Sim".

O ator do elenco que fazia o papel de seu marido (interpretado por James Warren) é trazido ao cenário e descobrimos o nome completo do personagem de Grace — Louise Anne Fuller. Ela ficou assistindo o drama do homem no parapeito através da janela do advogado, e agora parece ter pensado melhor sobre o divórcio. "Se você tivesse chegado na hora certa aqui hoje", Louise diz para seu marido, "estaria tudo bem. Eu queria concluir isso [o divórcio], mas eu me cansei de esperar — e pensei". Fica implícito que o casal tentará uma reconciliação; a cena termina com Louise nos braços de seu marido enquanto ela olha mais uma vez para o homem no parapeito. O objetivo da cena é uma ambiguidade: ela se sente tão confusa e sem esperanças quanto ele ou subitamente percebe o quanto sua vida e seu relacionamento são importantes — ou as duas coisas?

Para a sequência foram necessárias apenas três tomadas — a cada vez Hathaway pedia para Grace abaixar um pouco a voz. A sequência no escritório durou um minuto e quarenta e três segundos e, com isso, os dois dias de trabalho estavam terminados. Ela aparece em seu filme de estreia durante dois minutos e catorze segundos.

Siegel, Hathaway e a Fox não tinham outros papéis para Grace, e quando o filme foi lançado, em março de 1951, os produtores não correram para ligar para sua agente oferecendo novos trabalhos. Décadas mais tarde, fica claro que este pequeno papel poderia ter sido bem representado por qualquer uma das várias jovens atrizes disponíveis. No entanto, é uma atuação polida e completa, precisamente por causa de sua compreensão da personagem e da estrutura alusiva de suas falas.

*Fourteen Hours* foi ignorado por quase meio século, até a Fox decidir relançá-lo como um filme *noir*. Apesar da maior parte da ação ocorrer durante a noite, ele certamente não pertence ao gênero. Não há nenhum crime ou violência, nem garotas malvadas, mas é um bom suspense com noventa e dois minutos, prejudicado apenas pela psicologia simplista comum daquela época. Grace, que tentou aprender tudo o que podia durante aqueles dois dias, foi uma colaboradora disposta e gentil, além de extremamente fotogênica. Como disse o inesquecível Cary Grant: "Ela não tem um lado ruim, nos dois sentidos — você pode filmá-la em qualquer ângulo e é uma das figuras menos temperamentais do ramo".

Entretanto, houve uma consequência inesperada da estreia de Grace no cinema. Uma adolescente do Oregon, chamada Gene Gilbert, assistiu ao filme e fundou um fã clube de Grace Kelly, que dentro de um ano, havia se espalhado por todo o país. Gene mantinha Grace informada sobre novas sedes e membros, e Grace respondia educadamente. No íntimo, ela achava isso tudo muito divertido, como se estivesse participando de uma corrida política. Depois que abria as cartas vindas de Oregon, ela anunciava para as amigas, "Nós temos uma nova garota em Washington [ou em qualquer outro lugar]. Eu acho que ela é nossa!".

De volta a Nova York, Grace alugou um apartamento no Manhattan House, um edifício luxuoso, com 581 unidades, que ocupava um quarteirão inteiro entre a Second Avenue e a Third Avenue — construído sobre a antiga garagem de carruagens e bondes da companhia Third Avenue Railway System. A construção do Manhattan House, entre 1950 e 1951, marcou o início de um novo estilo arquitetônico na cidade, a sua fachada de tijolos acinzentados contrastava com o estilo art déco das décadas anteriores.

Os trens elevados da Third Avenue continuavam funcionando, mas das janelas de Grace não era possível vê-los. O seu apartamento tinha uma grande sala de estar, um quarto, uma cozinha, um hall de entrada e uma pequena varanda. Apesar de poder pagar sem dificuldade o modesto preço do aluguel (menos de 100 dólares por mês), ela era essencialmente econômica — e gostava de companhia. Por isso convidou Sally Parrish, uma amiga do Barbizon, para dividir o apartamento com ela; assim como Rita Gam e Judith Quine, Sally permaneceu sua amiga por toda a vida e foi uma das damas de honra do casamento de Grace, em 1956. "A sala de estar não tinha nenhum charme, personalidade ou estilo", de acordo com Judith. "Não chegava a ser feia, mas era completamente sem graça. Os móveis, tecidos e cores eram escolhidos pela praticidade. Tudo parecia marrom. Somente o quarto e o banheiro revelavam que as inquilinas eram mulheres." Provavelmente, ela não sabia que fora Margaret Majer Kelly quem tinha decorado o apartamento, com peças de família tiradas de um depósito e enviadas para Nova York.

# PARTE 2

# REALIZAÇÃO
## (1951-1956)

Grace recebe o Oscar de melhor atriz pelo filme
*Amar é sofrer*, em 30 de março de 1955.

# 3

## Menos é mais

*Deve haver uma maneira melhor para as pessoas viverem.*
Grace (como Amy Fowler Kane), em *Matar ou Morrer*

DURANTE A SEMANA DO NATAL de 1950, Grace recebeu um telefonema de Edith Van Cleve, pedindo para ela ligar para Gant Gaither, um amigo em comum. Ele conheceu Grace em fevereiro de 1947, na Broadway, durante a apresentação da peça que Gaither havia produzido, *Craig's Wife*, do tio George. Agora ele estava produzindo a peça *Alexander*, do ator e diretor Lexford Richards, e os ensaios estavam para começar no Teatro Albany, um local modesto, mas muito respeitado, de propriedade do ator Malcom Atterbury, um rico cidadão da Filadélfia que conhecia a família Kelly.

*Alexander* seria um tipo de encontro familiar, disse Gant. Ele perguntou se Grace poderia vir logo após o Ano-Novo para se preparar para o papel de uma garota educada da sociedade que se torna uma cantora romântica em um clube noturno de Manhattan. Ela prometeu que ia e foi, dizendo que sentiu (como revelou Gant) "que ela poderia desenvolver a habilidade de interpretar um outro tipo de personalidade", diferente dos que ela já havia interpretado.[7]

---

[7] Maiores detalhes descritivos sobre *Alexander* parecem ter caído no esquecimento.

Grace chegou à capital de Nova York em 2 de janeiro, no meio de uma tempestade de neve, e começou a ensaiar mesmo enquanto a peça ainda recebia ajustes; o texto enfrentava problemas desde o primeiro dia, e era reescrito toda noite. "Grace aprendeu muito", segundo Gant. "Ela sabia instintivamente como treinar para sua profissão." Ela se tornou amiga da atriz Leatrice Joy, que atuava no cinema desde 1915 e havia sido casada com o ator John Gilbert. Mas, qualquer chance de levar a peça *Alexander* para a Broadway foi condenada pelo clima ruim, pelo fracasso em atrair o público, as críticas ou o interesse dos donos de teatro em Nova York.

Após duas semanas de ensaios fechados e mais duas semanas de ensaios abertos ao público, a peça foi encerrada. Gant organizou uma festa de despedida, em que Grace resolveu "se soltar", chocando a todos. Sabendo que alguns de seus colegas de Albany (capital de Nova York) achavam que ela era contida demais para alcançar o sucesso, ela subiu em uma mesa e dançou ao som de uma guitarra elétrica, jogando os sapatos longe e sacudindo a cabeça até ficar descabelada. "Se ela fosse ruiva em vez de platinada", disse Gant, "poderia passar por uma cigana". E, com isso, os convidados descobriram que ela não era *tão contida* como eles achavam.

Grace voltou para Nova York e começou a reorganizar a sua agenda para 1951. Seu primeiro trabalho foi em um programa de TV chamado *A Kiss for Mr. Lincoln*, no qual ela usava magníficos (e rapidamente ajustados) trajes de época. David Pressman dirigiu essa comédia de costumes, em que Grace interpretava a Sra. Delight Kennit, uma animada esposa determinada a desviar a atenção do marido da sala de jantar para o quarto. Essa ideia, é claro, era transmitida com a sutileza requerida pela televisão daquela época. Durante a cena, Delight e seu marido Henry estão oferecendo um jantar para o seu sócio e a esposa, que estavam a caminho de Washington para se encontrar com o presidente Lincoln.

Quando Delight aparece usando um moderno brilho labial, seu marido a chama de "indecorosa" na frente dos convidados; mais tarde, ela choca o marido beijando o sócio ao se despedir. Quando eles estão sozinhos, Delight conta a Henry a razão de sua maquiagem: "Eu gosto de ser beijada da forma que um homem *deve* beijar uma mulher — não da maneira que um presidente de banco beija um de seus ativos líquidos. Eu gosto de ser beijada por um homem, e não acariciada por um urso!" Na fala, a voz de Grace se elevava dramaticamente: inicialmente soava como um filhote ferido e depois ela chorava e gritava como uma esposa ultrajada; por fim, ela justifica o seu gesto de despedida: "Foi um beijo para o Sr. Lincoln".

Henry diz que a adora e respeita, mas tem medo de tomá-la em seus braços. "Eu não quero seu respeito, Henry", ela diz, mais calma. "Eu quero seu amor. Eu não me importo em ser um ativo líquido, mas você está me congelando". Em uma tomada final, memorável para a TV ao vivo em 1951, o casal sobe as escadas para, finalmente, compartilhar o mesmo quarto.

Mesmo no início da carreira, sua elegância foi explorada sugerindo que os homens preferiam adorá-la em vez de amá-la, justamente por Grace possuir uma beleza fria como a de uma estátua de mármore ou a postura de uma deusa. Mas esse julgamento se mostra como uma falha de percepção: apesar da bela postura, da beleza e da fala refinada, ela não queria ser tratada como alguém distante e inacessível. A ideia de que Grace era uma pessoa que deveria ser reverenciada em vez de amada se tornou um ponto recorrente em todos os seus filmes, incluindo *Alta Sociedade*, de 1956: "Eu quero colocar você em um pedestal para adorá-la", diz seu noivo, interpretado por John Lund. "Eu não quero ser adorada, eu quero ser amada", responde, queixosamente. "Isso é evidente", ele retruca. "Mas é claro que não", diz ela, com uma expressão que revela o seu desapontamento.

Uma variação do mesmo tema aparece em seu próximo trabalho na TV. Outro dramaturgo vindo da Filadélfia, John L. Balderston, havia concordado em adaptar o seu sucesso de 1929, o romance *Berkeley Square*, que foi ao ar em 13 de fevereiro.[8]

Baseada no conto inacabado de Henry James, *The Sense of the Past*, a história fala sobre um homem moderno que se chama Peter Standish (interpretado na TV por Richard Greene), descendente de um homem com o mesmo nome. Standish vai a Londres para se casar com sua noiva Kate Pettigrew (Mary Scott), mas ele havia lido o diário e as correspondências do seu ancestral e acredita que poderia trocar de lugar com ele e voltar no tempo — o que, milagrosamente, acontece. Mas as coisas não vão muito bem no século dezoito, onde ele se apaixona pela ancestral de Kate, Helen, interpretada por Grace.

---

[8] Em 5 de junho de 1951, Grace também apareceu em *Lover's Leap*, um drama com meia hora de duração, transmitido pelo *Armstrong Circle Theatre*.

Sua interpretação foi etérea sem ser irreal, suas falas eram pungentes sem que soassem maliciosas. Com roupas de época, ela mais uma vez parecia deslizar através dos cômodos do set de filmagem — o que é impressionante, considerando que ela era obrigada a dar passos meticulosamente ensaiados enquanto a câmera a seguia. Em *Berkeley Square*, Grace representou Helen como se fosse a casta Diana, a deusa romana, sempre desejada mas distante, reverenciada mas não amada.

No começo daquela primavera, Grace demonstrou que na vida real ela não era nada etérea ou desligada do dia a dia. A cantora e dançarina afro-americana Josephine Baker havia voltado aos Estados Unidos após anos de sucesso na Europa, e rapidamente se envolveu na luta contra a segregação e contra o racismo na América, que era caracterizado pela recusa do Teatro Nacional de Washington em vender ingressos aos que não eram brancos até aquele ano. Durante a sua turnê americana, Baker se recusou a se apresentar para audiências segregadas ou se registrar em hotéis que aceitavam a segregação. Ela conseguiu levar à prisão um racista em Los Angeles, e sua luta contra o preconceito em todo o país lhe rendeu uma indicação para Mulher do Ano, pela Associação Nacional para o Avanço das Pessoas de Cor.

Josephine Baker foi à Nova York e levou alguns amigos para jantar no famoso Stork Club, onde não conseguiu uma mesa. Grace presenciou o ocorrido e se sentiu tão ultrajada por essa exibição de racismo que correu até Baker, que ela nunca havia encontrado antes, a pegou pelo braço e saiu furiosa com todo o seu grupo de amigos, dizendo para a imprensa que ela nunca mais voltaria ao Stork Club; e, de fato, ela nunca voltou. Grace Kelly e Josephine Baker se tornaram amigas na hora.

Desde criança, Grace nunca compreendeu o preconceito. Ela e seus irmãos cresceram com Fordie e sempre foram gratos por sua dedicação, e durante toda a sua vida, Grace jamais fez distinção de raça ou cor. Ela também era completamente indiferente à orientação sexual de seus amigos e colegas, muitos destes (como o tio George) eram gays e, naquele tempo, constantemente corriam o risco de serem ridicularizados e discriminados.

Anos mais tarde, uma equipe de televisão norte-americana apareceu para filmar algumas cenas do cotidiano no palácio de Mônaco. Enquanto filmavam uma sequência dos filhos dos funcionários no playground real, o diretor notou três crianças que não eram brancas no grupo e se aproximou da princesa Grace. "Este filme será apresentado no sul dos Estados Unidos", disse ele, "e não será bom que eles vejam crianças negras brincando com crianças brancas. Pelo menos enquanto estivermos filmando, não queríamos que elas ficassem aqui."

"Ah, mas nós queremos", Grace respondeu com um sorriso.

O incidente no Stork Club rendeu a ela alguns apelidos desagradáveis que eram usados na época para classificar as pessoas que eram amigas das que não eram brancas. Mas Grace acompanhou orgulhosamente Josephine Baker em seu retorno à Europa naquela temporada, parando em Londres no caminho de volta para assistir à noite de estreia da comédia de N.C. Hunter, *Waters of the Moon*, no Teatro Royal Haymarket, no dia 19 de abril. Ela guardou o programa da peça e nunca se esqueceu das interpretações lendárias de duas grandes damas dos palcos ingleses, Edith Evans e Wendy Hiller, que com seu talento reforçaram em Grace o desejo de uma importante carreira no teatro.

AO VOLTAR, HAVIA UMA CARTA de Edith Van Cleve, comunicando que Grace estava sendo considerada para o papel de uma garota de programa em um filme de Joan Crawford, *Precipícios d'Alma*, que seria produzido em São Francisco e Hollywood, programado para começar no início de 1952. Grace ligou para Edith dizendo que adoraria a oportunidade de realizar algo tão diferente, mas Edith não tinha boas notícias. Gloria Grahame, que estava monopolizando o mercado de Hollywood como a garota má, tinha conseguido o papel. Qualquer um que tenha visto *Precipícios d'Alma* — um suspense que rendeu a Crawford a sua terceira indicação ao Oscar — ficaria tentado a imaginar Grace no papel da assassina Irene Neves. Ela teria sido ou inesquecivelmente formidável ou constrangedoramente horrível. Uma personagem profundamente perversa, que ela nunca havia interpretado, poderia estar além de suas capacidades.

Mas Grace se manteve ocupada com outros bons projetos no primeiro semestre de 1951. No final de maio, ela foi a Michigan, onde interpretou Isabelle na produção de Jean Anouilh, *Ring Around the Moon*, no Festival de Ann Arbor. No final de junho, ela se apresentou por uma semana no Teatro Elitch, em Denver, em uma comédia de F. Hugh Herbert, e em várias outras peças do repertório, até o final de agosto.

A família Elitch, que fundou a mais antiga companhia de teatro de verão dos Estados Unidos, montou sua primeira produção em 1897, apresentando James O'Neill (pai de Eugene). Sarah Bernhardt esteve no palco do Elitch interpretando Camille em 1906, e entre as várias estrelas que se apresentaram nas décadas seguintes estão: Douglas Fairbanks, José Ferrer, Julie Harris, Kim Hunter, Fredric March, Antoinette Perry (que deu nome ao prêmio Tony Awards), Walter Pidgeon, Vincent Price, Robert Redford, Ginger Rogers, Gloria Swanson e Shelley Winters.

Grace sempre evitou responder as perguntas sobre o seu verão em Denver; talvez porque o período em que esteve fora dos palcos ela passou com outro ator da companhia, Gene Lyons. Oito anos mais velho, ele já havia aparecido na Broadway e na televisão, e parecia estar preparado para o sucesso. Com seus traços angulosos, voz sedutora e uma inteligente abordagem da profissão de ator, ele imediatamente impressionou Grace, e eles iniciaram um romance que durou dezoito meses. Infelizmente, como Don Richardson, Lyons era casado, apesar do divórcio estar em andamento; ele também tinha terminado recentemente um romance com a atriz Lee Grant. Porém, o mais desfavorável era que Lyons não conseguia controlar o consumo de álcool; por fim, o alcoolismo destruiu sua carreira e provocou sua morte aos cinquenta e três anos de idade.

Mas naquele verão, Lyons cativou Grace tanto quanto a variedade de peças e a atmosfera genial da companhia de repertório Elitch. Como muitas outras mulheres com quem ele se relacionou, Grace parecia convencida de que Lyons precisava apenas de amor para abandonar a bebida. Nisso ela estava completamente enganada, mas o esclarecimento leva tempo. Além disso, talvez porque ela bebesse ocasionalmente e sempre com moderação, ela não entendia o problema de Gene.

Havia, na época, um total desconhecimento sobre o consumo excessivo de álcool. "Na década de 1950, nós não reconheceríamos um alcoólatra a menos que tropeçássemos nele dez dias seguidos na porta do bar", lembra Judith Quine com precisão. "Os alcoólatras vinham de um lugar que nós nem sabíamos que existia. Os garotos que namorávamos ou nos apaixonávamos, na pior das hipóteses, tinham 'um probleminha com a bebida'. Eles 'bebiam como um passarinho' ou 'não conseguiam segurar sua bebida'".

Nos Estados Unidos, houve uma proibição nacional da produção, venda ou consumo de bebidas alcoólicas pelo decreto da Décima Oitava

Emenda da Constituição, que entrou em vigor em janeiro de 1920 e durou até o decreto da Vigésima Primeira Emenda, em dezembro de 1933. A partir do Natal daquele ano, beber grandes quantidades de álcool passou a fazer parte da cultura americana: era um sinal de prosperidade, era elegante um adulto beber (e fumar), e era um sinal de ingenuidade e deselegância não beber. Bêbados de ambos os sexos eram considerados divertidos e engraçados nos filmes (e depois na TV), e muito poucas pessoas pareciam saber que o alcoolismo era um problema grave e potencialmente fatal. Nesse contexto, Grace era filha de seu tempo e aparentemente pensava que o pequeno problema de Gene seria facilmente resolvido. Houve, porém, um interlúdio nesse romance quixotesco.

EM JUNHO, EDITH VAN CLEVE havia enviado fotos de Grace para a agência de talentos MCA, onde Jay Kanter agora representava o antigo cliente de Edith, Marlon Brando. Impressionado com as fotos, ele ofereceu a Grace um contrato para representá-la com exclusividade em filmes e na TV. A princípio, Grace não queria assinar: ela não queria sabotar suas esperanças de construir uma carreira sólida nos palcos e, além disso, não queria ser "propriedade" de nenhuma agência.

Kanter, enquanto isso, encaminhou as fotos de Grace para Stanley Kramer, um produtor que gozava de enorme prestígio pelos filmes *Invencível* (1949), *O Clamor Humano* (1949) *e Espíritos Indômitos* (1950, primeiro filme de Brando). "Eu estava produzindo meia dúzia ou mais de filmes todo ano", disse Kramer, tempos depois. "Por causa dessa demanda eu precisava de atores e atrizes, muitos, e que não fossem caros. Eu estava apenas começando, e todo o empreendimento seria arruinado se não houvesse dinheiro ou se eu o usasse como um tolo." Econômico, Kramer assinou contratos com diretores talentosos que logo não estariam mais disponíveis pela pechincha que ele pagou no final da década de 1940 e começo de 1950 — entre eles, Richard Fleischer, Mark Robson e Fred Zinnemann (que havia dirigido *Espíritos Indômitos*). Carl Foreman, além de sócio de Kramer, foi seu primeiro roteirista.

Kramer e Foreman estavam trabalhando em um faroeste que seria dirigido por Zinnemann: *Matar ou Morrer*, chamado temporariamente de *O Clamor Humano*. A inspiração para o filme veio de uma história curta, com apenas oito páginas, intitulada "The Tin Star", de John W. Cunningham, publicada na revista *Collier* em 6 de dezembro de 1947. Foreman comprou os direitos do conto porque, como Kramer dizia, "se eu fosse conduzir o negócio como um produtor de Hollywood, teríamos que pagar muito mais. Carl comprou por um preço irrisório".

No momento em que Zinnemann se juntou a eles para a pré-produção, no começo de julho, o roteiro estava praticamente terminado. "Nós já tínhamos todos os atores coadjuvantes escolhidos", Kramer disse, "mas ainda não tínhamos o ator e a atriz principal". Depois que vários atores recusaram o papel (entre eles Gregory Peck, Kirk Douglas, Charlton Heston, Marlon Brando e Montgomery Clift), Gary Cooper aceitou fazer o xerife Will Kane. Veterano com mais de oitenta filmes, ele leu o roteiro e concordou em abrir mão do seu cachê normal. Como é bastante comum na produção de um filme, houve muitos atrasos no começo, e durante esse intervalo Cooper começou a sofrer com uma úlcera, uma hérnia dupla e dores nas costas. Em pouco tempo, ele parecia muito mais velho do que os seus cinquenta anos.

"Nós ainda precisávamos de uma jovem atraente para interpretar a esposa de Kane", relembra Fred Zinnemann. "Esperávamos conseguir um ator muito mais novo do que Cooper, mas a sua presença acabou nos favorecendo. O papel da esposa não exigia muito, mas por alguma razão tivemos dificuldade para encontrar a atriz certa pelo valor que Stanley estava disposto a pagar. Aí ele me mostrou uma foto de Grace Kelly e disse que ela não havia feito nada [no cinema], além de uma pequena participação em um filme de Henry Hathaway. Eu disse, 'Bem, vamos nos encontrar com ela'".[9] Zinnemann não sabia, até então, que Kramer já havia contratado Grace para o filme antes mesmo de conhecê-la pessoalmente. Kanter tratou dos detalhes do acordo, para que sua cliente interpretasse Amy Fowler Kane, a esposa de Will; Grace receberia 750 dólares por semana, durante pelo menos seis semanas de trabalho. Nos crédito iniciais, o nome dela seria o quinto a aparecer, depois dos nomes de Gary Cooper, Thomas Mitchell, Lloyd Bridges e Katy Jurado.

---

[9] Kramer sempre declarou que conversou com Grace sozinho em Manhattan, "nos bastidores de um show *off-Broadway*, onde assinei com ela na hora". Mas ela nunca foi a uma apresentação dessas; e, além disso, sua declaração é contestada pela história escrita da produção e por minhas entrevistas com Grace e Zinnemann. As lembranças de Kramer sobre as histórias das produções sempre foram interessantes, mas nem sempre precisas.

Depois de sua primeira semana atuando nos palcos de Denver, Grace voou para Los Angeles no começo de julho para se encontrar com a equipe de Kramer. "Ela chegou muito bem vestida, usando luvas brancas", recorda Zinnemann. "Nossa conversa foi breve, porque ela respondia a maior parte de minhas perguntas com um simples sim ou não. Mas eu achei que ela serviria perfeitamente para o papel [de Amy], talvez porque fosse tão tímida ou porque tecnicamente não estivesse preparada. Isso, às vezes, a deixava tensa e distante — perfeita, em outras palavras, para interpretar seu papel. A diferença de idade entre ela e Cooper, de quase trinta anos, me incomodava, mas a sorte estava lançada. Kramer conseguiu contratá-la por um valor muito baixo e nós seguimos em frente — com resultados muito bons, eu acho". Quanto a isso, Kramer foi bem mais crítico: "Ela foi mal escalada", disse ele, categoricamente. "Grace era muito jovem para Cooper. Ela mesma achou que não interpretou bem o papel e eu também achei".

Na quinta-feira, 19 de julho, o *New York Times* anunciou que a Stanley Kramer Productions iria começar a filmar *Matar ou Morrer* com Gary Cooper e Grace Kelly no final de agosto ou no começo de setembro, acrescentando, "A senhorita Kelly é uma iniciante". Grace não resistiu à oportunidade de participar de um filme com Cooper, e seriam vinte e oito dias de trabalho — consequentemente, ela poderia estar de volta à Nova York no começo do outono.

Grace leu o conto de Cunningham junto com o roteiro de *Matar ou Morrer*. Para começar, ela não encontrou nenhuma Amy Fowler Kane em "The Tin Star" — uma simples narrativa sobre Doane, o xerife de uma pequena cidade perdida no Oeste, prestes a se aposentar. Doane já passou da meia-idade, é viúvo e tem artrite. Porém, um conhecido criminoso chamado Jordan está voltando para a cidade no trem das 4:10, em busca de vingança por ter sido preso pelo xerife cinco anos atrás, acusado de assassinato. O bando do malfeitor está pronto para se unir a ele.

Doane visita o túmulo de sua mulher todo domingo. Um dia, o irmão mais novo de Jordan o segue. Enquanto o xerife coloca flores na lápide da esposa, o jovem desamarra o seu cavalo e o espanta — forçando Doane a voltar para a cidade a pé. Lá ele descobre que Toby, um de seus ajudantes, matou o irmão de Jordan, achando que o cavalo havia retornado sozinho porque Doane estava morto. Um dos comparsas de Jordan atira na perna de Toby, e Jordan atira em Doane várias vezes. Ao se jogar em cima do corpo do jovem Toby para impedir que ele recebesse um tiro fatal, Doane é atingido e morto pelo vingativo Jordan. Toby mata o assassino e assume a função de xerife no lugar do amigo morto.

No roteiro e na versão finalizada de *Matar ou Morrer* muito pouca coisa parece acontecer até o derradeiro confronto entre os bandidos e os mocinhos. Mas muito está implícito e, de fato, há muita coisa em jogo. Will Kane (Cooper) está quase se aposentando do seu trabalho em Hadleyville, uma cidadezinha de quatrocentos habitantes, localizada num pedaço de terra árida em algum lugar do Oeste. No começo do filme, ele e Amy Fowler (Grace) pronunciam os votos de casamento diante do juiz local (Otto Kruger). Will anseia por uma vida tranquila ao lado de Amy, uma *quaker*[10] que detesta violência. Enquanto os recém-casados se preparam para deixar a cidade, Will descobre que Frank Miller (Ian MacDonald) está voltando para Hadleyville. Ele fora preso por Kane cinco anos antes por assassinato, mas a sentença havia sido reduzida, e agora Miller e seus comparsas — que antes aterrorizavam a cidade — querem vingança.

A princípio, seguindo o conselho de todos, Kane parte com a esposa. Mas eles voltam, sabendo que o bando iria persegui-los de qualquer forma, e os cidadãos de Hadleyville seriam novamente dominados pelo bando de Miller. Três capangas já estavam na cidade ameaçando as pessoas e aguardando a chegada de Frank no trem do meio-dia. Kane busca a ajuda das pessoas e o apoio de seus antigos delegados. Mas todos o abandonam, cada um com uma desculpa diferente. Harvey, o delegado mais jovem (Lloyd Bridges), se afasta com ciúmes de Will; alguns acreditam que qualquer ambate com Miller terminará em tragédia; e outros se afastam por simples covardia. Nem Amy consegue permanecer ao lado de Will; ela é incapaz, em virtude de seus fortes princípios pacifistas, de compreender sua conduta.

O meio-dia se aproxima. Depois de escrever seus últimos desejos em um testamento, Kane se encontra com o bando sozinho. No tiroteio final, ele é o único sobrevivente — e é ajudado por Amy, que havia retornado por lealdade. Ela também foi aconselhada pela dona do bar, Helen Ramirez (Katy Jurado), que havia sido amante de Frank Miller, depois de Will e agora era amante de Harvey. (Experiente nos caminhos do homem e do

---

[10] *Quaker* é o nome dado ao membro de um grupo religioso de tradição protestante — o Religious Society of Friends, criado em 1652, pelo inglês George Fox, contra os abusos da Igreja Anglicana. N. T.

mundo, Helen viveu intensamente naquela cidade tão pequena). Na conclusão silenciosa do filme, os vilões estão mortos e Will e Amy partem de Hadleyville. Decepcionado pela covardia dos habitantes e sua falta de lealdade, Will arranca sua estrela de xerife e a joga na rua empoeirada.

DEPOIS DE VOLTAR PARA O Teatro Elitch para cumprir suas apresentações finais, Grace partiu de Denver no dia 27 de agosto para a preparação do figurino e testes de maquiagem em Los Angeles. *Matar ou Morrer* foi filmado de 5 de setembro, uma quarta-feira, até 6 de outubro — um prazo apertado, que requeria uma preparação meticulosa, uma equipe incansável e eficiente, um elenco altamente profissional e um diretor de primeira grandeza, todos trabalhando longas horas. As cenas exteriores eram filmadas principalmente no rancho na parte de trás dos estúdios da Columbia e em locações no norte da Califórnia; os poucos cenários de interior foram construídos nos estúdios de Burbank.

Doze a catorze horas por dia e seis dias na semana, era a norma padrão para os trabalhadores em Hollywood, menos para os famosos e poderosos atores e diretores. De acordo com os livros de registros, Grace trabalhou vinte e dois dos vinte e oito dias de filmagem.

O verão de 1951 foi muito quente no sul da Califórnia. No vale de San Fernando, normalmente, a temperatura era bem mais quente do que no Oeste de Los Angeles, mais próximo ao Pacífico. Os termômetros costumavam registrar mais de 30°C antes das nove da manhã, e quando o ar poluído se estabelecia no vale, parecia que não havia como respirar. O elenco de *Matar ou Morrer* teve que trabalhar principalmente ao ar livre, e as mulheres, vestidas com pesados trajes do século dezenove, sofriam mais ainda.

A família de Grace não sabia nada sobre o seu relacionamento com Gene, mas pouco depois que as filmagens começaram, surgiram boatos sobre um suposto caso dela com Gary Cooper e, a seguir, com Fred Zinnemann. Não havia nenhuma evidência ou fonte confiável para sustentar qualquer um desses rumores.[11]

---

[11] Em um ensaio para a cena subsequente ao casamento de Amy e Will, Zinnemann pediu a Grace para se sentar no colo de Cooper; os dois não estavam caracterizados, usavam suas roupas casuais. Todos concordaram que esse não era um gesto apropriado para a cena e por isso ela foi filmada de outra forma. Mas algum fotógrafo capturou o momento e logo alguns jornalistas deduziram que as duas estrelas eram mais do que apenas colegas.

Quando os rumores de Hollywood alcançaram o Leste, houve uma inquietação na casa 3901 da Henry Avenue. Lizanne foi despachada outra vez para ficar com a irmã e, desta vez, elas ficaram no Hotel Chateau Marmont, a poucos metros da barulhenta Sunset Strip e sua profusão de clubes noturnos, cafés e restaurantes. Depois de quase dois meses, Lizanne não tinha nada a declarar à Filadélfia além do que ela já sabia (e do que as cartas e cartões postais de Grace afirmavam). Aos domingos, único dia de folga de Grace, o tio George (que agora vivia em Palm Springs) pegava as irmãs no hotel; eles iam à missa em Beverly Hills e depois ele levava as sobrinhas para almoçar no norte de Santa Bárbara ou em alguma cidade praiana do sul. "Ele e Grace conversavam constantemente sobre o teatro", Lizanne relembra. "Normalmente, eu caía no sono no banco de trás."

O FILME *MATAR OU MORRER* é extraordinariamente calmo e, na maior parte do tempo, mostra um herói com uma aparência desgastada e ansioso, transmitindo uma angústia e um medo atípicos dos homens do Oeste, com um olhar sutil e gestos contidos. Gary Cooper encontra novos recursos dentro de si mesmo e sua "atuação", sempre minimalista, praticamente desaparece. A simplicidade de suas feições, sua aparência circunspecta e velhice precoce ficaram mais profundamente destacadas. A Academia de Artes e Ciências Cinematográficas conferiu a ele o prêmio de Melhor Ator (seu segundo Oscar na categoria, depois de sua interpretação em *Sargento York,* de 1941).

A história se passa em uma manhã, das 10:40 até o meio-dia, representada no filme durante pouco mais de oitenta minutos. Trabalhando com o seu *cameraman* e seu editor, Zinnemann cria o suspense através do corte da cena em close nos ponteiros do relógio de pêndulo, fechando como lâminas de tesouras ao meio-dia, para a cena dos trilhos do trem "estendendo-se até o horizonte, simbolizando a ameaça", como dizia ele. "A incansável figura do xerife se movendo pela cidade em busca de ajuda e a lenta diminuição da ação foi construída intencionalmente".

O filme é notável por tratar de um tema simples, que encontra ressonância em qualquer tempo e lugar. Para os produtores, ele foi especialmente significativo naquele ano, quando a "caça às bruxas" feita contra os comunistas estava transformando os Estados Unidos em um lugar de histeria paranoica em que inúmeras vidas eram constantemente arruinadas. Em

Hollywood, carreiras e reputações foram destruídas porque há dez, vinte ou trinta anos uma pessoa podia ou não ter questionado o curso da política americana e podia ou não ter comparecido a reuniões informais do Partido Comunista — palavras e ações protegidas por seus direitos constitucionais, eram agora completamente ignoradas.

O tema do filme — a necessidade de escolher e manter uma postura moral — está contido em uma extraordinária tomada de cena em que a câmera sai do close em Cooper para uma visão aérea dele em uma cidade desolada. As ruas são caminhos empoeirados que parecem não levar a lugar algum; o céu está limpo e sem nuvens; não há um vasto panorama em que homens e animais se movem em uma épica jornada; nenhum sentido de espetáculo, ou da natureza intocada. Talvez nunca antes a técnica da produção do filme em preto e branco tenha encontrado uma justificativa tão sólida em um faroeste. Em *Matar ou Morrer* existe apenas uma cidade moribunda, sem nenhuma coragem, esperança ou discernimento. As ruas estão desertas, as casas vazias, e a estrofe da música tema do filme (ganhadora do Oscar) *Do not forsake me, oh my darling*, acabou se tornando uma ironia, porque todos abandonam o xerife.

Hadleyville não é, portanto um refúgio dos males da civilização prejudicada em um faroeste romântico. O bar não é o lugar de encontro da comunidade, e sim de ciúmes e preconceito. O xerife não é um herói por escolha consciente ou decisão lógica; ele encara seu posicionamento como o único possível e não está livre do medo. Interpretado por Cooper com um sentimento comovente de heroísmo acidental, Will Kane aparece como um homem que se vê cada vez com menos opções e menos amigos. Ele confronta seus inimigos sabendo que provavelmente perderá sua vida. *Matar ou Morrer* não é um faroeste sobre pastores contra vaqueiros, fazendeiros contra magnatas do petróleo, colonizadores contra nativos. Ele diz respeito ao momento em que a coragem é a lógica e, algumas vezes, a única consequência possível da honestidade.

Nem sequer existem pioneiros piedosos neste filme. Os habitantes da cidade, como Zinnemann diz, "são exemplos da natureza humana em qualquer tempo e lugar... [de pessoas] que abdicam da lealdade e abandonam uns aos outros, com aparentes boas razões". Por isso o xerife se torna o protótipo de todos aqueles que enfrentam sozinhos os problemas, enquanto os outros usam a razão para permanecer alienados. Aqueles que tinham lotado o casamento de Will com Amy e o idolatravam por ter salvo a cidade agora encontravam convenientes motivos para se recusarem a ajudá-lo.

Grace chegou para as gravações visivelmente ansiosa, como ela mesma contou depois. A sua participação em *Horas Intermináveis* não a havia preparado para desempenhar um papel principal ao lado de uma lenda do cinema como Gary Cooper. No começo, a timidez e a reticência com que conversavam sobre assuntos superficiais prenunciava uma parceria tensa. Mas quando ele ouviu sua gargalhada por causa de uma piada picante de um dos membros da equipe, soube que ela era diferente do que ele e Kramer pensavam — e Cooper, então, logo a convidou para um almoço. "Ele era uma pessoa gentil e tímida", relembra Grace, "que se subestimava muito como ator".

Exatamente como Grace.

"Eu era muito jovem quando filmei *Matar ou Morrer*", dizia ela ao se referir à época em que tinha vinte e um anos de idade. "Zinnemann era maravilhoso com os profissionais que conheciam o seu trabalho e sua ocupação como atores. Mas eu não era uma dessas pessoas. Logo no começo das gravações, ele me disse: 'Grace, sinto muito, eu não sou capaz de lhe ajudar como deveria'. Não era falta de interesse — ele simplesmente não sabia como me instruir, e é claro, havia o problema do tempo. Eu não pude receber o tipo de direção que eu precisava como uma iniciante, e não estava preparada suficientemente para fazer um filme sozinha naquele momento. Depois que assisti à versão final fiquei horrorizada! Eu me lembro de pensar, 'Bem, se essa pobre garota não fizer algo depressa, ela nunca será bem-sucedida'. Eu corri de volta para Nova York e comecei a estudar outra vez, com Sandy Meisner."

Mesmo antes de começar a filmar, Kramer não fez questão de esconder sua preocupação com Grace. "Ela era tão jovem, tão inexperiente, tão nervosa". Ela certamente era jovem e inexperiente. Mas como Zinnemann insistia em afirmar, sua ansiedade era completamente apropriada para o papel, especialmente na cena inicial do casamento. A virginal e inocente Amy é uma garota que ficaria realmente nervosa ao se casar com qualquer homem, especialmente com um xerife respeitado e muito mais velho do que ela. Na sala lotada de Will, momentos depois da breve cerimônia, os sorrisos dela, e suas gargalhas infantis, criam o único momento iluminado em uma escuridão que se adensa.

O problema realmente não estava na interpretação de Grace, e sim no modo como seu personagem foi criado. É certo que muitas atrizes poderiam ter interpretado Amy Fowler da mesma maneira, ou até melhor, mas muitas teriam sido menos satisfatórias. Talvez o que mais permaneça na memória seja o contraste entre a ingênua noiva que ria alegremente na sequência de abertura e a mulher preocupada, temerosa e desorientada na qual ela logo se transformaria. Grace entendeu esse contraste não intelectualmente, mas imaginando "como eu me sentiria se meu marido, com quem acabei de me casar, parecesse me abandonar por causa de suas obrigações. Amy percebeu que, justamente por ele cumprir o seu dever — ele não fugiu nem se escondeu como ela no início implorou — Will poderia ser um marido maravilhoso. Então, ela acaba aprendendo alguma coisa. Eu achei isso muito interessante".

A loira Amy, toda de branco, faz um perfeito contraponto à Katy Jurado (Helen Ramirez), toda de preto. Uma das cenas mais dramáticas traz um diálogo entre as duas, em que Grace interpreta com completa convicção e um sentimento que mostra que inocência não significa futilidade.

> Helen: *Como você pôde deixá-lo [Will] dessa forma? O som dos revólveres a assusta tanto assim?*
> Amy: *Eu já ouvi revólveres. Meu pai e meu irmão foram mortos por revólveres. Eles estavam do lado certo, mas isso não ajudou nada quando o tiroteio começou. Meu irmão tinha dezenove anos de idade. Eu o vi morrer. Por isso me tornei uma quaker. Eu não me importo sobre quem está certo ou quem está errado. Deve haver uma maneira melhor para as pessoas viverem. E Will sabe como me sinto.*

Grace disse essas palavras com a voz carregada de lembranças terríveis: há uma leve flutuação emocional e um tremor quase imperceptível em seu queixo, como se ela fosse chorar a qualquer momento.

"Este filme foi sua primeira grande oportunidade", disse Katy Jurado, que estava aparecendo em seu segundo filme americano, depois de atuar em seu país, o México. "Grace e eu éramos bem diferentes e acabamos não nos aproximando muito, mas eu vi uma garota com muita dignidade e personalidade, que queria 'ser alguém'. Ela parecia delicada e frágil, mas era uma pessoa muito forte, uma das mais fortes com quem trabalhei. Ela sabia o que queria e trabalhava duro para conseguir". Como Stanley

Kramer foi forçado a admitir anos mais tarde, "Grace realmente era determinada, e não foi subjugada em suas cenas por Katy Jurado, cuja energia dominava o cenário".

"Quando eu assisti ao filme com ela, em casa", relembra seu filho, o príncipe Albert de Mônaco, em 2007, "pude notar como ela se sentia desconfortável ao vê-lo outra vez. Ela definitivamente não estava satisfeita com sua interpretação". Mas acho que nenhum ator sério e consciente fica satisfeito com sua performance, ainda mais de uma "novata", como ela sabia que era; realmente deve ter sido incômodo ver seu desempenho no filme.

Nesse aspecto, Grace Kelly nunca ficou satisfeita com suas realizações. "Meu período em Hollywood foi tão breve", disse ela, "e tudo aconteceu tão rapidamente que não acho que tenha realizado nada de que possa me orgulhar. Eu precisava de bons professores e diretores; precisava trabalhar com atores compreensíveis. Eu era grata à minha experiência no teatro e ao trabalho que fiz na televisão, mas nada disso, de fato, tornou-me apta para atuar em um filme. As cenas são filmadas sem contexto ou continuidade — o primeiro dia de trabalho pode ser sobre a última sequência do filme, o que você vai interpretar, em que cena e com quem, é determinado por um mecanismo complicado de agendamento. Isso significa que um ator de cinema precisa de um diretor compreensível que não se importe em ser um professor. E o ator deve estar preparado para todos os tipos de circunstâncias. Você tem que esperar por horas até que uma cena seja filmada, aí se algo der errado, você tem que esperar outra vez e filmar de novo. Aí você espera um pouco mais, e outra cena é filmada, que pode aparecer na versão final meia hora depois ou meia hora antes, em um ponto completamente diferente no desenvolvimento do personagem. A atuação no cinema é muito mais desafiadora do que as pessoas imaginam, você precisa ser extremamente inteligente ou muito experiente para oferecer uma interpretação verossímil. Eu não era uma atriz experiente, e não acho que fosse extremamente inteligente". (De acordo com Zinnemann, "Grace não tinha nenhuma autoconfiança — pelo menos não nessa fase".)

Nos momentos finais, quando Amy pega um revólver e atira no homem que está prestes a matar o seu marido, *Matar ou Morrer* não está fazendo uma apologia ao abandono dos princípios pacifistas; ao contrário, está afirmando que às vezes a violência acontece como resultado de uma trágica e não premeditada necessidade. Amy atira no homem não para matá-lo, mas para salvar o marido; é um exemplo clássico de princípio do duplo efeito: ela quer salvar uma vida e não destruir outra. Diferente dos bandidos e dos habitantes da cidade, mas muito parecida com seu marido, ela não pega a arma em busca de vingança. Tudo isso pode ser visto nas feições de Grace nas últimas cenas do filme.

Em *Matar ou Morrer*, ela faz exatamente o que a personagem pede: expressa, à primeira vista, a inexperiência juvenil e seu primeiro encontro com a maldade que está sempre presente e pronta para aniquilar. Ela transmite a sensação de que Amy está passando por um tipo de educação moral, assim como o povo de Hadleyville.

Zinnemann e Foreman foram indicados pela Academia como melhor diretor e melhor roteiro em 1952 (ano de lançamento); o filme recebeu o Oscar nas categorias de melhor ator (Gary Cooper), melhor edição (Elmo Williams e Harry Gerstad), melhor trilha sonora (Dimitri Tiomkin) e melhor canção por *High Noon* (Tiomkin e Ned Washington).

Como Zinnemann disse anos mais tarde, *Matar ou Morrer* "parece ter um significado diferente para cada pessoa. Kramer, que trabalhou junto com Foreman no roteiro, disse que o filme era sobre 'uma cidade que morre porque não existe ninguém que tenha a coragem de defendê-la'. Foreman via o filme como uma alegoria de sua própria experiência de perseguição política na era McCarthy. Com o devido respeito, acredito que esse seja um ponto de vista limitado. Primeiramente, eu o vejo simplesmente como um grande filme, que possui pessoas incrivelmente interessantes. Eu quase não percebi nenhum sentido profundo; somente depois entendi que esse não era um mito do Velho Oeste. Para mim, é a história de um homem que tem que tomar uma decisão de acordo com sua consciência. Sua cidade — símbolo de uma democracia enfraquecida — enfrenta uma terrível ameaça ao modo de vida de seus habitantes. É uma história que ainda acontece em todos os lugares, todos os dias".[12] Grace foi praticamente ignorada pelos críticos; quando seu nome aparecia era mencionado junto com "os melhores coadjuvantes", como destacou o *New York Times*.

---

[12] Questões existenciais muitas vezes ditaram as melhores escolhas de Zinnemann, como os filmes: *Uma Cruz à Beira do Abismo, O Homem que Não Vendeu Sua Alma e Júlia*.

AO TÉRMINO DAS FILMAGENS, GRACE não tinha nenhum motivo para permanecer em Hollywood: o filme seria lançado apenas no verão de 1952, e não houve mais nenhuma oferta de trabalho no cinema — então, ela voltou para Nova York, onde retomou os estudos.

Stanford Meisner, então com quarenta e seis anos de idade, foi um dos mais influentes professores de interpretação do século vinte. Desde 1940, ele dava aulas no conservatório Neighborhood Playhouse School of the Theatre, em Manhattan, e depois, como diretor, ele continuou a desenvolver sua técnica até se aposentar, em 1990. Enquanto Lee Strasberg enfatizava os exercícios de "memória emocional", Meisner encorajava os atores a imaginar a história, os pensamentos e sentimentos *do personagem* (em lugar dos *próprios* pensamentos, sentimentos e história, como Strasberg). Quando Elia Kazan e Robert Lewis fundaram o Actors Studio, em 1947, Meisner foi convidado para ser professor. E quando Strasberg se tornou diretor do Actors Studio, em 1951, Meisner retornou ao conservatório Neighborhood Playhouse.

"Menos é mais" era um dos mantras de Meisner. "O silêncio possui miríades de significados. No teatro, o silêncio é a ausência de palavras, mas não a ausência de significado." Acima de tudo, Meisner incitava seus alunos a encarar a interpretação de um personagem como se estivessem "vivendo verdadeiramente sob certas circunstâncias imaginárias".

Iniciando no outono de 1951, Grace estudou com Meisner por um ano, várias vezes por semana. O treinamento vocal e corporal fazia parte do currículo da Academia Americana de Artes Dramáticas, mas agora ela era submetida à uma técnica diferente, visando (como Meisner repetia) à "olhar para dentro, compreender e dar vida a um personagem no palco. O elemento na atuação que mobiliza as audiências é a percepção categórica da realidade do ser humano que é retratado, reforçada pela excelência da pronúncia com que os textos são falados, mas não dependente dela. Os alunos precisam de um corpo tão flexível quanto o de um ginasta, uma voz tão maleável e suscetível quanto a de um cantor, e um diretor que compreenda e seja capaz de comunicar o que deu vida à peça em primeiro lugar".

Em um de seus exercícios, Meisner exigia que um ator ficasse sentado, quieto, aguardando até que um lampejo de imaginação provocasse um novo entendimento antes de recitar um diálogo. Isso não era um falso misticismo, muito menos uma mera compreensão subjetiva sem diretrizes.

Havia exercícios específicos desenvolvidos para cada aluno, independentemente do texto atribuído. A técnica de Meisner influenciou três gerações de atores, diretores e escritores bem-sucedidos — entre eles, Bob Fosse, Diane Keaton, Sidney Lumet, David Mamet, Steve McQueen, Arthur Miller, Gregory Peck, Sydney Pollack, Marian Seldes e JoanneWoodward.

Mas a vida de Grace não se resumia ao trabalho. Gene Lyons foi para Nova York ao final da temporada do Elitch, e lá o romance continuou. Quando sua amiga Prudy Wise escreveu, perguntando, "Você ainda está apaixonada pelo velho Gene?", Grace respondeu enfaticamente, "SIM! Nós tivemos nossa primeira briga na noite passada, mas agora está tudo bem".

À parte as vicissitudes da paixão, a carreira de Grace na televisão recomeçou com força total em Nova York naquele outono. No dia 21 de novembro ela esteve em *Brand for the Burning*; no dia 10 de dezembro em *Smith Serves* e a última aparição foi na série de *Somerset Maugham*.

Em *Smith Serves*, o nome de Grace apareceu em terceiro lugar em um elenco que apresentava Eddie Albert e Joan Chandler. Ambientado em Nova York, em 1895, a história fala de um homem que queria se casar com sua antiga paixão — mas quando ela descobre que ele havia se tornado um fazendeiro na Dakota do Sul, em vez de um glamoroso empresário, ela recusa o pedido. Ele então conhece a empregada da mulher, uma garota que havia crescido em uma fazenda. Eles se sentem atraídos um pelo outro, mas ela não quer retornar para a vida no campo: está estudando para ser uma secretária em Nova York. Grace aparece como uma sofisticada garota da cidade que diz que adora andar a cavalo e que adora ir para a fazenda da família, sugerindo, com isso, que ela pode ser a solução para a busca do homem. Mas, na verdade, ela é uma antiga amiga do fazendeiro que concordou alegremente em participar de um plano para despertar ciúmes na empregada. O estratagema funciona, e a moça decide se casar com ele.

*Smith Serves* é um entretenimento leve mas eficiente, interpretado de modo convincente por Eddie Albert, com uma irônica combinação entre um inocente garoto do interior e um experiente e bem-sucedido empresário. Joan Chandler, como a empregada (de cabelos escuros, sagaz e com uma língua afiada) forma um contraste perfeito com Grace, que entra na desordenada e claustrofóbica casa como uma brisa fresca. Sua interpretação divertida indica um talento nato para a comédia.

O ANO DE 1952 FOI repleto de atividades. As aulas com Meisner continuaram, agora quatro dias por semana, e Grace atuou em quinze programas na televisão ao vivo, onze deles antes do verão.[13] Em *The Big Build Up* ela representou Claire Conroy, uma elegante estrela de Nova York que foi para Hollywood para se promover com um antigo namorado dela— é o que somos levados a acreditar —, agora um poderoso agente (representado por Richard Derr). Mas, na verdade, ele é seu ex-marido. A história então mostra um *flash back* dos bons tempos, quando eles encorajavam as aspirações profissionais um do outro. De volta ao presente, a história termina com um toque de ambiguidade.

A marca registrada da atuação de Grace aqui, comum em vários de seus papéis na TV, é a sua completa ingenuidade, a falta de pretensão e a naturalidade de seus gestos e de suas falas. A ausência dessas qualidades foi mencionada pelos críticos em momentos importantes de *Matar ou Morrer* e de seus outros filmes. Se este foi o caso, mais precisamente nos seus primeiros três filmes, existe uma explicação óbvia: "Para falar a verdade, eu estava muito intimidada no começo, trabalhando com diretores como Zinnemann, Ford e Hitchcock — eles estavam entre os maiorais do cinema naquele tempo, e foram meus primeiros diretores [depois de sua breve aparição em *Horas Intermináveis*]".

Além disso, Zinnemann, Ford e Hitchcock frequentemente exigiam que os atores do elenco fizessem várias tomadas de uma mesma cena, e Grace — convencida de que era por sua causa e não, por exemplo, por problemas com a luz ou o som — ficou, por um tempo, cada vez mais ensimesmada, o que tornava suas interpretações menos espontâneas e verossímeis. A assumida falta de habilidade de Zinnemann para lidar com novatos, o machismo mal-humorado de Ford e, no caso de Hitchcock, a dificuldade em parabenizar um ator por um trabalho bem-feito — mesmo quando ele gostava do que via — eram coisas que preocupavam a inexperiente Grace.

---

[13] Além dos quatro programas comentados aqui, durante o ano de 1952 Grace foi vista na TV como Dulcineia no *Don Quixote* de Boris Karloff; em *Prelude to Death*, com Carmen Mathews; em *Life, Liberty and Orrin Dudley* com Jackie Cooper; em *The Borgia Lamp*, com Hugh Griffith e Robert Sterling; em *Candles for Theresa*, *The Small House* e *The Cricket on the Hearth*. Ela assumiu o papel de uma dançarina ameaçada por um serial killer em *Fifty Beautiful Girls*, e foi vista com Shepperd Strudwick em *City Editor*. Grace também esteve na nova produção de *Leaf Out of a Book*, originalmente apresentada no teatro Goodyear Television Playhouse em 1950, e apareceu em *A Message for Janice*, outra vez com Jackie Cooper.

E foi precisamente a sua sequência de papéis com Hitchcock que apagou cada pedacinho de artificialidade, mas isso levou um tempo.

Depois de uma semana de ensaios, os programas de televisão eram apresentados ao vivo, e não havia tempo para corrigir as falhas e os acidentes em cena. "Era como viver na boca de um vulcão ou no olho de um furacão", Grace relembra. "Nós nem pensávamos nos erros, simplesmente seguíamos em frente. Na maior parte do tempo era muito engraçado, e nossa maior dificuldade era não cair na gargalhada. Uma vez eu fiz uma cena na cama. Eu tinha que estar completamente vestida sob as cobertas para que eu pudesse pular e correr para a próxima tomada em um cenário ao lado. Mas a câmera da televisão não cortou a cena na hora certa — e lá estava eu, pulando da cama com todas as minhas roupas e correndo para o quarto ao lado. Os telespectadores em casa devem ter se perguntado, 'que diabos está acontecendo?'"

"No mesmo ano em que eu fiz *The Big Build Up*, estava em *The Cricket on the Hearth*. Em uma tomada, eu contracenava com um velho ator inglês maravilhoso e estávamos indo levar uma torta recém-saída do forno, fumegante, para um órfão no dia de Natal. Fomos instruídos a acenar para o garoto através da janela, mas a torta estava quente demais para segurar com apenas uma das mãos e eu a deixei no chão por um instante — e o inglês pisou bem em cima dela. Ele foi mancando até a porta da 'casa' com o sapato esquerdo enfiado na torta e, com a maior naturalidade, como se nada estivesse acontecendo, disse a sua fala: 'Aqui está uma deliciosa torta quente para todos vocês, Feliz Natal!'".

TRÊS SEMANAS DEPOIS DE ATUAR em *The Big Build Up*, no dia 10 de fevereiro, Grace apareceu na versão para TV de Walter Bernstein, da história *The Rich Boy*, de F. Scott Fitzgerald, com uma hora de duração. Ela estava ansiosa por este trabalho: seria dirigida novamente por Delbert Mann (de *Bethel Merriday*) e o papel de Paula Legendre parecia desafiador e atraente, mas, acima de tudo, o protagonista seria Gene Lyons, no papel de Anson Hunter.

Ambientado em Nova York durante os anos 1920, *The Rich Boy* começa no outono, em uma das elegantes festas de Anson, em Manhattan, onde ele conhece Paula e sua mãe, que estão passando uma temporada na cidade, vindas da Califórnia. Paula imediatamente se apaixona por Anson, mas ela logo tem que voltar para a Costa Oeste. Antes de partir, Grace fala com grande carinho e propriedade:

> Paula (Grace): *Você bebe muito, não bebe?*
> Anson (Lyons): *Acho que sim.*

O diálogo poderia ter acontecido na vida real.

Os beijos eram bem longos em *The Rich Boy* — incomum para a TV em 1952 — e os telespectadores devem ter se perguntado por que esses momentos pareciam tão realistas.

Nas cenas subsequentes com Paula, Anson é sempre polido e cortês, mas com os outros ele é grosseiro, indecente e está sempre bêbado — um personagem patético e pomposo, arruinado pelo privilégio, pela ausência de valores e pela falta de propósitos. Cada vez que Paula e Anson estão juntos ela percebe mais e mais as suas bebedeiras e é advertida por sua mãe desaprovadora (assim como Margaret Kelly teria feito, aconselhando Grace com firmeza).

> Paula: *Você tem uma ideia sobre a vida e eu tenho outra. Talvez estejamos muito distantes um do outro. Por que você tem que beber tanto?*
> Anson: *Porque eu quero!*

O tempo passa e eles já estão juntos há oito meses, mas ele não está com nenhuma pressa para marcar a data do casamento. Logo Paula enxerga o perigo e termina o relacionamento. Mais tarde, ele descobre que ela está comprometida e irá se casar na Flórida. Anson a encontra lá e a antiga chama é reacendida nele. Mas ela está "desgastada por dentro", depois de esperar tanto tempo por uma mudança de Anson, e ela não o aceita. Ele volta para Nova York e inicia um romance com outra jovem, mas um dia explode, dizendo: "Eu não amo você nem um pouquinho", ele diz para ela, cruelmente. "É melhor você esperar por alguém que a ame". Então, Anson descobre que Paula se casou. Ele fica ainda mais rico do que já era, mas não consegue controlar o alcoolismo. Com o tempo, Paula se divorcia de seu marido e volta a se casar, enquanto Anson não foi capaz de ter nenhum relacionamento duradouro. Por acaso, ele encontra Paula com seu novo marido e seus três filhos em Nova York. Quando os dois ficam a sós por um momento, ela gentilmente faz Anson se lembrar que o romance que tiveram não foi mais do que uma paixão momentânea — que não fazia bem a nenhum dos dois e nunca faria. Depois disso, o mercado de ações sofre um colapso em 1929, o que será um desastre de grandes proporções para Anson Hunter. E a história termina.

Considerando a vida real dos protagonistas, a telenovela *The Rich Boy* era incrivelmente autobiográfica — tanto para Grace e Gene quanto para Fitzgerald — e é tentador imaginar quais seriam as conversas entre os dois enquanto estavam ensaiando em particular. Na verdade, o roteiro é um modelo virtual daquele romance condenado.

NO DIA 22 DE MARÇO, a imprensa de Nova York publicou uma pequena nota anunciando que Grace havia iniciado os ensaios para uma nova peça na Broadway, de William Marchant, estrelando Neil Hamilton, John Drew Devereaux e Dorothy Stickney. A comédia, bastante fraca, *To Be Continued*, estreou no Teatro Booth no dia 23 de abril e terminou, depois de treze apresentações, no dia 2 de maio. Grace sabia que a peça era problemática quando aceitou o papel de Janet — "uma senhorita muito atraente e respeitável", de acordo com o texto —, que era filha de um mulherengo. Mas cada crédito teatral era importante para o seu objetivo, mesmo sendo um papel que a mantinha no palco por menos de três minutos. Sua única função na peça era a de tentar convencer a atual amante de seu pai, uma jovem de vinte e cinco anos, a não aceitar o convite de sua mãe para um encontro:

> Janet (Grace): *Minha mãe quer provar para si mesma que o seu marido nunca se importou com ela. Ela quer ouvir isso de sua boca. Ela quer ver isso nos seus olhos.*
> Dolly (Dorothy Stickney): *Eu não sabia disso.*
> Janet: *Eu tenho medo de que isso vá transformá-la em uma daquelas mulheres sozinhas e mal amadas que vemos em todos os lugares hoje em dia. O seu alicerce está terrivelmente abalado — realmente abalado. Eu tenho medo que ela desmorone. Antes de você se encontrar com minha mãe, você poderia, por favor, pensar nas consequências?*

Pensar nas consequências poderia ter impedido o dramaturgo de tentar transformar uma dolorosa situação matrimonial em uma comédia. A crítica de Nova York (que não mencionou Grace em sua análise) disse que havia muitos momentos solenes para um infeliz tratamento da infidelidade, e um excesso de olhares virtuosos em lugar de olhares cômicos.

Naquele verão, depois de trabalhar em outros programas de TV, Grace correu para o Playhouse in the Park, um teatro na Filadélfia, onde ela se apresentou em duas comédias. No meio de agosto, ela retornou ao Teatro Bucks County, interpretando a destemida jovem secretária apaixonada por um dramaturgo deprimido de meia-idade na comédia *Accent on Youth*, de Samson Raphaelson, escrita em 1934. Não há registros de críticas ou notícias sobre essas produções.

Em seguida, ela voltou para Nova York e recebeu uma ligação de sua empresária. Um executivo inglês chamado Sidney Bernstein, que na época mantinha uma parceria com Alfred Hitchcock, queria conhecê-la, pois eles não estavam conseguindo encontrar a atriz principal para um filme chamado *A Tortura do Silêncio*, que logo começaria a ser rodado em Quebec. "Eu conheci o Sr. Bernstein em um almoço em seu hotel", relembra Grace, "mas acho que não causei uma boa impressão". Para o papel, foi contratada uma fina atriz sueca, que se chamava Anita Björk, mas ela chegou acompanhada de seu amante, com uma criança ilegítima nos braços, e foi imediatamente afastada por Jack Warner. Como alternativa, o papel foi oferecido a Anne Baxter.

Grace, então, começou a ensaiar para uma de suas mais bem-sucedidas participações na TV, demonstrando, mais uma vez, seu talento para um tipo especial de comédia romântica. Complicado e improvável, mas envolvente e animado, *Recapture* tratava sobre uma confusão de identidades e por ele Grace receberia, pela primeira vez, um alto cachê da TV, talvez por causa do recente lançamento de *Matar ou Morrer*.

Como relembra o diretor Ted Post, "Eu achei que a voz de Grace não combinava com sua postura imponente — era aguda, um pouco infantil e ofegante. Mas eu não comentei nada, certo de que as coisas iriam melhorar com os ensaios. Um dia, sua mãe veio ao estúdio para assistir aos ensaios e foi direto ao ponto com ela: 'Minha querida, sua fala está um pouco afetada'. Grace respondeu, 'Eu sei, mãe — estou trabalhando nisso'. E trabalhou mesmo. Quando a transmissão foi ao ar tudo estava muito mais natural". Naquele momento, alguns poderiam dizer que o problema de Grace era sua imersão em uma variedade de estilos. Ela precisava encontrar uma paleta de expressões para os filmes e uma projeção não forçada para as peças de teatro. Mas na TV ao vivo ela tinha que diminuir o volume de sua voz, porém, mantendo a clareza. No começo, consequentemente, os seus esforços produziram o que sua mãe identificou como uma afetação forçada.

Sua tendência a um discurso exageradamente educado logo foi eliminada graças, principalmente, aos exercícios de Sandy Meisner. Em *The Kill*, um faroeste ao vivo, transmitido em 22 de setembro, a interpretação de Grace era totalmente verossímil, e a personagem não se parecia em nada com Amy Fowler Kane. O diretor, Franklin Schaffner, estava estudando as possibilidades da gravação com uma câmera em movimento na TV ao vivo; ele dirigiu mais de duzentos programas antes de ir para Hollywood onde dirigiu *Planeta dos Macacos* (1968) e *Patton — Rebelde ou Herói?* (1970).

Em *The Kill*, Grace interpretava uma mulher casada com um homem que possuía um temperamento terrível. Eles estão em um bar local, onde ele encontra uma antiga paixão, agora casada, e começa uma briga com os homens que estão roubando seu sistema de irrigação. Um rapaz é morto durante a briga e o marido foge. Quando os homens se aproximam da esposa, à procura do marido, ela os afasta usando um rifle — uma cena forte de Grace, que gostou muito de interpretar uma mulher tão diferente. "Ela parecia muito mais confortável com uma arma nas mãos do que Amy Fowler!", relembra Grace. "Eu me diverti bastante com *The Kill*". Em seu papel como uma heroína de fronteira, Grace tornou-se uma espécie de Minnie (protagonista da ópera de Puccini, baseada na obra de Belasco *The Girl of the Golden West*), e seu retrato de uma mulher ansiosa, tentando manter os homens à distância com um rifle pesado, é comovente e tenso, ao mesmo tempo.

ENQUANTO ISSO, OS EXECUTIVOS DA Metro Goldwyn Mayer estavam discutindo sobre o elenco de um filme para ser rodado antes daquele outono — na África. *As Minas do Rei Salomão* (1950), produzido por Sam Zimbalist, foi um sucesso da Metro, assim como *As Neves do Kilimanjaro* (1952) foi um sucesso da Fox; ambos pertenciam a um novo gênero de aventuras pitorescas, criado para tentar afastar as pessoas de seus aparelhos de televisão e levá-las aos cinemas.

Zimbalist propôs a Dore Schary, que recentemente havia substituído Louis B. Mayer como presidente da Metro, a ideia de regravar um filme que o estúdio havia produzido em 1932, intitulado *Terra de Paixões*, estrelado por Clark Gable. Apesar de ser ambientado no sudeste da Ásia, ele havia sido produzido inteiramente no estúdio de Culver City, na Califórnia. Em um primeiro momento, Schary recusou a sugestão de Zimbalist. Mas Gable, mesmo com seus cinquenta e um anos de idade, após uma série de filmes indiferentes — e que também foram recebidos com indiferença —, ainda estava bonitão, popular e disponível. Quem também estava disponível era Ava Gardner, uma das protagonistas que a Metro podia bancar e que (apesar de seu cabelo escuro) tinha o tipo de imagem apresentada por Jean Harlow, a estrela loira de *Terra de Paixões*. Zimbalist argumentou: para um remake do original, o estúdio precisava apenas de uma terceira atriz, com a mesma elegância e paixão secreta de Mary Astor no original. Para ajudar a convencê-lo, o produtor disse a Schary que o diretor John Ford estava declaradamente interessado — ele já tinha três estatuetas do Oscar e logo ganharia a quarta.

Eles procuraram entre as atrizes contratadas uma garota apropriada para contracenar com Gable. Debora Kerr tinha se saído muito bem no filme *As Minas do Rei Salomão*, mas Ford demonstrou claramente o seu descontentamento com a sugestão. Zimbalist acreditava que Greer Garson, da Metro, era muito afetada e a sugestão foi descartada imediatamente. Ben Thau, vice-presidente da Metro, sugeriu que eles procurassem por algum novo talento. Eles assistiram a testes de aspirantes a atrizes e vasculharam os books fotográficos de modelos durante dias. Mas não se impressionaram com ninguém.

Em 1952, era bastante comum os estúdios compartilharem os testes de cena feitos por atrizes e atores, e que haviam sido descartados. Na Metro, eles peneiraram os testes enviados pela Columbia, RKO e Warner Bros. Até que, em um dia de outubro, eles assistiram a um teste feito para um filme da Fox chamado *Taxi*, com uma garota desconhecida que tinha uma aparência comum e um sotaque irlandês pouco convincente. Era possível ouvir os suspiros de descontentamento dos executivos da Metro enquanto se preparavam para pegar um novo lote de testes dos arquivos, quando John Ford os interrompeu. "Essa moça tem educação, qualidade e classe", ele disse. "Eu quero fazer um teste com ela, e aposto que vai nos surpreender!".

No dia seguinte, Jay Kanter ligou para Grace em Nova York, contando as novidades: a Metro queria testá-la para um papel importante. Ela parecia indiferente à ideia até ouvir duas palavras mágicas: "África" e "Gable". Partindo logo cedo na manhã seguinte, ao anoitecer ela já estava desfrutando de um maravilhoso mergulho ao luar na piscina do Hotel Bel-Air, em Los Angeles.

# 4

## O Romance com Gable

---

*Quando eu era mais jovem, vivia me apaixonando.*
Grace Kelly Grimaldi

DURANTE OS PRIMEIROS TEMPOS DA indústria cinematográfica, por cerca de vinte anos, a partir de 1890, poucos atores eram identificados nos filmes, na época exibidos em salões, nas chamadas "fábricas de cinema" e, mais tarde, nos *nickelodeons* — um neologismo que combinava a palavra níquel da moeda de 5 cents (o preço do ingresso), com a palavra grega *odeon* que significa teatro coberto. As pessoas trabalhavam anonimamente nesses filmes "trêmulos", de curta duração, que eram considerados uma forma de entretenimento para as classes sociais mais baixas, apresentados como parte secundária de um show circense. Artistas de teatro temiam perder seus empregos se fossem descobertos trabalhando nessas meras pantomimas. Além disso, os primeiros proprietários de estúdios estavam hesitantes em promover os nomes de seus atores, temendo que fossem exigir salários mais elevados.

Mas as coisas mudaram. O primeiro nome a receber crédito em um filme foi o de Florence Lawrence, uma atriz canadense que começou no teatro ainda criança, trabalhou no estúdio de Thomas Edison desde 1907 e depois apareceu em filmes sob a direção de D. W. Griffith. Sarah Bernhardt e Geraldine Farrar estavam entre as atrizes renomadas que foram imortalizadas no cinema mudo, e a partir da Primeira Guerra Mundial, os filmes passaram a ser mais respeitados. O público aos poucos passou a reconhecer os seus artistas favoritos a cada filme, e a querer saber mais sobre eles; logo os produtores começaram a perceber as vantagens financeiras na promoção de certos atores, chamados de "estrelas" — talvez porque iluminassem a escuridão das salas de cinema.

A era de ouro dos grandes estúdios coincidiu com a fama, fortuna e poder das estrelas de cinema, que passaram a ser fundamentais na promoção dos filmes. Os diretores, por outro lado, eram praticamente ignorados e por um longo período poucos tiveram alguma influência real — eles eram considerados como secundários para o sucesso de um filme. Convencionou-se que somente as estrelas e os produtores transformavam os filmes em sucessos, por isso os executivos dos estúdios passaram a selecionar alguns jovens aspirantes, criando-lhes uma nova identidade, a ponto de modificar os seus nomes e estipular padrões de conduta que deveriam ser seguidos até em sua vida pessoal. Archibald Leach, um acrobata da Inglaterra, se transformou em Cary Grant. Uma dançarina chamada Lucille Le Sueur se tornou Joan Crawford. Spangler Brough foi chamado de Robert Taylor e Roy Scherer foi rebatizado como Rock Hudson. Milhares de atores receberam novas identidades e suas histórias foram recriadas para que soassem mais interessantes, excêntricas ou tivessem uma aceitação melhor do que a simples realidade.

Graças aos poderosos publicitários dos estúdios e aos "gerenciadores de talentos", o público nunca soube quem poderia, na verdade, ser socialmente questionável para os padrões da época. Sob o risco de serem demitidos ou relegados permanentemente a papéis menores e estereotipados, atores e atrizes homossexuais, por exemplo, eram comumente forçados a se casar para manter suas carreiras. Artistas que não fossem brancos quase sempre eram escalados para papéis de empregados, criminosos ou como personagens de caráter duvidoso. Mesmo no seu tempo livre, as mulheres não podiam aparecer em público sem a maquiagem e a roupa da moda. Os homens precisavam ser vistos como exímios cavalheiros, e qualquer ator poderia ser descartado se falhasse em manter certos padrões morais, normalmente definidos pelos estúdios em seus contratos e até exigidos por capricho de algum magnata do cinema. Aparições públicas e encontros românticos *calientes* eram forjados em prol da imagem, e a imprensa era devidamente alertada com antecedência; aliás, métodos que permanecem inalterados até os dias de hoje, em pleno século vinte e um.

Se uma estrela do cinema tivesse problemas com álcool ou outras drogas, fosse infiel no casamento ou até mesmo culpada de algum crime — bem, os estúdios poderiam cuidar disso. Eles pagavam regularmente pelo silêncio da imprensa, subornavam os policiais e negociavam com os jornais e colunistas de fofocas. Nos chamados anos dourados de Hollywood, os estúdios de fato comandavam a vida de milhares de pessoas. Mas todo esse controle era encarado como parte do negócio.

O ano de 1924 foi, provavelmente, um divisor de águas no mercado cinematográfico, quando o entretenimento meramente lucrativo se transformou em uma enorme indústria corporativa. Proprietário de uma rede de teatros em Nova York, o empresário Marcus Loew, que já havia adquirido o controle da Metro Pictures e da Goldwyn Pictures, acrescentou à sua lista a Mayer Pictures — com a intenção de colocar Louis B. Mayer no comando dos estúdios em Los Angeles e Irving Thalberg como produtor-chefe. Durante décadas a holding permaneceu como Loews Inc., mas quem detinha o poder corporativo, assim como o controle sobre todos os estúdios de Hollywood, eram executivos de Nova York, juntamente com os investidores de Wall Street. Com o tempo, Mayer acrescentou seu nome aos estúdios, surgindo, então, a Metro-Goldwyn-Mayer.

Graças à criação de Mayer do que os publicitários chamavam de "sistema estelar", com o slogan "more stars than there are in heaven" (mais estrelas do que no céu), o estúdio ostentava uma impressionante lista de artistas famosos — entre eles Lionel Barrymore, Wallace Beery, Jean Harlow, Jeanette MacDonald, Norma Shearer, Joan Crawford, Clark Gable, Myrna Loy e Greta Garbo. Mais tarde, a Metro contratou Gene Kelly, Jane Powell, Lana Turner, Judy Garland, Ava Gardner, Fred Astaire, Mickey Rooney, Katharine Hepburn, Spencer Tracy, Ann Miller, Esther Williams, June Allyson e Elizabeth Taylor. Muito mais do que qualquer outro estúdio em Hollywood, a Metro mantinha um profundo envolvimento com a vida pessoal de seus atores e atrizes; para Mayer e seus executivos, isso era uma simples questão de garantir a proteção dos seus investimentos.

Do final de 1920 até meados de 1940, a Metro foi o estúdio mais bem-sucedido de Hollywood: conseguiu se manter durante a Grande Depressão e lançava praticamente um filme por semana — incluindo desenhos animados e curtas-metragens. Pouco tempo depois, a Suprema Corte dos Estados Unidos da América, em decisão contra os monopólios corporativos, ordenou aos estúdios que se desfizessem das redes de salas de cinema, e a Loews Inc. teve de ceder o controle da Metro; a partir de então, iniciou-se o declínio do poderoso estúdio, que não tinha como sobreviver sem a garantia das exibições.

No começo da década de 1950, com Dore Schary no lugar de Louis B. Mayer, o estúdio continuou a dominar o gênero musical. Isso trouxe uma nova geração de talentos, muitos deles jovens cantores e dançarinos como Howard Keel, Debbie Reynolds, Cyd Charisse e Leslie Caron. De 1939 até 1955, o estúdio lançou seis ou sete musicais por ano[14] e, em 1951, o Oscar de melhor filme foi para o musical *Sinfonia de Paris*. Mas, nessa época, a Metro não podia mais contar somente com seus musicais para atrair o público. Apesar da necessidade de reverter a situação, Schary (assim como Mayer) não levava muito a sério os diretores, e somente uma vez um profissional contratado recebeu o Oscar de melhor diretor com um filme da Metro (Vincente Minelli, por *Gigi*, em 1958).[15]

NO OUTONO DE 1952, QUANDO Grace foi convidada a fazer um teste para um filme que o estúdio acreditava que seria um grande sucesso de bilheteria, o complexo da cidade de Culver City havia aumentado cerca de 5 vezes o seu tamanho. Lá existiam seis grandes terrenos baldios, mais de quinze enormes palcos, um lago com um ancoradouro, uma floresta, uma estação de trens e parques, além de quarteirões e ruas de diferentes épocas e estilos. Contudo, isso acabou se revelando uma expansão desnecessária, porque os dias de glória da Metro — como o mais bem-sucedido estúdio da década de 1930 — estavam contados. Eles tinham uma carência de grandes diretores e as produções para as grandes estrelas estavam se tornando antiquadas e previsíveis — em 1953, por exemplo, o filme *Os Cavaleiros da Távola Redonda* seguiu *Ivanhoé, O Vingador do Rei*. "Era uma época exuberante e espalhafatosa", como dizia Dore Schary. O estúdio esta-

---

[14] Dentre os principais musicais da MGM, destacam-se: *Bonita e Valente, A Roda da Fortuna, A Lenda dos Beijos Perdidos, Desfile de Páscoa, As Garçonetes de Harvey, Ama-me ou Esquece-me, Agora Seremos Felizes, Um Dia em Nova York, Núpcias Reais, Sete Noivas para Sete Irmãos, O Barco das Ilusões, Cantando na Chuva* e *O Mágico de Oz*.

[15] O Oscar recebido por Victor Fleming por dirigir *...E o Vento Levou* (1939) foi concedido à uma produção de David O. Selznick lançada pela MGM, e William Wyler era um diretor independente quando ganhou pelo filme *Rosa de Esperança* (1942), lançado pela MGM.

va relutante em usar a cor para qualquer estilo que não fosse o musical, e o número de produções estava caindo a cada ano: a Metro estava contribuindo com cerca de 15% do volume de filmes de Hollywood. "Nós estávamos tendo problemas para encontrar papéis para todos os nossos atores contratados", acrescenta Schary. Diante da situação, disposta a fazer tudo o que fosse possível para atrair o público, a Metro decidiu que, depois do sucesso de *As Minas do Rei Salomão*, eles iriam produzir outro épico — uma nova versão de *Terra de Paixões*, chamada *Mogambo*.

JOHN FORD DIRIGIU O TESTE em cores de Grace, e gostou. Schary e o conselho executivo também. Um contrato de sete anos foi elaborado e enviado para Jay Kanter na MCA, onde ele e seu chefe, o formidável Lew Wasserman, mexeram em algumas cláusulas. No final de outubro, estava pronto para ser assinado. Mas quando Grace leu, hesitou e pediu para que fossem feitas algumas alterações importantes, o que surpreendeu a todos, pois isso era considerado um comportamento voluntarioso e independente. A oferta da Metro dava ao estúdio o direito sobre os serviços de Grace em três filmes por ano, por sete anos; neste período, eles poderiam demiti-la depois de seis meses ou poderiam emprestá-la para outros estúdios quando quisessem. O salário inicial seria de 750 dólares por semana, com cláusulas de reajuste a serem negociadas de boa fé, dependendo do seu sucesso, e um bônus de 20 mil dólares se ela completasse três filmes em qualquer um dos anos. Ela deve ter dado um sorriso irônico ao ver o salário, porque poderia ganhar muito mais dinheiro como modelo.

Grace queria folga do trabalho no cinema a cada dois anos, para que assim pudesse retornar ao teatro, e insistiu em manter sua residência em Nova York. Todas essas garantias a Metro concedeu — outra vez, para a surpresa de Hollywood. Logo ficou evidente que Grace Kelly não seria controlada facilmente.

"Eu assinei com a MGM", relembrou em 1975, "porque *Mogambo* oferecia a oportunidade de trabalhar com John Ford e Clark Gable, e filmar na África. Se a produção tivesse sido agendada para o Arizona, eu não teria assinado o contrato. Mas eu assinei — no balcão de embarque do aeroporto, saindo do país".

As filmagens duraram do outono de 1952 até o final do inverno de 1953, primeiro em Uganda, Tanganyika e Kenya e depois em Londres.

No dia 2 de novembro, Grace chegou ao Hotel New Stanley, em Nairobi. Naquela noite, durante o jantar, ela conheceu Gable e o ator inglês Donald Sinden, que estava escalado para ser o seu marido. "Grace impressionou Clark e a mim ao pedir toda a refeição, para nós três, em *swahili*", relembra Sinden. Assim que soube, em Hollywood, a localização exata das filmagens na África, Grace aprendeu sozinha os rudimentos do dialeto local. "*Lete ndizi, tafadhali*", disse ela ao final da refeição, para um garçom de olhos arregalados — "Por favor, me traga uma banana".

O cinquentão Clark Gable, o "Rei de Hollywood", havia perdido muito pouco do seu charme viril temperado com aquele tipo protetor e paternal. Longe da família e dos amigos, Grace acabou desenvolvendo uma intensa afeição por Gable durante o tempo em que eles permaneceram na África. Mas é impossível afirmar categoricamente que eles tiveram, de fato, um romance. Uma forte atração nem sempre chega a ser expressada sexualmente, não importa quão seduzidos estejam os envolvidos. Em vários momentos, Gable e Grace foram questionados diretamente sobre esses rumores. Era de se esperar que ambos sorrissem e desviassem o assunto, mas ninguém ligado à produção jamais afirmou ou confirmou que houvesse um romance clandestino entre os dois.

Existia, sem dúvida alguma, uma estreitíssima amizade. Nos intervalos, Grace podia ser vista tricotando para Clark um par de meias para o Natal (que, aliás, ela nunca chegou a terminar), e eles passaram muito de seu tempo livre juntos. "Os olhos de Clark estavam sempre voltados para Grace", disse Ava Gardner, "e os dela, do mesmo modo, estavam sempre voltados para ele. Os dois estavam solteiros na época e era muito comum qualquer mulher ficar apaixonada por Clark". "Lá estava Grace", Ava acrescenta, "na África, rodeada por aquela flora e fauna exóticas, e Clark, forte, sorridente e completamente à vontade. Isso tudo fez com que ela o amasse ainda mais".

Tanto Grace quanto Clark já haviam falecido há muito tempo quando Ava deu essa declaração tão ambígua; afinal, "estar apaixonada" por alguém nem sempre significa, necessariamente, "ir para a cama". Ava sempre foi muito franca e direta sobre si mesma e sobre os outros. Se, de fato, havia um caso entre eles seria de se esperar que ela dissesse claramente.

"Quando eu era mais jovem, vivia me apaixonando por alguém que me dava mais do que eu podia retribuir", disse Grace, anos mais tarde. "Eu sabia que era uma pessoa imatura e incompleta, que estava recebendo e absorvendo muito mais do que tinha para oferecer. Acho que essa é a realidade de todos os jovens. No egoísmo juvenil, precisamos alimentar nossa psique e nossa alma com o que recebemos dos outros".

Mas sua relação com Gable não era simplesmente motivada pelo que ela poderia receber; ela tinha muito para oferecer. Neste sentido, Gable era tão solitário quanto Grace, e um pouco mais impaciente. Sua carreira havia sido interrompida nos últimos anos por problemas de saúde e pelas inevitáveis mudanças no estilo dos filmes e na popularidade das estrelas de cinema. Ele achou as exigências físicas de *Mogambo* extremamente desafiadoras e, além disso, enfrentava o processo de divórcio de sua quarta esposa (Lady Sylvia Ashley, a modelo e socialite inglesa que havia sido casada com Douglas Fairbanks). Romântica como era, e encantada com seu lendário colega de elenco, Grace também foi solidária a Clark em seus momentos de aflição e fez tudo o que podia para animá-lo durante essa fase difícil em sua vida. Conforme escreveu para a amiga Prudy Wise, Grace e Clark jantaram juntos todas as noites enquanto estiveram na África, o que não era incomum para duas estrelas solteiras. Além disso, Clark estava, com certeza, muito lisonjeado em ter a atenção de uma jovem garota, bonita, divertida e competente, que evidentemente o adorava.

No dia 8 de novembro, a equipe deu as boas-vindas à quarta estrela principal do filme quando Ava Gardner surgiu, feito um furacão, ao lado de seu marido, Frank Sinatra. Como de costume, o casal discutia constantemente, quando não estava fazendo barulhos íntimos. Nos intervalos, eles alternadamente bebiam demais, gritavam e jogavam coisas um no outro, até Frank partir da África para assumir um papel no filme *A Um Passo da Eternidade,* de Zinnemann, que deu um novo início a sua estagnada carreira no cinema.

No dia 12 de novembro, o elenco e o diretor se reuniram para brindar com champanhe pelo vigésimo terceiro aniversário de Grace, e o mesmo foi feito no aniversário de Ava, na véspera de Natal. "Depois disso", recorda Ava, "não importava em que lugar do mundo eu estivesse, todo ano um presente de aniversário de Grace aparecia. Ela nunca esqueceu, e mandava junto um cartão escrito à mão — não era uma secretária que enviava. Ela era uma grande dama, e também muito divertida". Mas, ao contrário de muitas pessoas do elenco, Grace não bebia muito. "O seu pequeno nariz ficava cor-de-rosa, ela ficava enjoada e nós tínhamos que ajudá-la". Mesmo com temperamentos diferentes, as duas atrizes americanas rapidamente se tornaram amigas para a vida toda. Ava esteve no casamento de Grace e a visitava com frequência no palácio de Mônaco. Ela admirava a elegância descontraída de Grace, que, por sua vez, apreciava o jeito desinibido de Ava e sua franqueza ao demonstrar espontaneamente suas emoções, algo que Grace mantinha sempre sob controle.

Durante a primeira semana de produção, que começou em 17 de novembro, as externas foram feitas em uma reserva animal. As sequências na selva foram filmadas em Tanganyika, onde a Metro construiu um acampamento com infraestrutura completa que incluía barracas para o elenco e a equipe, além de cozinha, refeitório e escritório.

Cada contingência foi prevista. A produção contava com centenas de pessoas — o habitual conjunto de técnicos, juntamente com motoristas, tradutores, guias e guardas nativos, cozinheiros, serventes, um médico e enfermeiras. Mas a estadia não era luxuosa. A água para consumo tinha que ser fervida; os alimentos eram racionados — restritos ao que poderia ser enviado de Londres ou inspecionado por monitores da companhia — e os banhos eram limitados, mesmo naquele clima úmido e terrivelmente quente. Uma vigilância constante precisava ser mantida, pois o perigo estava à espreita em todos os lugares: a locação às margens do rio Kagera, por exemplo, era muito perto do habitat de dezenas de crocodilos não muito satisfeitos com aquela invasão humana. Apesar de todas as precauções, vários membros da equipe morreram em acidentes de carro ou vítimas de doenças tropicais e dezenas contraíram parasitas intestinais ou infecções difíceis de tratar. Onde quer que a companhia *Mogambo* fosse, uma enfermaria era construída e estava sempre ocupada por funcionários com enfermidades causadas por insetos, répteis, água contaminada e uma variedade de doenças da selva. Monitorando cuidadosamente o que comia e bebia e os lugares onde ia, Grace passou por todo o período da produção sem nada mais sério do que um forte resfriado.

À parte as dificuldades proporcionadas pelo local, a equipe sofria pelos arroubos temperamentais de John Ford — um diretor talentoso, mas um tirano irritante. Donald Sinden se lembra do "tratamento terrível" que Ford dispensava a vários atores e membros da produção — fato comprovado por Henry Fonda, que trabalhou em nove filmes de Ford. "Ele tinha por instinto um belo modo de olhar com a câmera", disse Fonda. "Mas era um egocêntrico. Ele nunca ensaiava e não queria falar sobre o papel. Se algum ator insistisse em perguntar sobre os diálogos, ele respondia com insultos ou rasgava as páginas do roteiro" e, depois, reduzia o papel do ator. Ava Gardner descrevia Ford como "o homem mais cruel do mundo — verdadeiramente do mal". Mas ela o respeitava.

Gable nunca chegou a declarar nada sobre Ford, mas o que eles tinham não passava de uma relação civilizada. Nessa época, o ator sofria com a sequela de um mal que fazia sua mão esquerda tremer às vezes, mas isso não era um sintoma de tensão nervosa ou nada sério. Ford, que odiava retomadas de cena e sempre achava que a cena mais verdadeira era aquela capturada da primeira vez, perdeu a paciência com a necessidade de refazer as cenas de Gable tantas vezes. Mas cedeu à vaidade masculina da estrela. Como Donald Sinden relembra, "Clark, cujo peito era completamente desprovido de pelos, insistiu que nenhum outro ator deveria aparecer no filme expondo um peito peludo". E assim, uma vez por semana, um maquiador vinha até Sinden com um aparador elétrico.

Grace também sentiu a ira do diretor. "Estava incrivelmente ansiosa com esse papel", disse ela. "Eu sabia quanto estava em jogo depois de *Matar ou Morrer*, e queria desesperadamente ter um bom desempenho — especialmente porque Jack Ford havia gostado do meu teste e tinha, aparentemente, visto algo em mim que ninguém antes dele tinha visto. Um dia, durante as filmagens, ele gritou comigo, 'Kelly, que diabos você está fazendo aí?', e eu respondi, 'No roteiro, está escrito que Linda anda até aqui, se vira e...' E, então, ele gritou de novo, 'Bem, Kelly, nós estamos fazendo um *filme*, e não um *roteiro*!'"

E acrescentou, "Ele fazia um filme em que o editor tinha muito pouco ou quase nada o que fazer. Raramente fazia closes, apenas quando a cena era realmente dramática e importante. Muitos diretores filmavam no plano geral, plano médio, closes e assim por diante. John Ford preferia fazer um plano geral; ele movia para um plano médio, fazia o resto da cena em duas ou três tomadas, no máximo, e pronto. Ninguém jamais fez cinco tomadas com John Ford! No meu caso, ele sabia exatamente como queria me filmar, e não estava nem aí para o roteiro. Mas ninguém me contou sobre isso antes, fiquei sabendo através do diretor assistente. Se ele tivesse me dito isso no começo, eu não teria tentado descobrir onde deveria ficar nem por quê. Mas ele realmente não me deu nenhuma direção, nenhuma dica."

BASEANDO-SE NO ROTEIRO ORIGINAL DE *Terra de Paixões*, o escritor John Lee Mahin mudou o nome de todos os antigos personagens e transpôs a ação do sudeste da Ásia para a África em *Mogambo*. Victor Marswell (Gable) é um guia de safári na África. No seu mundo selvagem e descomplicado, surgem duas mulheres — a solteira, desinibida e experiente Eloise "ursinho de mel" Kelly (Ava Gardner), com quem passa uma semana de tórrida paixão assim que conhece, e Linda (Grace), a esposa afetada do antropólogo Donald Nordley (Donald Sinden). *Mogambo*, então, se transforma na história de um triângulo amoroso. No melhor estilo Hollywood, a selva é o cenário perfeito para que as paixões selvagens se liberem — Linda considera Victor um sedutor, algo que seu marido acadêmico definitivamente não é. Mas a loira Grace e a morena Ava não são as duas Isoldas. Feito em 1953, o filme traz um desfecho dolorosamente adequado: os Nordleys redescobrem o verdadeiro amor e Victor descobre que a "ursinho de mel" — chamada o tempo todo de "Kelly" — é a garota certa para ele.

A experiência de trabalhar com John Ford repetiu a situação que prevaleceu com Zinnemann, que não tinha nem tempo nem vontade de oferecer à Grace qualquer direção, muito menos discutir com ela a respeito do personagem na história. Ford não estava interessado em conversas ou em tratar de quaisquer dúvidas a não ser com a equipe técnica — e ele era bem menos cortês do que Zinnemann. Quando se conheceram, Grace contou a Ford que ela seria a segunda Kelly a trabalhar para ele — que seu tio Walter havia aparecido no filme *Sob as Ondas*, feito por Ford em 1930. "É mesmo?" grunhiu Ford, colocando o seu charuto de volta na boca.

Sinden recorda um incidente que ilustra perfeitamente o método de direção de Ford na época. Sinden e Grace deveriam fazer a sua entrada na história de um navio a vapor. Sem ensaio ou instrução, os atores foram enviados a bordo do barco que se movia em direção à praia. Subitamente, eles escutam a voz de Ford através de um megafone: "Grace, Donald, fiquem abaixo do convés. Ok. Donald, venha para o convés. Olhe em volta para o cenário. Chame Grace. Coloque o braço em volta dela. Aponte para uma girafa à sua direita. Peguem a sua câmera, rápido. Tirem fotos da girafa. Sorria para ele Grace. Grace, olhe para os hipopótamos à sua esquerda. Faça Donald fotografar. Um crocodilo mergulha na água. Você está com medo, Grace. Você está assustada! OK. Vocês estão chegando ao píer. Olhem em volta. O que está reservado para vocês? Os nativos correm para se encontrar com vocês. Ok! Ok! Corta!"

"E assim", disse Sinden, "foi o primeiro dia de filmagem sob a direção de John Ford", exatamente como se ele ainda dirigisse filmes mudos.

Gable transmitiu muita emoção no papel do herói machão envelhecido, um personagem que não temia os animais selvagens, mas sim a solidão, e que precisou reconsiderar sua vida de solteiro ao se apaixonar por duas mulheres muito diferentes. Ava Gardner contribuiu com um desempenho extraordinariamente equilibrado no filme, em um papel criado de forma inteligente, originalmente interpretado por Jean Harlow. Com sua voz grave e um toque de sarcasmo temperado com ternura, seu *time* impecável e suas expressões sutis, ela criou uma personagem memorável que transcendeu todos os clichês normalmente associados a uma mulher de vida fácil, cujo espírito generoso finalmente conquista seu verdadeiro amor — no caso, Clark Gable.

Em sua carreira de atriz, Gardner geralmente era considerada uma mulher sexy, e não muito mais do que isso; de fato, ela representava precisamente o oposto do que Grace conseguia sintetizar na tela. Infelizmente, Gardner acreditava na avaliação convencional e superficial de seu talento e nunca pensou muito em suas realizações. Mas ela era uma boa atriz, e perto do final de sua carreira, até mesmo os críticos destacaram seu extraordinário desempenho em *A Noite do Iguana*, de 1964, um filme de John Huston baseado em uma peça de Tennessee Williams.

Como o próprio roteirista Mahin admitiu, o papel de Grace era decepcionantemente bidimensional, e *Mogambo* não oferecia ao público nenhuma razão para simpatizar com Linda Nordley. Como a rica e bela esposa de um rico e bonito marido — com tempo e dinheiro suficientes para saciar seus interesses acadêmicos —, Grace interpreta uma mulher que se permite o luxo de um namorico irresponsável, sem se importar com os sentimentos do seu marido. Ela procurou fazer o melhor que pôde para temperar o jeito afetado de Linda com um certo medo da selva e uma preocupação sobre sua paixão ilícita, mas não havia como fornecer diálogos suficientes (nem podia exigir closes) para conquistar a simpatia do público. O consenso da crítica era que "a beleza platinada de Grace Kelly permaneceu intacta apesar dos textos extremamente tolos que ela foi forçada a dizer", como por exemplo, quando Grace diz para Gable, na floresta: "Eu não sabia que macacos podiam subir em árvores!"

"Eu realmente não estava muito boa em *Mogambo*", disse ela, anos mais tarde, "era uma novata no ramo e ainda tinha muito a aprender". Mas talvez Grace estivesse julgando a personagem e não a sua atuação; ela fez o que foi requisitado, não podia explorar o que não existia. Dependendo das fontes consultadas, *Mogambo* é a palavra em *swahili* para "paixão" ou para "perigo". Linda Nordley apresentou muito pouco da primeira e a segunda é sugerida em apenas uma cena, envolvendo uma serpente gigante que acaba se mostrando inacreditavelmente amigável.

Na verdade, *Mogambo* é tão tedioso quanto os exageradamente educados Nordleys; não tem nada do humor rápido e inteligente de *Terra de Paixões*. Uma incessante narrativa ambientada em uma selva exótica, com a adição de alguns rugidos e outros sons de animais, *Mogambo* é o tipo de filme que só poderia ser salvo se cortassem quarenta e cinco minutos e reeditassem o restante do tempo. John Ford (doente e já perdendo a sua pegada), foi um "tirano" desde o primeiro dia — como confirmou o próprio produtor Zimbalist —, interessado apenas no cenário tropical luxuoso e nas feras selvagens, deixando o elenco lidar com uma legião de problemas de logística.

Mas o público adorou, e o filme arrecadou a surpreendente quantia de cinco milhões de dólares em seu lançamento. A Academia, com justiça, indicou Ava Gardner como melhor atriz de 1953 e, por razões que desafiam a compreensão, Grace Kelly concorreu à melhor coadjuvante; nessa categoria ela ganhou o Globo de Ouro da Hollywood Foreign Press Association (Associação da Imprensa Estrangeira de Hollywood). Porém, quando era mencionada, a crítica não parecia entusiasmada: "Grace Kelly foi bem", disse o *New York Times*. Clark Gable talvez tenha sido quem se saiu melhor: *Mogambo* ressuscitou sua carreira e ele passou a ser requisitado até a sua morte, aos cinquenta e nove anos de idade, em 1961.

Grace e seus colegas pareciam felizes por encerrar a estadia na África, pois estavam esgotados. "Ava e eu agora somos grandes amigas", dizia a carta de Grace para Prudy. "Você não imagina o que tivemos que suportar! Frank [Sinatra] partiu na sexta, então, talvez as coisas fiquem mais fáceis. Tem sido uma pressão sobre todos nós. O velho [apelido que Grace deu para John Ford] está ansioso para partir da África, e todo mundo está nervoso, chegando no limite. Acho que o filme vai ser muito bom, mas agora muitas pessoas não estão dando a mínima importância para isso."

A PRODUÇÃO PARTIU DA ÁFRICA em fevereiro de 1953, seguindo para a Inglaterra, onde as cenas internas seriam filmadas no estúdio da Metro em Borehamwood, Hertfordshire. Assim que chegou, Clark Gable afastou-se de Grace, recusando seus convites para sair ou jantar, e até mesmo evitando trocar com ela mais do que algumas palavras, exceto sobre o trabalho, uma mudança repentina de comportamento que a deixou perplexa e magoada. Na época, os rumores sobre um possível romance eram alardeados pela imprensa — provavelmente com histórias plantadas pela própria Metro, com propósitos publicitários. Alguns biógrafos, no entanto, chegaram à conclusão de que Gable recusou a proposta de casamento de Grace e sua insistência em continuar o romance em Londres (e depois em Hollywood). Mas a verdade era mais banal: a conclusão do seu acordo de divórcio estava marcada para abril, em uma corte inglesa, e ele não queria se prejudicar oferecendo material para uma acusação de conduta inapropriada. Diante disso tudo, Grace ficou muito abatida, sentindo-se decepcionada pelo modo como ele a ignorava, e pela primeira vez parecia satisfeita com a visita de sua mãe, ansiosa para conhecer o Rei de Hollywood.

Os protagonistas ficaram hospedados no Hotel Savoy, em Londres. Um dia, no saguão, Grace cruzou com Morgan Hudgins, publicitário do filme contratado pelo estúdio, que acompanhava a produção desde o início. Hudgins estava tomando um drinque com um cavalheiro alto e cortês, chamado Rupert Allan. Nascido em St. Louis e educado em Oxford, Rupert trabalhava na época para a revista *Look* e tinha sido escalado para cobrir a coroação da Rainha Elizabeth II, em junho. Mais tarde, ele foi trabalhar com o publicitário Arthur P. Jacobs e conquistou uma impressionante lista de clientes. Rupert e Grace ficaram amigos em pouco tempo — ele passou a acompanhá-la com frequência em Londres, Hollywood e Nova York, e acabou se tornando o seu publicitário particular. Anos depois, quando já era princesa, Grace o indicou para cônsul-geral de Mônaco em Los Angeles.

O fato de Rupert ser homossexual era completamente indiferente para Grace, que o amava como a um irmão; ele foi seu amigo e confidente até o fim de sua vida. Em Beverly Hills, ela frequentemente visitava Rupert em Seabright Place, onde ele vivia com o amor de sua vida, Frank McCarthy. Herói da Segunda Guerra Mundial e general da reserva do Exército dos Estados Unidos, McCarthy produziu *Patton — Rebelde ou Herói?*, um filme de 1970, aclamado pela crítica, que ganhou um total de oito prêmios (incluindo o Oscar de melhor filme). Sempre que qualquer pessoa pronunciava uma palavra sequer contra os gays, Grace era bem franca e direta. "Você não deve criticar os homossexuais", disse ela para a amiga Prudy Wise. "Isso pode ser muito destrutivo, e é muito fácil ser cruel sem perceber."

O TÉRMINO DA PRODUÇÃO DE *Mogambo* ocorreu em março de 1953 e o lançamento do filme seria em outubro. De volta aos Estados Unidos, Grace visitou a família na Filadélfia antes de voltar para Manhattan. "Você sabe, a garota deve ter tido muitas experiências fascinantes", declarou seu pai para um repórter, "mas é claro que ela não vai contar!".

Mas não havia nenhuma oferta de trabalho para ela, nem no teatro nem em filmes. "Ela estava de volta ao mesmo lugar de onde tinha saído, depois do malfadado teste para o filme *Taxi*", relembra Dore Schary, "e apesar de estar disponível para outros papéis, nada aparecia".

O fato era que Schary e a Metro simplesmente não sabiam o que fazer com ela no estúdio. Eles estavam produzindo filmes de época como *O Prisioneiro de Zenda*, *O Veleiro da Aventura*, *A Rainha Virgem* e *O Belo Brummel* — e nenhum papel era considerado apropriado para Grace. Depois de várias reuniões, os executivos espalharam discretamente pela cidade a notícia de que Grace estava disponível para empréstimo a outros estúdios, como o seu contrato permitia. Isso arrecadaria algum dinheiro para a Metro, que cobraria uma considerável taxa pelo trabalho de Grace em outro lugar, repassando a ela apenas o valor estipulado em seu contrato. O empréstimo, uma antiga tradição em Hollywood, era uma maneira fácil de conseguir dinheiro para os estúdios. Mesmo assim, nada aconteceu até o final daquela primavera de 1953.

Contudo, Grace se manteve ocupada. Jay Kanter a convidou para o seu casamento no dia 15 de abril, em Nova York. Sua noiva era Judith Balaban (depois Quine), filha do presidente da Paramount Pictures. Grace tornou-se amiga íntima da família Kanter, e três anos mais tarde Judy seria uma de suas damas de honra. Alguns dias após o casamento de Kanter, ela teve um compromisso bem menos agradável: o funeral de seu primeiro amor, Harper Davis, que havia sucumbido à esclerose múltipla aos vinte e seis anos de idade.

Entre maio e junho, Grace se apresentou ao vivo na TV em três oportunidades: *The Betrayer*, com Robert Preston; *Boy of Mine*, com Henry Jones;

e *The Way of the Eagle*, em que ela e Jean-Pierre Aumont estrelaram como Sr. e Sra. John James Audubon. Aumont tinha perdido a esposa, a atriz Maria Montez, em 1951, e, desde então, tornou-se um viúvo cobiçado. Aos quarenta e dois anos de idade, bonito e famoso, era um ator muito requisitado na França, seu país natal, e também nos Estados Unidos. Ao conhecer Grace, na época com vinte e três anos, ele a considerou mais interessante e madura do que muitas mulheres que havia conhecido, e a convidou para um almoço no dia seguinte à apresentação de *The Way of the Eagle*, marcada para o dia 7 de junho.

Apesar de achar Jean-Pierre atraente e sofisticado, e admirar sua inteligência e seu charme gaulês, Grace recusou o convite. Alguns logo afirmaram que havia um romance entre eles — um boato que infelizmente acabou assumindo o caráter de verdade. Outros negaram, dizendo que Grace o rejeitou porque tinha esperanças de retomar o relacionamento com Gable. Mais uma vez, estavam longe de acertar o alvo. O fato é que Grace não podia aceitar o convite de Aumont porque Jay Kanter havia telefonado durante os ensaios de *The Way of the Eagle*, chamando-a para um compromisso, e ela deveria partir para Los Angeles no dia 8 de junho. Uma entrevista havia sido marcada com Alfred Hitchcock, que estava em busca de uma nova protagonista.

# 5

## No Mundo da Lua

*O melhor jeito de se fazer isso é com uma tesoura.*
Alfred Hitchcock

"OTESTE QUE FIZ PARA representar uma garota irlandesa em *Taxi* — papel que não consegui — acabou se tornando muito importante na minha carreira", lembrou Grace. "John Ford viu aquele teste e me escalou para *Mogambo*. Depois, Hitchcock assistiu ao mesmo teste e quis verificar se eu serviria para seu próximo filme. Fiquei muito nervosa e constrangida ao conhecê-lo (em junho de 1953), mas ele foi muito amável e me deixou à vontade. Nós conversamos sobre viagens, comida, vinho, música e estilo — tudo, exceto a personagem do filme, Margot Wendice."[16]

A ansiedade inicial de Grace era compreensível. Alfred Hitchcock, que tinha completado 44 anos naquele verão, era sem dúvida um dos cineastas mais famosos e bem-sucedidos do mundo. Mais tarde, ele foi considerado um dos grandes criadores do cinema, cujos filmes são tão profundos quanto interessantes. No início da carreira, na Inglaterra, Hitchcock conseguiu divulgar o próprio trabalho garantindo que seu nome fosse conhecido e sua presença notada — suas curtas aparições nos filmes, por exemplo, estão

---

[16] Hitchcock me contou que não tinha assistido ao copião de *Mogambo* antes de conhecer Grace: ele só chegou a ver o teste em preto e branco para *Taxi* e talvez uma ou duas cenas de *Matar ou Morrer*, e que não precisou de mais nada para tomar sua decisão.

entre muitas de suas jogadas publicitárias, ao longo de meio século. "Os atores vem e vão", já dizia Hitchcock nos anos 1920, "mas o nome do diretor deve ficar gravado na mente dos espectadores". Até os anos 1960, qualquer um que frequentasse regularmente o cinema na Inglaterra ou nos Estados Unidos conseguia citar apenas três diretores: Cecil B. DeMille, Charlie Chaplin e Alfred Hitchcock.

Como todo grande contador de histórias, Hitchcock tinha uma imaginação brilhante, afirmavam os seus roteiristas, designers e técnicos. Sempre compartilhava ideias fabulosas para filmes e costumava contar piadas obscenas e histórias horríveis sobre assassinatos, apenas para ver a reação dos ouvintes. Ele foi um mestre do cinema, e merecia todo respeito — que invariavelmente lhe era prestado — mas, na realidade, era um homem solitário e complexo, "que tinha medo de tudo", confessou. Gregory Peck, que estrelou dois filmes do diretor, declarou: "Havia algo que o incomodava e o deixava aflito, durante toda a sua existência, eu acho". Este "algo" estava ligado aos seus desejos e emoções profundamente reprimidos e uma sensação de estar condenado ao sofrimento e à abnegação romântica.[17] Estes elementos são recorrentes em seus filmes mais profundos.

Hitchcock nasceu em Leytonstone, bairro suburbano situado na área leste de Londres, e sempre se sentiu à margem da sociedade. Católico e de origem humilde, não tinha uma formação refinada; seu pai vendia peixes e verduras, e, embora fosse próspero, ainda assim era um comerciante e não um "cavalheiro". O jovem Alfred era criativo, inteligente e dotado de uma memória prodigiosa, mas a vida toda esteve limitado pela tendência à obesidade mórbida. "Hitch", como se autodenominava, tinha percorrido a arte cinematográfica como roteirista, ilustrador e assistente de direção antes de dirigir seu primeiro filme mudo, em 1925. Desde então, até 1953, ele dirigiu mais de três dúzias de filmes, que o tornaram rico e famoso.

Ele deixou a Inglaterra em 1939 e, durante os primeiros doze anos nos Estados Unidos, dirigiu alguns dos melhores filmes realizados no antigo sistema de estúdios de Hollywood, entre eles, *Rebecca – a Mulher Inesquecível*, *Correspondente Estrangeiro*, *Sombra de Uma Dúvida*, *Interlúdio* e *Pacto*

---

[17] Diversos livros e artigos apresentam retrospectivas da vida e da arte de Hitchcock. Ele é, inquestionavelmente, o diretor mais abordado por biógrafos, acadêmicos, historiadores e apreciadores de cinema. Meus três livros sobre Hitchcock, citados na bibliografia, incluem listas detalhadas, mas necessariamente parciais, de livros e ensaios sobre o diretor.

*Sinistro*. Hitchcock continuou a produzir e dirigir obras-primas cinematográficas até alguns anos antes de morrer, em 1980. Em uma noite de junho, em Burbank, Hitchcock contou para Grace que tinha um acordo com a Warners para realização de alguns filmes, e depois de vasculhar durante um ano em busca de um tema, ele finalmente tinha encontrado a história certa para a próxima película, que atenderia a obrigação contratual.

*Disque M para Matar*, do escritor inglês Frederick Knott, nasceu como um thriller para a televisão BBC, no início de 1952. No dia 19 de junho daquele ano foi para os palcos de Londres e em 19 de outubro estreou na Broadway, onde esgotava os ingressos todas as noites. Mesmo antes da estreia em West End, o cineasta húngaro-britânico Alexander Korda abocanhou o direito universal para filmar a peça por modestas mil libras. Hitchcock assistiu *Disque M* e acreditou que, na falta de alternativa, poderia realizar o filme para os irmãos Warner, que teriam que bancar o preço de Korda, 30 mil libras. Com um cenário simples e poucos personagens, parecia fácil levar a peça para o cinema — como disse mais tarde, Hitch estava "correndo atrás do prejuízo".

Entretanto, havia uma condição importante na venda dos direitos para o cinema: o filme não poderia ser lançado enquanto a peça estivesse em cartaz. E, de fato, foram 552 apresentações na Broadway, de 29 de outubro de 1952 até 27 de fevereiro de 1954, e o filme foi lançado três meses depois. Além disso, para Hitchcock, existia outra condição incômoda: os Warner queriam que o filme fosse realizado em formato tridimensional.

Em 1953, existiam 25 milhões de aparelhos de televisão nos Estados Unidos. Para levar os espectadores de suas casas aos cinemas, Hollywood criou uma série de artifícios que a televisão não podia oferecer: a tela ampla do Cinerama e Cinemascope, os grandes épicos históricos, pouca roupa e insinuações sexuais, som estereofônico, e até uma engenhoca chamada *smell-o-vision*, que durou pouco tempo. O mais chamativo foi o cinema 3D: *Bwana, o Demônio* e *Museu de Cera* já tinham atraído o público, e a Warner queria usar a técnica em *Disque M* — embora Hitchcock tivesse previsto, e com razão, que o 3D era um modismo fadado a desaparecer. O processo não era interessante para ele: "Era essencialmente anticinematográfico", ele me disse durante uma de nossas inúmeras conversas. "O 3D lembra o espectador de que ele está 'lá fora' e não envolvido visualmente e emocionalmente com a história. Até conhecer Grace, eu apenas queria passar por isso o mais rápido possível. Foi quando percebi que ali estava uma garota com quem eu poderia realmente fazer alguma coisa, apesar dos problemas com a câmera 3D."

NO DIA 22 DE JULHO de 1953, os jornais especializados em cinema anunciaram que a MGM recebeu o pedido de empréstimo de Grace Kelly para o papel de Margot Wendice na versão cinematográfica em 3D de Hitchcock, de *Disque M para Matar*, cujo início de filmagem estava programado para 30 de julho. Frederick Knott escreveu o roteiro, depois de fazer um ou dois pequenos cortes em sua peça, e Hitch estava pronto para começar. "Eu estava determinado a não usar os truques comuns do 3D", disse, "porque percebi que já não eram interessantes. Entretanto, eu disse para Bob Burks (o cinegrafista) que não teríamos facas ou socos voando na direção da plateia e que ninguém deveria cair de uma grande altura no colo do espectador. Em outras palavras, iria filmar como uma película normal".

O enredo complicado tratava do ex-campeão de tênis, Tony Wendice (interpretado por Ray Milland), que preparava um plano para matar a esposa (Grace), para colocar as mãos em sua fortuna. Ressentido com o romance da mulher com um escritor de romances policiais americano, chamado Mark Halliday (Robert Cummings), Wendice planeja o que parece ser o crime perfeito. Para cometer o assassinado, ele chantageia um homem chamado Swann (Anthony Dawson), um ex-colega de escola com um passado criminoso. Contudo, o plano falha quando Margot reage ao assassino, alcança uma tesoura e o golpeia até a morte. Tony decide dar outro rumo ao plano e tenta convencer o inspetor-chefe Hubbard (John William) de que a esposa matou Swann, que a estava chantageando. Entretanto, o inspetor chega a outra conclusão e com a ajuda de Mark e Margot, a situação é resolvida, e revela Tony como vilão.

Na medida do possível, Hitchcock filmou a peça cronologicamente, e as sequências de abertura revelam sua experiência com o cinema mudo. No café da manhã, no seu apartamento em Londres, Tony beija Margot — nenhum diálogo. Depois, vemos que ela olha de relance para o jornal da manhã, com a notícia da chegada de Mark no *Queen Mary* — nenhum diálogo ainda. Corte para Mark desembarcando do navio — nenhum diálogo. Então, Hitch corta para outra cena de beijo, desta vez de Mark e Margot. Tudo isso acontece em silêncio (com a música incidental de Dimitri

Tiomkin). A história prossegue e o enredo se desenvolve calmamente — até a violenta tentativa de assassinato por estrangulamento, que culmina com Margot apunhalando Swann. O pretenso assassino levanta e gira em agonia e a tesoura fica mortalmente cravada em suas costas, quando ele cai.

A cena do assassinato continua a ser uma das sequências mais violentas de Hitchcock, ainda mais chocante porque foi filmada como uma tentativa de estupro. O diretor inseriu cenas das pernas de Grace empurrando Dawson, quando ele cai sobre ela simulando um ataque sexual com tentativa de estrangulamento. Há um tipo de furor na cena, que precisou da edição complexa de várias tomadas separadas para chegar ao resultado, que, décadas depois, não perdeu seu poder aterrorizante e aversivo. No final, Hitchcock teve que cortar a sequência e reduzir a violência para satisfazer a Motion Picture Association of America e Joseph Breen, vice-presidente e diretor da Production Code Administration. Como o próprio Hitchcock disse, com uma ambiguidade espirituosa, "A melhor maneira de fazer isso é com uma tesoura".

"A sequência precisou de uma semana inteira para ser filmada", disse Grace, "e foi muito difícil tanto para o Anthony quanto para mim. Cada tomada tinha que ser cuidadosamente planejada, porque Hitch queria dar a impressão de que o único foco de luz era o fogo da lareira. Isso foi complicado — tudo tinha que ser filmado com mais brilho, porque as lentes das câmeras 3D tendem a capturar as cores de forma singular. Assim, tínhamos que parar para ajustar as luzes e começar novamente. Tony Dawson enrolou o cachecol no meu pescoço e tivemos que simular um estrangulamento real. Eu tinha que correr ao redor da mesa —, lembro que o assistente de direção me advertiu para cair de uma determinada maneira ou poderia quebrar a coluna".

"Então, Tony Dawson tinha que cair em cima mim na mesa, e parávamos novamente — em seguida, a filmagem era retomada e eu tinha que chutá-lo. Aí nós interrompemos, porque alguma coisa estava errada com a câmera 3D — e começamos novamente, quando Hitch pediu que eu alcançasse a tesoura atrás de mim, sobre a mesa. Então, tivemos que parar novamente, e assim foi... durante uma semana. Tentávamos manter o ambiente agradável nos intervalos, mas, francamente, tudo era estranho e difícil. Este foi meu primeiro papel principal em um filme e eu tentei dar a Hitch o que ele queria. Mas, depois de três ou quatro dias de trabalho nesta sequência, das sete da manhã às sete da noite, eu voltava para o hotel cheia de hematomas.

"Hitch pediu ao departamento de figurinos para fazer um roupão de veludo para mim — disse que queria o efeito de luz e sombra sobre o veludo durante o assassinato. Eu provei o roupão, que parecia perfeito para Lady Macbeth na cena de sonambulismo, mas não para mim naquela sequência. Então, eu disse para Hitch que o roupão não era adequado para a personagem. Falei que se Margot acordasse no meio da noite para atender o telefone, e não tivesse mais ninguém no apartamento, ela não iria vestir um roupão de veludo. Hitch enrubesceu ligeiramente — isso acontecia quando ele se aborrecia — e me perguntou, 'Bom, o que você vestiria para atender o telefone?', e eu respondi, 'Eu não vestiria nada — eu simplesmente levantaria e atenderia o telefone de camisola!' Hitch concordou, 'Talvez você tenha razão'. E foi assim que filmamos a cena. Depois disso, eu ganhei sua confiança quanto aos figurinos, e ele me deu liberdade para escolher o que vestir nos dois filmes seguintes".

Com toda delicadeza, Grace continuou a discordar dos colegas quando achava que estavam errados. "Briguei muito com o maquiador, que queria continuar passando rouge em mim — mesmo na cena em que Margot aparece depois de passar um longo período na prisão. Quando contestei, ele disse que o Sr. Warner gostava de muito rouge em suas atrizes. Eu sugeri, 'Bem, então vamos ligar para o Sr. Warner', e ele respondeu que o Sr. Warner estava no sul da França. 'Bom', eu disse, 'diga ao Sr. Warner que eu me recusei a usar todo este rouge, e se ele ficar zangado, diga-lhe que tive um ataque e não quis usar a maquiagem!' Quando a equipe de maquiagem relatou o incidente para Hitchcock, ele já sabia que sua estrela tinha ideias próprias e não estava proibida de usá-las.

Este foi, de fato, o primeiro papel de protagonista de Grace no cinema. Ela era a única mulher no elenco e estava sob a direção do lendário Alfred Hitchcock, que não gostava e rejeitava a interferência de meros atores ("gado", como maldosamente se referia a eles) e raramente aceitava sugestões. Mas Hitch encontrou sua musa em Grace e disse a todos que ela era a melhor protagonista desde Ingrid Bergman, que estrelou três de seus filmes: *Quando Fala o Coração*, *Interlúdio* e *Sob o Signo de Capricórnio*. Grace igualaria este recorde.

"A sexualidade sutil de Grace, sua sensualidade elegante, me agradava", declarou Hitch. "Pode parecer estranho, mas acho que Grace transmitia mais sensualidade do que a média. Com ela, você tinha que procurar — tinha que descobrir".

E foi o que ele fez — procurou revelar não apenas a sensualidade, mas também a vulnerabilidade e o traço de melancolia presentes na imagem de Grace Kelly, que vinham de sua própria personalidade. Neste aspecto, é surpreendente que em 1953 ou desde então, poucos críticos tenham notado o retrato profundamente comovente e frágil que ela criou nas últimas sequências de *Disque M*.

Margot volta da prisão para seu apartamento, um dia antes de sua execução. E para sua surpresa, se envolve em um esquema para desmascarar o marido como assassino. Aqui, Grace transmitiu uma integridade comovente, a voz fina, o comportamento de uma mulher que perdeu o contato com sua inocência e agora contempla a morte, indefesa e pasma.

Até mesmo Hitchcock ficou surpreso com sua atuação, que não precisou ser refilmada. "Mesmo no teste para *Taxi*", disse, "você podia ver o potencial de Grace para a contenção. Eu sempre digo aos atores que não usem o rosto para nada. Não comecem a rabiscar no papel antes de ter algo para escrever".

O DIRETOR E O ELENCO tiveram ensaios complicados em razão da enorme câmera 3D em um único set.[18] "Hitch se sentiu muito sobrecarregado e frustrado por ter que filmar em 3D", disse Grace. "Mas essa era a política da Warner Bros. na época, porque Hollywood tinha sido atingida pela televisão. Esta era a primeira película rodada em estúdio depois de um hiato de seis meses, e lá estava o pequeno elenco movendo-se ruidosamente no grande palco. Hitch nos contou que o filme nunca seria apresentado em 3D, que seria lançado no formato normal, que o 3D era um modismo que não duraria muito. E ele estava certo. O equipamento era do tamanho de uma sala — enorme — e quando Cary Grant nos visitou, ele apontou para a câmera e disse, 'Nossa, Hitch, aquilo é seu camarim?' O mecanismo era gigantesco e Hitch passou maus bocados com ele.

Os desafios técnicos enfureceram Hitchcock. Ele não podia descontar sua raiva nos atores, que tinham anos de experiência e teriam respondido

---

[18] Havia poucas tomadas externas fora do set do apartamento de Wendice em Londres — cortes curtos para a delegacia de polícia, para um clube masculino, e para Tony e Mark andando de táxi.

à altura. Portanto, ao longo da filmagem naquele verão, Hitchcock descarregou seu mau-humor na sua protagonista. "Nós tínhamos paralisado uma cena", lembra Grace, "e eu estava lá em pé, um pouco aturdida. Então, ouvi uma voz que me perguntava, 'Srta. Kelly, o que pensa que está fazendo?' Eu respondi, 'Estou tentando calcular para onde Margot deve olhar e para onde iria neste momento'. E Hitch disse, 'Bem, Srta. Kelly, se tivesse lido o roteiro direito, saberia que ela olharia nesta direção e iria para lá. Você nunca lê as marcações de cena?' E foi assim que ele ralhou comigo." Ela ficou constrangida na frente do elenco e da equipe, e Hitchcock conseguiu descontar em alguém a sua irritação.

Grace lembrou outro incidente, em que ele tentou provocá-la. "Hitch sempre teve um repertório de histórias impróprias. Uma vez, depois de contar uma piada picante para Ray Milland, ele se virou para mim e perguntou, 'Está chocada Srta. Kelly?' Eu sorri e respondi, 'Ah, não, Sr. Hitchcock, eu frequentei um colégio de freiras. Ouvi todas essas coisas quando tinha 13 anos'. Ele adorou a resposta."

Hitchcock foi um bom mentor até se envolver emocionalmente. Dali em diante, ele exigiu muita exclusividade de sua jovem aprendiz e se tornou um mal-amado impertinente. Porém, Grace manteve a leveza, valorizando o tempo que Hitchcock dedicava para ajudá-la a desenvolver com precisão o foco correto para o papel — uma jovem esposa inglesa, rica, elegante e refinada, mas suficientemente sensual para se envolver em um caso extraconjugal. Quando Grace interpretou Linda Nordley, John Ford lhe disse que não se importava "com que diabos ela fazia" e, muitas vezes, a voz de Grace soou inapropriadamente estridente em *Mogambo*. "Com Hitch foi diferente", ela lembrou. "Ele teve uma paciência infinita comigo".

Os ensaios com Hitchcock não exigiam intensidade. "Tudo que eu precisei fazer foi incentivá-la a baixar a voz", disse ele. "Uma vez que sua voz estivesse baixa, não era difícil para uma garota inteligente como Grace, mantê-la assim". As frustrações técnicas durante a produção eram aliviadas pela cooperação e bom humor de sua protagonista, e logo ficou evidente para todos que Hitchcock estava apaixonado como um garoto.

Ele ensinou e ensaiou com Grace, esclarecendo os princípios de interpretação e cinematografia que Zinnemann e Ford nunca tiveram tempo ou vontade de abordar.

No meio da produção, Grace e seu parceiro, Ray Milland, se viram envolvidos em um turbilhão com as insinuações nas colunas de fofocas, de que seus jantares ocasionais eram mais do que encontros amigáveis. Isso chegou aos ouvidos da esposa de Ray, Malvina, durante sua visita à Inglaterra. Não era possível saber o que era verdade ou não, e Malvina era suscetível o suficiente para levar a sério os rumores sobre seu marido de 48 anos e uma atriz com metade de sua idade. Na ocasião, e mais tarde, vários boatos foram ouvidos — de que a esposa ameaçou se divorciar de Milland por causa do romance com Grace; de que Milland teria dito que se divorciaria de Malvina para se casar com Grace; e de que o caso tórrido teria continuado até o final da filmagem, quando ambos concordaram em terminar o relacionamento.

Assim como no caso com Gable (se é que existiu), ninguém ligado a *Disque M para Matar* sabia ou falava sobre qualquer paixão secreta; nenhum dos envolvidos fez qualquer alusão a um romance; e as histórias surgiram apenas mais tarde — alimentadas por fofocas, mas só foram consideradas sérias pela Sra. Milland. Hitchcock, que adorava falar de suas protagonistas, nunca disse uma palavra sobre isso. Na verdade, se houve algo mais do que um flerte, aconteceu com a maior discrição e sigilo. Em todo caso, Ray Milland nunca se separou (muito menos se divorciou) de sua mulher. Quando morreu em 1986, estava casado há 54 anos.

O boato de que Grace quase destruiu o casamento de Milland se baseava na ideia sexista de que uma mulher jovem e bonita pode facilmente reduzir um homem à estupidez profunda, hipnotizando-o, aniquilando sua vontade e envenenando um casamento sólido de 21 anos. A verdadeira Grace não era uma donzela fria, tampouco uma libertina calculista.

Contrariando os mexericos da época, de que Grace passava o tempo no set de *Disque M* flertando com todo mundo, Robert Cummings lembrou que "ela desaparecia no seu camarim assim que a cena terminava", e lá, estudava o texto para a próxima sequência. "Eu a beijei bastante no filme", acrescentou Cummings, "mas creio que não trocamos mais do que cinquenta palavras fora do roteiro. Grace era muito reservada".

"DURANTE A REALIZAÇÃO DE *Disque M*", lembra Grace, "a única maneira de Hitch manter a sanidade no meio do caos do 3D era preparando seu próximo trabalho. Ele conversava comigo sobre isso, mesmo antes de eu saber que estaria no filme, e discutia seus planos — que construiria o maior set *indoor* da história do cinema, um prédio de apartamentos com quatro andares, com pessoas em todos eles, e descrevia como elas seriam e o que estariam fazendo. Eu podia observá-lo pensando, pensando o tempo todo, enquanto esperava o deslocamento da enorme câmera 3D. Ele não disse que eu interpretaria um dos protagonistas da história. Eu era apenas uma ouvinte interessada, e como estava sob contrato com a MGM, nem pensei que haveria um papel para mim ali. De qualquer forma, ele dirigiria o filme na Paramount. A essa altura, eu ainda não sabia se estava agradando Hitch ou não. Naquele verão, nós filmávamos *Disque M para Matar*, mas conversar sobre *Janela Indiscreta* era seu verdadeiro prazer".[19]

No dia 30 de setembro, quando Hitchcock terminou o filme, Grace voltou para Nova York. "O trabalho com Hitch foi maravilhoso para mim", lembrou, "mas havia poucas coisas em Hollywood que me agradavam. Parece que o único valor ali era o dinheiro, e eu tinha a impressão de que muitas amizades e mesmo casamentos eram baseados na riqueza e em como os relacionamentos poderiam beneficiar a carreira de alguém. Eu via muitas pessoas infelizes — na verdade, miseráveis —, outras sofrendo com o alcoolismo ou esgotadas, com os nervos em colapso. Além disso, eu não gostava do "sol eterno" de Los Angeles e de depender tanto de um carro para me deslocar a longas distâncias, de um lado ao outro da cidade. Eu prefiro viver em Nova York, onde às vezes chove, e onde é possível caminhar pela rua sem ser abordado pela polícia, ou ser considerado perigoso ou louco só por estar andando a pé".

Mas ela tinha um motivo profissional para correr para casa. José Ferrer estava se preparando para dirigir e lançar em novembro uma remontagem de *Cyrano de Bergerac*, no City Center of Music and Drama, e por indicação de Raymond Massey, Ferrer e o produtor Jean Dalrymple convidaram Grace para uma audição — o papel seria o de Roxane. Grace estava ansiosa para voltar ao teatro em uma peça que conhecia bem e no papel que tinha cobiçado durante anos.

Em 15 de outubro, ela fez a leitura de palco com Ferrer, mas estava gripada e sua voz não era ouvida depois da terceira fila do teatro, na West 55th Street. Ela não melhorou para o segundo teste, e Ferrer — pressionado pelo

---

[19] O agente de Hitchcock, Lew Wasserman, havia negociado um acordo para a realização de alguns filmes na Paramount Pictures. Segundo ele, Hitch iria dirigir e ter os direitos sobre cinco filmes, que seriam: *Janela Indiscreta*, *O Terceiro Tiro*, *O Homem Que Sabia Demais*, *Um Corpo Que Cai* e *Psicose*. A Paramount produziria e teria os direitos sobre quatro — mas o estúdio ficou com apenas um, *Ladrão de Casaca*.

tempo e indiferente à Grace, contratou outra atriz. O fracasso em conseguir o papel de Roxane a desapontou como nenhuma outra rejeição sofrida e seu agente não tinha se manifestado sobre nenhum trabalho na Metro ou em qualquer outro lugar. O salário semanal do estúdio continuou a chegar, mas, como sempre, ela queria e precisava de muito mais do que um salário.

Apesar de perder um grande papel romântico no teatro, Grace estava prestes a ganhar um na vida real. Pouco depois da estreia de *Mogambo*, ela conheceu Oleg Cassini, um estilista de roupas conhecido internacionalmente, recém-divorciado da segunda mulher, a atriz Gene Tierney (para quem desenhou dezenas de figurinos). Oleg, dezesseis anos mais velho do que Grace, era nascido e educado na Europa, e descendia da aristocracia russa e italiana.[20]

Impressionantemente bonito, magro, de cabelos escuros e bigode, com um comportamento principesco e modos educados, que geralmente deixavam as mulheres sem ar e o homens intimidados, Oleg era poliglota, altamente refinado e muito solicitado socialmente e profissionalmente. Ele estava entre os mais importantes estilistas americanos, tornando-se o principal estilista da primeira-dama Jacqueline Kennedy, para quem criou um estilo copiado no mundo todo. Oleg falava com orgulho de sua fama de libertino notório. Agora, aos 40 anos, ele tinha uma aparência madura, mas não desgastada pelo tempo, que acentuava seu encanto europeu. Grace disse que ficou totalmente apaixonada.

Em 1953, a ligação era platônica. Eles eram companheiros frequentes de jantares, mas Grace estava totalmente dedicada a sua carreira e ele devotado a arte de conquistar mulheres atraentes, uma característica que ela não toleraria se eles assumissem um relacionamento sério. Mesmo assim, ele a procurava com entusiasmo e a cortejava com flores, cartões e convites. No dia 12 de novembro, ele enviou um telegrama para Grace pelo aniversário de 21 anos, que dizia, "a Terra tornou-se viva para mim e criou a coisa mais linda do mundo — você. Eu te amo querida — ligo para você à noite".

"Eu a vi apenas de perfil", Oleg relembra o dia em que a conheceu, "Observei a absoluta perfeição de seu nariz... o pescoço longo e elegante...

---

[20] O romance de Cassini e Grace não foi um boato; está descrito na autobiografia de Cassini e é bem conhecido pela família de Grace. Entre os itens pessoais expostos no tributo realizado em 2007, no Forum Grimaldi, seus filhos incluíram cartas, fotos e bilhetes de amor trocados entre a mãe e Oleg Cassini.

o cabelo louro sedoso e brilhante. Ela usava um conjunto de veludo preto, muito recatado, com a saia comprida e uma gola peter pan. Mais tarde, quando ficou em pé, percebi sua aparência agradável: alta, ombros bonitos e largos, curvas sutis e pernas longas — uma moça de aparência aristocrática... não o tipo que você simplesmente convida para um encontro."

Então, Grace recebeu um telefonema de Jay Kanter. "Hitchcock me queria em *Janela Indiscreta*", ela lembrou. "A Paramount negociou meu empréstimo com a MGM, e, se eu gostasse do roteiro, teria que estar em Hollywood no final de novembro, para os ajustes de figurino. Mas eu preferia ficar em Nova York por motivos pessoais" — ela quis dizer Oleg.

No dia seguinte, parecia que ela poderia ter tanto um excelente papel como continuar a corte com Oleg — sem ir para Hollywood. Grace recebeu o roteiro para *Sindicato de Ladrões*, com a oferta do papel da namorada de Marlon Brando, no filme dirigido por Elia Kazan, em Nova York.

"Eu sentei em meu apartamento com os dois roteiros, um que seria filmado em Nova York, com Marlon Brando, e o outro que seria filmado em Hollywood, com James Stewart. Fazer um filme em Nova York atendia melhor aos meus planos, mas, trabalhar novamente com Hitch... bem, era um dilema. Finalmente, meu agente ligou e disse: 'Preciso de sua resposta até as quatro da tarde. Qual dos papéis você vai querer?' Eu respondi, 'Não sei o que fazer! Eu quero ficar em Nova York, mas amo trabalhar com Hitchcock'. Meu agente me deu exatamente uma hora para tomar a decisão".

*Sindicato de Ladrões* já estava em fase de produção e Grace teria que se juntar a um elenco e um diretor experientes e familiarizados com as locações externas no Brooklyn e em New Jersey. A temática continha material inusitado e violento — e ela teria que aprender sobre os personagens em um ambiente estranho. Por sua vez, *Janela Indiscreta* estava programado para começar as filmagens no estúdio em dezembro e estaria pronto no início de janeiro. Grace ponderou que trabalharia com um diretor de sua confiança, interpretando uma ex-modelo rica, sofisticada, consumidora de alta-moda, da alta-sociedade de Manhattan — em outras palavras, uma personagem e um meio social que ela conhecia e compreendia.

No dia 23 de novembro, a Paramount Pictures emitiu um anúncio para a imprensa confirmando sua futura participação em *Janela Indiscreta*.[21] Com

---

[21] No seu primeiro papel no cinema, a atriz de TV Eva Marie Saint ganhou o Oscar de melhor atriz coadjuvante em *Sindicato de Ladrões* e deu início a uma carreira longa e ativa.

sua recente indicação ao Oscar, por *Mogambo* e um filme de Hitchcock no currículo, a MCA conseguiu negociar termos favoráveis ao empréstimo de Grace para a Paramount pela Metro: ela receberia 20 mil dólares, divididos em sete semanas, da pré-produção ao término da filmagem (livres dos honorários do agente, contribuição sindical e impostos).[22]

Ela voltou para Los Angeles em 21 de novembro e esperou dois dias para fazer as provas de figurino. Hitchcock já havia instruído a figurinista Edith Head sobre as cinco roupas de sua protagonista. Como sempre, Hitchcock considerou todos os detalhes de cor e estilo, e nenhum figurino era concluído sem sua aprovação. Grace trabalhou ao lado de Edith nos desenhos finais de seu guarda-roupa.

Hitchcock disse a Edith que as roupas de Grace deveriam favorecer o conflito na história, e ainda, como lembrou a estilista, "fazê-la parecer uma peça de porcelana de Dresden, algo quase intocável".

Edith descobriu que Grace tinha sido modelo e sabia se vestir. "Era agradável trabalhar com Grace, porque ela era muito educada e conversava sobre qualquer assunto — arte, música, literatura. Ela apreciava museus. Era uma entusiasta da música clássica... Algumas vezes, ela entrava no meu ateliê (na Paramount) com seu almoço e nós conversávamos por horas. Era sempre um prazer vê-la tirar os sapatos e relaxar. Fora das telas, ela era a atriz mais bem vestida de Hollywood, sempre muito cuidadosa com sua aparência. Usava luvas brancas e meias de nylon... Hoje, ela seria considerada "rígida", mas não era. Grace tinha um comportamento reservado e muito calmo, que afastava as pessoas que não a conheciam. Na verdade, era muito tímida. Por sua beleza, os homens sempre flertavam com ela, e Grace não ficava muito confortável com essa superficialidade".

Como Edith e outros observaram, as pessoas da produção confundiam o jeito de Grace com indiferença, "mas, na verdade, ela não conseguia enxergar ninguém a dois metros de distância", a menos que estivesse de óculos, lembrou Judy Quine.

Grace contou que "Hitch pediu para Edith desenhar um penhoar que coubesse em uma valise. Que problema nós tivemos com aquele penhoar,

---

[22] Audrey Hepburn e Marilyn Monroe fizeram acordos de longo prazo com a Paramount e a Fox, respectivamente. Elas ganharam aproximadamente 15 mil dólares por filme, na vigência do contrato, embora ocasionalmente um bônus fosse adicionado.

colocando e tirando a peça da bolsa repetidas vezes! Fomos para o ensaio e eu usei o penhoar no set. Hitch chamou Edith. 'Os seios não estão bem colocados na roupa', disse ele. 'Temos que colocar alguma coisa aqui'. Ele não queria me aborrecer, então falou com Edith — e tudo teve que parar. Edith veio ao meu camarim e disse, 'Grace, tem uma sobra aqui e o Sr. Hitchcock quer que eu coloque enchimentos'. Falei que eu não iria usá-los e ela respondeu que não sabia o que fazer — ele era o chefe. Por fim, ela disse, 'Vou tentar mexer aqui e empurrar para cima'. Então, eu puxei o penhoar para baixo e fiquei em pé, bem ereta, e caminhei de volta para o set sem os enchimentos. Hitch deu uma olhada e sorriu. 'Agora sim, Grace, é isso! Viu que diferença eles fazem?' Nós nunca contamos para ele que não tínhamos mudado nada".

Hitchcock respeitava a opinião de Grace como a de poucos atores sobre seus personagens. "Em *Janela Indiscreta*, houve um momento em que eu me sentei na janela do quarto de Jeff durante o ensaio do diálogo. Herbie Coleman, o assistente de direção, ficou aflito. 'Veja, Hitch, isso vai nos custar uma fortuna — se Grace fizer a cena desse jeito teremos que iluminar todos os apartamentos do pátio atrás dela. Será que ela não poderia se sentar em outro lugar?' E Hitch respondeu: 'Herbie, se esse é o lugar onde Grace quer se sentar, é onde ela vai se sentar'. Eu não tinha pensado sobre o problema técnico e disse para Hitch, 'Ah, não se incomode com isso, eu posso me sentar em outro lugar!' Mas Hitch insistiu, 'Não, Grace, fica melhor do seu jeito'". E, depois, ele usou um ângulo e um close-up que não exigiam o fundo preenchido.

Grace acabou se tornando muito amiga de Edith Head, um talento formidável, mas uma mulher um pouco peculiar, que tinha recebido oito estatuetas do Oscar. Ela criou os figurinos de mais de quinhentos filmes, de 1927 a 1980, mas nunca compartilhou o crédito com seu exército de estilistas assistentes, modelistas e costureiras, que realizavam boa parte do design e de todo o trabalho manual. Enquanto atendia Grace e Hitchcock em *Janela Indiscreta*, Edith ia e voltava do estúdio vizinho da Paramount, para trocar ideias com o diretor Billy Wilder sobre o figurino de *Sabrina*.[23]

---

[23] Head trabalhou em dois filmes ao mesmo tempo. *Sabrina* iniciou as filmagens em 29 de setembro e terminou em 5 de dezembro de 1953, e *Janela Indiscreta* foi rodado de 29 de novembro de 1953 a 14 de janeiro de 1954.

Ela desenhou algumas roupas para o filme, mas não foi responsável por uma única peça da estrela — Audrey Hepburn —, que foi para Paris antes do início das filmagens e, com a ajuda de Hubert de Givenchy, selecionou todos os trajes de sua personagem em seu ateliê. Quando recebeu o Oscar de melhor figurino de 1954, por *Sabrina*, Edith Head o aceitou alegremente, mas nem tocou no nome de Givenchy, e a Paramount também sequer o mencionou nos créditos do filme.

É INTERESSANTE COMPARAR AS CARREIRAS de Audrey Hepburn e Grace Kelly, que nasceram no mesmo ano e estavam no topo da lista das favoritas, em 1953. Ambas estiveram duas vezes na Broadway, receberam o Theatre World Awards, e foram modelos. Assim como Grace, Audrey trabalhava com diretores de primeira linha: William Wyler — quando ganhou o Oscar em *A Princesa e o Plebeu* —, Billy Wilder e, mais tarde, King Vidor, Fred Zinnemann e John Huston. Grace e Audrey tinham uma fotogenia rara, clássica e elegante, e eram adoradas pelo público. E, ao contrário das expectativas, ambas se decepcionaram com a fama e abandonaram tudo por uma vida diferente.

Entretanto, Wyler e Wilder não foram tão criteriosos na apresentação de Audrey quanto Hitchcock foi com Grace — especialmente quanto à maquiagem. O delineador e a base de Audrey, por exemplo, estão exagerados em *A Princesa e o Plebeu*, *Sabrina* e *Um Amor na Tarde*. A maquiagem de Grace era muito mais natural nos seus quatro filmes para a Paramount (uma lição que a Metro aprendeu na produção de *Tentação Verde*, *O Cisne* e *Alta Sociedade*. Até em sua aparição como freira, aparentemente sem maquiagem (em *Uma Cruz à Beira do Abismo*, filmado em 1958), Audrey estava com as sobrancelhas alongadas e excesso de batom. Mas Grace simplesmente não seguia as tendências da época: ela sabia o que queria e preparava seu próprio visual. Depois do Oscar por *Amar É Sofrer*, a Metro não estava em posição de opinar sobre o tipo de maquiagem que Grace usaria em seus filmes.[24]

---

[24] Grace também se recusou a fumar em todos os seus filmes. Quando Hitchcock pediu que ela acendesse um cigarro em *Janela Indiscreta*, a câmera corta do cigarro, ainda apagado em sua boca, para Stewart, e depois para o cigarro aceso, que ela segurou por alguns segundos e apagou.

*Janela Indiscreta* REVELA MUITO SOBRE Alfred Hitchcock, como diretor, e também sobre Grace, como atriz. Na verdade, o filme apresenta todas as evidências necessárias para citá-lo como um talento magistral e consagrá-la como um ícone de seu tempo.

"Eu me sentia muito criativo naquela época", disse Hitchcock, "Minhas baterias estavam totalmente carregadas". Na verdade, tão carregadas que ele foi capaz de produzir e dirigir um filme para agradar o espectador mais entediado, cínico e indiferente — alguém parecido com o personagem de James Stewart.

Baseado em uma história de Cornell Woolrich e no tratamento cinematográfico de Joshua Logan, o roteiro brilhante foi escrito por John Michael Hayes — o primeiro de quatro escritos para Hitchcock. O filme continua sendo um modelo de construção, de suspense misturado com humor, e que também diz coisas importantes sobre a vida, relacionamentos e sobre fazer cinema. A história de Woolrich não tinha um personagem feminino; Logan criou um, mas o desenvolvimento de todos os papéis deve ser creditado a Hayes.

A janela dos fundos pertence a um pequeno apartamento de dois cômodos em Greenwich Village, Nova York. Ali, um fotógrafo chamado L.B. Jefferies (Stewart, que era 28 anos mais velho do que Kelly) está preso a uma cadeira de rodas, com a perna esquerda engessada em razão de um grave ferimento sofrido durante um trabalho. Sem nada para afastá-lo do tédio e do estresse emocional que enfrenta no relacionamento conturbado com sua namorada, Lisa Fremont (Grace), "Jeff" começa a espiar os vizinhos em um prédio do outro lado da rua. Depois de algumas cenas sugestivas, ele logo suspeita que o caixeiro-viajante Lars Thorwald (Raymond Burr) seja o responsável pelo assassinato de sua esposa inválida, Anna (Irene Winston). No esforço de convencer seu amigo, o detetive Tom Doyle (Wendell Corey), de que Thorwald era um assassino, Jeff aceita a ajuda de Lisa e da enfermeira Stella (Thelma Ritter), que o ajuda a se locomover. Jeff fica impressionado com a coragem e a ousadia de Lisa, mas ambos quase são assassinados quando Thorwald descobre sobre a espionagem.

Embora os personagens estivessem completamente dedicados a provar a culpa do assassino, Hitchcock não estava: o crime era apenas outro exemplo de um *MacGuffin*,[25] um pretexto para a história, que pretendia revelar as dificuldades de um relacionamento romântico. O público não vê o crime em *Janela Indiscreta*, não sabe nada sobre Thorwald, além da sua profissão e da condição debilitada de sua esposa. Ao longo do filme, Hitchcock está mais preocupado com as reações dos espiões do que com a vida particular do assassino e da vítima. Ele gostou muito do que chamou de "simetria" do filme: "De um lado, está o casal Stewart-Kelly, ele imobilizado com a perna engessada, enquanto ela pode se mover livremente. Do outro lado, uma mulher doente, confinada a sua cama, enquanto o marido vai e vem".

Os créditos de abertura aparecem sobre uma cortina de bambu, que sobe lentamente até revelar o conjunto de apartamentos do prédio oposto ao de Jeff — o maior cenário interno especialmente construído da história do cinema, no qual Hitch mobiliou e iluminou cerca de 38 apartamentos. Ele também tinha pesquisadores atentos na produção: segundo o roteiro, o apartamento de Thorwald estava localizado na "125 West Ninth Street". Mas a West Ninth Street termina mais a leste, na Sixth Avenue; daí para a frente, a West Ninth é chamada de Christopher Street. Por motivos legais, os cineastas não usam os endereços verdadeiros — embora a Paramount tenha usado o 125 da Christopher Street como base geográfica, mudou o nome para 125 West Ninth, que não existe como endereço oficial.

Na verdade, o 125 Christopher Street, na esquina da Hudson Street, foi o modelo para o projeto do conjunto de apartamentos do filme. Um pátio o separa da residência de Jeff, na West Tenth. Por isso a polícia chega em poucos segundos depois de ser chamada: o 6º Distrito de Manhattan fica na frente do apartamento de Jeff, também na West Tenth. Isso também explica o ponto do enredo sobre a pequena distância até o Hotel Albert, na Tenth Street e University Place.

A primeira parte do filme explora a insatisfação de Jeff com sua namorada Lisa — uma mulher cuja vida parece completamente incompatível com a sua. Como fotógrafo *free-lance*, ele viaja para locais perigosos ao redor do mundo; ela é uma glamorosa novaiorquina de Manhattan, seu mundo é o da alta moda, de lojas de luxo, teatro e todo tipo de sofisticação

---

[25] *MacGuffin* é uma expressão criada por Alfred Hitchcock, e se refere a um elemento de suspense que ajuda o personagem a desenvolver a trama, mas que não tem relevância por si só.

urbana. Se Jeff pode ser visto como um representante de Hitchcock, Lisa é certamente um exemplar típico de Grace. Na verdade, o roteiro especifica que Lisa reside na East 63rd Street — a localização do hotel para mulheres Barbizon Plaza.

Longe de colocar o assassino como a referência central, *Janela Indiscreta* focaliza outras questões — especificamente, se Lisa será mais do que uma namorada ocasional para Jeff, e se ele vai considerar seu desejo, como ela diz, "de ser parte de sua vida". O foco do filme está nos esforços românticos de Lisa, que tenta se aproximar do homem que ama. Jeff continua a ser um observador da vida, frio, independente e imparcial, enquanto Lisa se envolve e se coloca em risco para ajudar a capturar Thorwald. Ao longo do filme, o sentimento do público depende totalmente da interpretação de um personagem secundário: Lisa. Quando *Janela Indiscreta* foi lançado, Grace ainda não era reconhecida, mas o foco emocional da história era claro — e não havia dúvida quanto ao tipo extraordinariamente comovente, divertido, elegante e profundamente humano, interpretado por ela.

DE SUA CADEIRA DE RODAS, Jeff contempla uma série de quadros (as janelas dos vizinhos) e observa as pessoas, as transforma em personagens e lhes dá nomes (como "Srta. Coração Solitário" e "Srta. Torso"), e cria histórias para elas. No fim, ele acaba colocando a mocinha loira em perigo. Em outras palavras, ele é o diretor, Alfred Hitchcock, que, como sempre, trabalhava próximo ao roteirista.

Ao mesmo tempo, cada um dos vizinhos oferece uma possibilidade para o futuro de Jeff. Na sequência de abertura, Jeff fala com seu editor por telefone: "Você consegue me imaginar voltando do trabalho para uma esposa irritante?" Enquanto diz isso, ele observa Thorwald chegando em casa do trabalho para sua esposa loira e irritante (que, de longe, se parece de forma inquietante com Grace). Cada uma das vizinhas que ele observa se torna uma variação do que Lisa poderia vir a ser. Ela poderia se tornar a mulher loira do marido careca e confuso, que dedica toda sua afeição a um cachorrinho; ou poderia se transformar em uma dançarina loira bem esculpida, que apesar de entreter um pequeno grupo de homens espera fielmente o retorno de um soldado, seu verdadeiro amor. Ela poderia amadurecer e se tornar uma escultora de meia-idade e cabelos tingidos, que trabalha em uma obra chamada "Hunger". Em outra alternativa, talvez a mais tentadora, ela poderia se tornar a noiva sexualmente insaciável que acabou de se mudar. Porém, a figura mais parecida com Lisa é a patética "Srta. Coração Solitário".

O papel dessa solteirona desesperadamente solitária foi assumido por Judith Evelyn, uma das atrizes mais intensas de sua época e especializada em personagens neuróticos e destrutivos. Evelyn conheceu Grace em 1947, através de George Kelly, quando interpretou o papel-título de *Craig's Wife*, na remontagem na Broadway. O reencontro foi celebrado com uma taça de champanhe no camarim de Grace.

Parecia não haver esperança para o relacionamento de Jeff e Grace, principalmente porque ele preferia apenas observá-la: ele gosta que ela experimente roupas para ele, mas fica patente que tem medo de ir mais longe (o mesmo que acontecia com Stewart em *Um Corpo Que Cai*). Nesse aspecto, a música tema do filme tem um enorme significado. Bing Crosby interpreta "To See You Is To Love You", e as palavras da canção são literais para Jeff, que se satisfaz apenas em olhar — "*To see you is to love you, and you're never out of sight, and I love you and I'll see you in the same old dream tonight*".[26] Jeff usa sua incapacidade física como desculpa para evitar qualquer tipo de intimidade que não tenha sido iniciada por Lisa — e, então, encontra uma maneira de se afastar. Em determinado momento, ele reclama com Stella que Lisa é do tipo de garota que gosta de coisas como vestidos novos ou um jantar com lagosta — e logo depois, Lisa chega com um vestido novo e um jantar com lagosta. Entretanto, até isso é demais para ele, e no final da noite ele a rejeita cruelmente e precipita sua saída do apartamento.

Quando Lisa sobe corajosamente até o apartamento de Thorwald pela escada de incêndio, ela encontra o anel de noivado da mulher e o coloca no dedo, exibindo-o orgulhosamente para Jeff, que observa o pátio. Mas esse gesto chama a atenção de Thorwald, que olha do dedo de Lisa para Jeff, que o observa. Nesse momento, Hitchcock fecha o círculo: Lisa usou a aventura para mostrar a Jeff como poderia ser uma esposa corajosa e criativa — por isso mostra o anel de noivado.

---

[26] "Olhar para você é amá-la, e você nunca está fora da minha mira, e eu a amo e vou vê-la no mesmo sonho de sempre, esta noite."

Mais tarde, Hitchcock disse que "*Janela Indiscreta* foi estruturalmente satisfatório porque é o epítome do tratamento subjetivo. Um homem olha, vê, reage — e assim constrói um processo mental. *Janela Indiscreta* é inteiramente sobre um processo mental, realizado sobre o uso da visão". Sobre Grace, Hitchcock acrescentou, "Todos querem uma nova protagonista, mas não há muitas delas por aí. Existem muitas mulheres protagonistas, mas não existem muitas damas protagonistas. Uma atriz como Grace, que é também uma dama, oferece certas vantagens ao diretor. Ele pode se dar ao luxo de ser mais colorido em uma cena de amor interpretada por uma dama. Uma cena que poderia ser vulgar, torna-se excitante e glamorosa, se você colocar uma dama para interpretá-la".

Todos que trabalhavam em *Janela Indiscreta* podiam ver a fascinação de Hitch por Grace. "É claro que ele se apaixonou por ela", disse o assistente de direção, Herbert Coleman, em 1981. "Mas, quem não se apaixonaria? Não aconteceu nada, nada surgiu desse romance platônico — ele sempre se apaixonava por suas protagonistas". Esse comportamento padrão começou com Madeleine Carroll, em 1935, se repetiu com Ingrid Bergman, de 1944 a 1948, e aconteceria depois, com consequências desastrosas. Hitch preferia as loiras: elas fotografavam melhor contra planos de fundo escuros, e ele via sua aparente frieza como a neve no cume de um vulcão. Assim, Hitchcock considerava que a beleza sofisticada de Grace escondia uma paixão interior, misturada com uma inteligência evidente. Ela se tornou, então, a sua mais recente obsessão — a última tinha sido Ingrid Bergman, que partira dos Estados Unidos cinco anos atrás. Agora, com Grace, ele imaginou que não precisaria de nenhuma outra atriz para seus futuros filmes; esta foi uma de suas expectativas mais frustradas.

A primeira aparição de Grace em *Janela Indiscreta* expressa e dá a sensação característica de um sonho. Com a câmera parada no rosto de James Stewart adormecido, ouvimos o barulho de alguém entrando no apartamento de Jeff. Aí, vemos Grace se aproximando lentamente da câmera, como se fosse abraçar a lente (e, portanto, o espectador). Corte para o perfil das duas cabeças, quando Grace se inclina para beijar Stewart. Hitchcock disse que balançou a câmera para o efeito brilhante do final da tomada, mas, o fato é que ele sobrepôs vários quadros para dar uma impressão mais sonhadora e romântica para a cena.

Focalizando os dois perfis, Hitch pediu a Grace para sussurrar suas primeiras palavras para Stewart:

> Lisa: *Como está a sua perna?*
> Jeff: *Dói um pouco.*
> Lisa: *E o estômago?*
> Jeff: *Vazio como uma bola de futebol.*
> Lisa: *E sua vida amorosa?*
> Jeff: *Não muito ativa.*
> Lisa: *Tem mais alguma coisa incomodando você?*
> Jeff: *Sim — quem é você?*

Ela se afasta com um sorriso e acende três lâmpadas, enquanto responde, "Lendo de cima para baixo: Lisa — Carol — Fremont".

Hitch trabalhou com John Michael Hayes na cena posterior, que talvez nenhum outro diretor pudesse criar, notável por sua franqueza erótica e, mesmo assim, completamente inofensiva. Nos filmes de Hollywood, os beijos deveriam ter um limite de duração, mas Hitchcock refinou essa exigência, assim como fez com Ingrid Bergman e Cary Grant em *Interlúdio*: ele interrompeu o beijo — mas não o abraço — com sussurros e conversas leves, aumentando o ardor com o desenrolar do enredo. Lisa se volta para Jeff depois de uma discussão sobre o futuro juntos. A cena, cheia de insinuações e trocadilhos de duplo sentido, abre com um close do casal, em um corpo a corpo na cadeira de rodas, no momento em que ela se espalha no colo dele:

> Lisa: *Até onde uma garota precisa ir para você notá-la?*
> Jeff: *Bem, se ela for bonita o suficiente, ela não tem que ir a lugar algum. Ela tem apenas que ficar.*
> Lisa: *Bem, eu sou — preste atenção em mim.*
>
> (Mais beijos)
>
> Jeff: *Eu não estou exatamente do outro lado da sala.*
> Lisa: *Sua cabeça está. Quando eu quero um homem, eu quero tudo.*
> Jeff: *Você nunca tem problemas?*
> Lisa: *Eu tenho agora.*
> Jeff: *Eu também.*
> Lisa: *Me fale sobre isso.*
>
> (Mais mordiscar de lábios e orelhas).

Jeff: *Por que um homem sairia e voltaria ao seu apartamento três vezes em uma noite de chuva com uma mala?*
Lisa: *Ele gosta do jeito que a mulher o recebe.*

(Mais beijos da apaixonada Lisa)

Jeff: *Não, não a mulher deste vendedor. Por que ele não foi trabalhar hoje?*
Lisa: *Trabalho em casa — é mais interessante.*
Jeff: *O que há de interessante em uma faca de açougueiro e uma serra pequena embrulhada com jornal?*
Lisa: *Nada, céus!*

(Abraço mais apertado, mais beijos)

Jeff: *Por que ele não foi ao quarto da mulher em nenhum momento do dia?*
Lisa: *Eu não me atreveria a responder.*
Jeff: *Veja, eu vou responder. Lisa, alguma coisa está errada.*
Lisa: (ao se desvencilhar do abraço) *E temo que seja comigo.*
Jeff: *O que você acha?*
Lisa: *Alguma coisa assustadora demais para ser revelada.*

Sussurrando murmúrios apaixonados, Grace criou um retrato verdadeiro de uma mulher excitada pela simples proximidade de seu amante, frustrada com a incapacidade física dele e aflita com a possibilidade de existir um assassino por perto. Como Hitchcock previu, este era um lado de Grace Kelly que nunca tinha sido mostrado. "Eu não descobri Grace", disse ele, "mas eu a salvei de um destino pior que a morte. Eu evitei que ela fosse sempre escalada para representar papéis de mulheres frias".

O conceito sobre Grace melhorou gradualmente, embora o público tenha ficado mais entusiasmado do que os críticos. Ela era "fascinante", segundo o *New York Times*, cujo crítico considerou o filme "insignificante, superficial e volúvel, (e) com o propósito de causar sensação". Porém, um ano depois, o National Board of Review e o Nova York Film Critics Circle homenagearam Grace como a melhor atriz de 1954, por sua atuação em três filmes lançados naquele ano: *Disque M Para Matar, Janela Indiscreta* e *Amar É Sofrer*. A BAFTA (British Academy of Film and Television Arts), também aderiu ao movimento e a indicou para melhor atriz, por *Disque M para Matar* e *Amar É Sofrer*.

Quando *Janela Indiscreta* foi lançado, em 13 de janeiro de 1954,[27] Hitchcock disse para Grace que eles logo estariam trabalhando juntos novamente. Ele não perguntou sobre os planos dela ou da Metro. Hitch simplesmente decidiu e pronto.

Enquanto isso, em Culver City, os executivos da Metro ainda não tinham ideia do que fazer com Grace. "Eu não entendo todo esse entusiasmo com essa garota", disse um publicitário do estúdio a um jornalista. Sua opinião era, obviamente, a mesma de seus chefes — antes mesmo do término da filmagem de *Janela Indiscreta* eles já tinham renovado o acordo de empréstimo com a Paramount. Em 4 de janeiro de 1954, "ou qualquer outra data após a conclusão de *Janela Indiscreta*", Grace deveria aparecer em *As Pontes de Toko-Ri*.

Van Johnson, contratado da Metro, entendia muito bem o motivo da popularidade de Grace com os cineastas, ao contrário dos executivos do estúdio: "[Há anos] não aparecia alguém como Grace, em contraste com essas sirigaitas que se oferecem por aí de qualquer jeito. Recentemente o público tem sido tão exposto ao apelo sexual que se voltou para Kelly em protesto contra os excessos".

Hitchcock e Johnson poderiam muito bem estar se referindo (talvez, injustamente) a uma outra loura — Marilyn Monroe —, que a Twentieth Century-Fox estava lançando como um símbolo da sensualidade nova e atrevida no cinema, explorando-a com um furor desesperado: em 1953, a Fox lançou três filmes com Monroe — *Torrente de Paixão*, *Os Homens Preferem as Louras* e *Como Agarrar Um Milionário*. Talentosa, muito além de seus dotes físicos, Monroe era um fenômeno, porém, uma antítese de tudo que Grace representava.

Os papéis no cinema eram uma maneira de manter um ator em evidência. Outra ferramenta para conservar a fama eram as entrevistas e matérias discretamente encomendadas e publicadas nas revistas e jornais de circulação nacional. Afinal, as estrelas de cinema eram mercadorias e tinham que ser divulgadas, apresentadas e celebradas em consideração ao sucesso finan-

---

[27] Diversas fontes afirmam que Grace fez sua última aparição na TV no episódio "The Thankful Heart", da Kraft Television Playhouse, que foi ao ar ao vivo em Nova York, em 6 de janeiro de 1954. Eu não consegui constatar esta afirmação nos arquivos da Paramount, que indicam que nessa data ela estava filmando *Janela Indiscreta*, trabalho que ocupou nove dos primeiros doze dias do ano.

ceiro dos estúdios. Como escreveu um historiador do cinema, os astros e estrelas "tinham que ser aceitos pelo público dentro de um determinado conjunto de traços de personalidade que permeavam todos os seus papéis nos filmes. Os artistas bem-sucedidos eram aqueles cujo atrativo podia ser catalogado em uma série de características, associações e maneirismos". O programa oficial de desenvolvimento de estrelas era o mesmo em toda Hollywood: havia uma construção inicial da imagem, uma série de fotografias enviadas para a mídia, uma apresentação cuidadosa do *background* do ator ou da atriz — e mesmo um boato de romance, como indicação de que não se tratava de um ser inanimado. Quando um artista era escalado para um filme importante, uma única assessoria de imprensa atendia a produção inteira, supervisionava a divulgação e as entrevistas, e plantava notícias inocentes e vantajosas na imprensa.

A Metro explorou o fato de Grace ser de uma família rica, sua educação e formação teatral, sugerindo que ela seria a perfeita dama dos anos 1950, um tempo que idolatrava e idealizava a fusão de prosperidade, família e trabalho árduo, para alcançar o sonho americano. Embora, a imagem de Grace fosse cuidadosamente moldada para o público masculino, ela também era apresentada como uma respeitável garota de luvas brancas, que também podia ser admirada pelas mulheres. Assim, ela apareceu em revistas como a *McCall's*, a *Ladies Home Journal* e a *Mademoiselle*. "Esta é Grace Kelly", comentou um colunista anônimo na *Vogue*. "Sua beleza suave e refinada está mudando rapidamente a ideia de bilheteria de Hollywood". Um publicitário da Metro passou esta informação para um editor da Vogue.

A base da imagem de Grace estava ligada às características confiáveis de seu passado familiar — como as realizações de seu pai nos negócios e no esporte — e também nos comentários favoráveis de seus colegas. Entretanto, Grace raramente fazia observações, e quando era forçada pelo estúdio a dar uma entrevista, não divulgava sua intimidade. Uma vez, perguntaram a Marilyn Monroe o que ela usava na cama e ela respondeu, "Chanel Número 5". Quando a mesma pergunta foi feita à Grace, ela simplesmente disse, "Não é da conta de ninguém o que eu uso na cama. Uma pessoa deve resguardar algumas coisas, ou sua vida passa a ser apenas um perfil em uma revista". E foi assim.

Grace não tinha uma personalidade arrogante e a frieza que sua imagem distante evocava não era percebido por nenhum de seus amigos e colegas. "Ela era tudo menos fria", disse James Stewart. "Tudo em Grace era atraente. Ela tinha aqueles olhos grandes e cálidos, e se você fizesse uma cena de amor com ela, perceberia que ela não era fria". Quanto às suas habilidades profissionais, Stewart falou por muitos galãs, quando disse, "Você podia ver Grace incorporando o papel. Você percebia que ela estava escutando, e não apenas seguindo as deixas. Algumas atrizes não pensam e não escutam. Você pode até dizer que elas estão apenas contando as palavras".

Termos como "dama", "gentil", "elegante", "aristocrática" e "reservada" eram usados frequentemente para descrever Grace — além de trocadilhos e brincadeiras com seu nome. É quase impossível contar a quantidade de artigos, durante 30 anos, intitulados "Amazing Grace" (em alusão ao título do famoso hino protestante).

Ao mesmo tempo, os publicitários da Paramount ajudavam os jornalistas a descrever Audrey Hepburn — comumente referida como "fada", "gazela", "potranca" e até mesmo "moleca". Novos vocabulários eram necessários para descrever Audrey e Grace e os publicitários se debruçaram sobre o dicionário. Na vida real, quando Grace ou Audrey apareciam em um restaurante ou evento, era possível perceber a respiração do público literalmente suspensa: era a aparição de uma deusa entre meros mortais.

Nem Audrey Hepburn nem Grace Kelly construíram o tipo de imagem que Marilyn Monroe tinha, de uma companhia desejável, disponível para quem quisesse.

Assim como o público ouvia falar do passado europeu aristocrático de Audrey — sua mãe era uma baronesa holandesa — Grace também era apresentada como um tipo de nobre americana, de boa família, que trabalhou duro para crescer socialmente (um comentário que, na verdade, eles não gostavam). Marilyn, por sua vez, teve um passado difícil: ela se casou aos dezesseis anos, e galgou seu caminho para a independência e a fama, tornando-se o maior símbolo sexual da década. Comentários sugestivos foram compostos não apenas para seus filmes, mas também para serem citados durante suas entrevistas.

Não importava se Marilyn Monroe era, na verdade, uma mulher muito inteligente e bem intencionada: ela tinha que servir à imagem construída pelo estúdio se quisesse manter sua popularidade e posição. E não importava se Audrey e Grace fossem jovens normais que namoravam, tinham casos de amor, usavam jeans, falavam palavrão, trabalhavam e gostavam de aproveitar o tempo livre se divertindo e gargalhando. Ambas exibiam um refinamento natural e eram sempre educadas com os colegas e estranhos, mas essas qualidades faziam parte de suas personalidades. Pessoalmente, elas não tinham nada de deusas, embora fossem realmente lindas, elegantes e sempre atenciosas. Elas eram mulheres que mereciam respeito, mas não poderiam ser rotuladas simplesmente como respeitáveis — um termo que, para elas, era ao mesmo tempo divertido e irritante.

"Eu realmente nunca gostei de Hollywood", admitiu Grace. "Eu gostava de algumas pessoas com quem trabalhei, alguns amigos que fiz lá, e era grata pela oportunidade de fazer alguns bons trabalhos. Mas eu achava tudo irreal — irreal e cheio de homens e mulheres cujas vidas eram confusas e dolorosas. Para quem via de fora, parecia uma vida glamorosa, mas, na verdade, não era".

Aos 18 anos, trabalhando como modelo em Nova York, em 1948.

Como personagem-título no drama de TV *Ann Rutledge*, fevereiro de 1950.

Como Amy Kane em *Matar ou Morrer*, setembro de 1951.

Como Louise Fuller em *Horas Intermináveis* (com James Warren), agosto de 1950.

Como Margot Wendice em *Disque M para Matar* (com Ray Milland), julho de 1953.

Com o diretor Alfred Hitchcock, durante as filmagens de *Disque M para Matar*, agosto de 1953.

Com Clark Gable, na estreia de *Mogambo*, outubro de 1953.

Como Lisa Fremont em *Janela Indiscreta* (com James Stewart e Alfred Hitchcock), dezembro de 1953.

Como Nancy Brubaker em *As Pontes de Toko-Ri* (com o diretor Mark Robson), janeiro de 1954.

Como Georgie Elgin em *Amar é sofrer* (com Gene Reynolds, Bing Crosby e William Holden), fevereiro de 1954.
Arquivo de fotos e cartazes do Instituto de Cinema Dinamarquês

Com John Ericson, durante a produção de *Tentação Verde,* abril de 1954.
Arquivo de fotos e cartazes do Instituto de Cinema Dinamarquês

Em *Ladrão de Casaca*, na Riviera Francesa, junho de 1954.

No estúdio, com Alfred Hitchcock, *Ladrão de Casaca*, agosto de 1954.

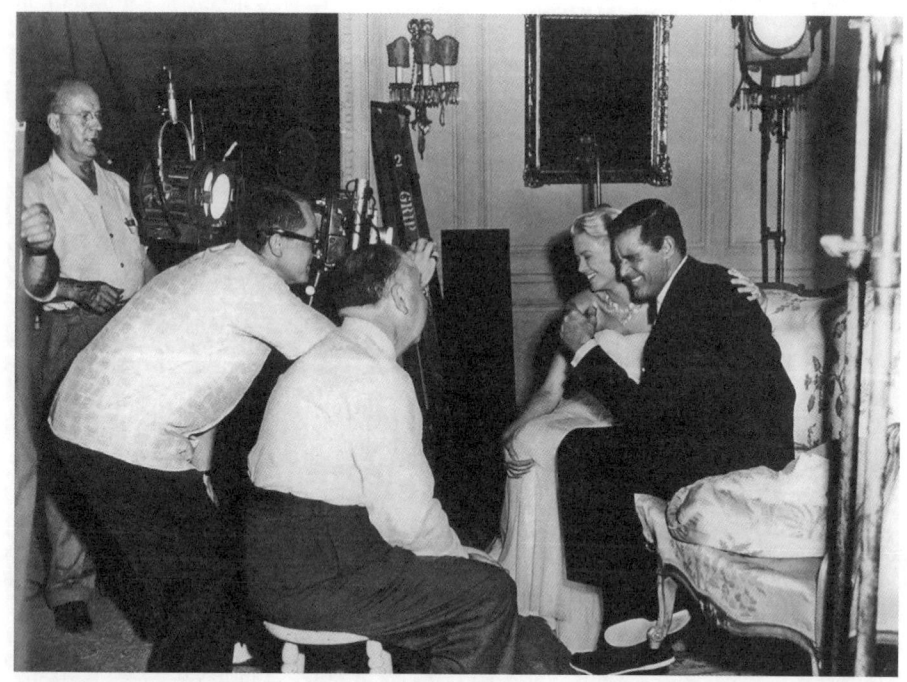

Durante as filmagens de *Ladrão de Casaca* (com Alfred Hitchcock e Cary Grant), agosto de 1954.

Na estreia de *Janela Indiscreta*, em Los Angeles (com Alfred Hitchcock e Oleg Cassini), agosto de 1954.

Aos 25 anos, novembro de 1954.

Momentos após receber o Oscar de Melhor Atriz, por *Amar é sofrer*, 30 de março de 1955.

O primeiro encontro com o príncipe Rainier, nos jardins do palácio, Mônaco, maio de 1955.

Embarcando de Nova York para Los Angeles, outono de 1955.

Como Princesa Alexandra em *O Cisne* (com Louis Jourdan), dezembro de 1955.
Arquivo de fotos e cartazes do Instituto de Cinema Dinamarquês

Como Tracy Lord em *Alta Sociedade*, janeiro de 1956.

Em *Alta Sociedade* (com John Lund), fevereiro de 1956.
Arquivo de fotos e cartazes do Instituto de Cinema Dinamarquês

No tributo a Alfred Hitchcock, no Lincoln Center Film Society, abril de 1974. Ron Galella

Em seu escritório no palácio, em Mônaco.
Arquivos do palácio do príncipe

Grace Kelly Grimaldi, a princesa de Mônaco, aos 50 anos.
Arquivos do palácio do príncipe

## 6

## Amigos e amantes

*Nada é tão misterioso e quieto como um teatro às escuras.*
Grace (como Georgie Elgin), em *Amar é sofrer*

Durante quatorze meses — de julho de 1953 a agosto de 1954 — Grace Kelly atuou em seis dos onze filmes que constituem sua carreira cinematográfica: *Disque M para matar, Janela Indiscreta, As pontes de Toko-Ri, Amar é sofrer, Tentação verde* e *Ladrão de casaca.* Uma conquista extraordinária de qualquer ponto de vista. Ela era ativa, ambiciosa e admirada pelos colegas, mas geralmente ficava exausta passando de uma produção para outra. "Eu percebi muito mais tarde que não tinha tempo para mim — para refletir, pensar sobre o que estava fazendo e para onde estava indo. Acho que tinha as melhores intenções, mas certamente, sempre as temos. Os filmes eram rodados em Hollywood, na América do Sul e no sul da França, mas, tirando os domingos, não tive muito tempo livre nos primeiros oito meses de 1954. Olhando para trás, não sei como sobrevivi."

Quando, em maio daquele ano, a colunista Hedda Hopper perguntou a idade de Grace, ela respondeu sinceramente, "24 anos e envelhecendo muito rapidamente". Será que Grace achava que um ator seria um bom marido? "Não, mas acho que tampouco uma pessoa de outra profissão seria". Grace estaria disposta a desistir de sua carreira pelo casamento? "Não sei. Eu gostaria de continuar minha carreira. Vou ter que esperar e fazer a escolha quando chegar a hora. É claro que penso em casamento, mas minha carreira ainda é a coisa mais importante para mim. Se eu interrompê-la agora para me casar — porque não acredito em uma vida familiar de meio período — arriscaria passar o resto da vida imaginando se teria sido capaz de me tornar uma grande atriz".

O ano de 1954 foi o "ano de Grace", como afirmavam repetidamente os jornalistas, com o respaldo do público. Ela esteve invariavelmente entre as mulheres mais elegantes dos Estados Unidos, e antes do final do ano, já estava nas listas das mais bem vestidas. Mas o público não tinha ideia da sua grande insatisfação e tristeza — Grace desejava casar e ter filhos. "De repente, percebi que ou eu era a tia, ou era a madrinha, e que recebia convites para um casamento atrás do outro. Durante algum tempo eu era a única mulher solteira que podia citar! Naquele ano, eu completaria 25 anos, e a cada mês que passava e a cada filme que terminava, eu ficava mais e mais confusa. Eu não tinha tempo para mim e quando uma revista perguntou 'quem é a Grace Kelly real?', eu respondi, 'não existe uma Grace Kelly real ainda! Voltem em dez anos e lhes direi — ainda estou tentando descobrir'".

EM JANEIRO, ANTES DO TÉRMINO de *Janela Indiscreta*, Grace ganhou uma nova amiga valiosa. Ela já conhecia Rita Gam de Nova York, quando ambas trabalhavam como modelo e atuavam em dramas televisivos. Rita também foi para Hollywood. Enquanto Grace trabalhava em *Janela Indiscreta*, Rita estava na Universal, filmando o épico *Átila, o rei dos Hunos*. Ambas conheceram o produtor e ex-agente John Foreman, que as aproximou.

Rita relembra que "Grace tinha alugado um apartamento na Sweetzer Avenue, em West Hollywood, que dividia com sua amiga e secretária, Prudy Wise. Quando Prudy deixou Los Angeles, Grace ligou e me convidou para um café. Nós nos identificamos imediatamente — a amizade foi instantânea — e Grace, que não gostava de morar sozinha, me convidou para dividir o apartamento. Eu estava solitária, vivendo em um hotel e aceitei na hora". Assim como Judith Balaban Kanter, Rita foi madrinha de casamento e uma grande amiga de Grace.

O apartamento alugado em West Hollywood era simples, em um edifício comum, mas Rita lembra que Grace se apropriou do lugar. "O apartamento era feminino e romântico, cheio de imagens, desenhos e lembranças de seus filmes, e fotos da família por toda parte. Enquanto Grace servia o café neste primeiro encontro, comparávamos as impressões de nossas aventuras na África — ela tinha filmado *Mogambo* na África Central, e eu estava voltando do norte da África, onde participei de *Saadia*, da MGM.

"Ela era generosa, aberta, tolerante, divertida e completamente pé no chão — e estava sempre trabalhando. Tinha a ambição de estar entre as grandes atrizes de teatro dos Estados Unidos — era o que ela desejava acima de tudo. O trabalho no cinema era apenas um desvio. Acho que foi por isso que ela nunca comprou uma casa em Los Angeles. Nova York sempre foi seu lar e ela nunca esteve em Hollywood de coração. Grace encarava o cinema como uma oportunidade temporária e tinha outros planos para o futuro — o palco."

Naquele ano, como recordou Rita, Grace "estava sempre cansada, mas gostava de seu trabalho. Às vezes, ela almoçava e passava o domingo com seu tio George, e sempre falava dele com grande carinho e afeto. Ele foi extremamente importante em sua carreira e parecia compreender o ressentimento de Grace com Hollywood — principalmente pela máquina publicitária. Lá estava ela, invejada pelas mulheres de Hollywood, mas desgostosa da imagem romântica que lhe era atribuída. O seu senso de humor a ajudava a superar — seu humor e a convicção de que quando se cansasse de tudo iria se estabelecer e constituir uma família".

Grace protegia os irmãos e era leal à família, disse Rita. "Ela admirava o pai, apesar de achá-lo muito severo e saber que ele não aprovava sua carreira. Para ele, era sempre 'Peggy isso' e 'Peggy aquilo'. E a mãe não era nem um pouco carinhosa. Mas Grace não dizia uma palavra contra eles. Era uma garota de bom coração; compreensiva e compassiva — não fazia comentários, mas você podia ouvi-la e observar como ela se comportava."

O agente de Grace, Jay Kanter, e sua esposa, Judy, recordam de uma tarde com ela e os pais no ano em que foi indicada ao Oscar por *Mogambo*. Jay falou com John e Margaret Kelly sobre as realizações impressionantes de sua filha e sobre as ofertas que a MCA vinha recebendo para ela todos os dias. "Ela era uma menininha fraca", interrompeu o pai, mudando o assunto para a infância de Grace. "Não entendo porque ela quis ser atriz — nunca entendi — mas eu a autorizei a ir para Nova York quando ela pediu, porque não consegui pensar em mais nada que ela pudesse fazer. Que bom, estou feliz que ela está ganhando a vida". Aos olhos do pai, como Judy observou, "Grace era uma carta fora do baralho".

Quanto à vida amorosa de Grace, Rita "tinha como regra nunca perguntar sobre seus namorados e ela fazia o mesmo comigo. O acordo era bom para a nossa amizade. Seus namorados iam e vinham, mas não eram importantes, e em Hollywood nunca houve uma pessoa especial que preenchesse seu ideal de par perfeito. Seu foco estava na carreira. Embora nunca bisbilhotássemos a vida uma da outra, Grace foi muito gentil e especialmente afetuosa quando rompi com Sidney (Lumet, seu primeiro marido). Ninguém poderia ter sido mais atencioso".

AO TÉRMINO DE *JANELA INDISCRETA*, Grace estava cheia de histórias sobre Hitchcock. "Ela me disse que ele era um grande diretor", relembra Rita, "e que tiveram uma ótima relação de trabalho, recheada de piadas e bom humor. Mas ele nunca deu espaço para ninguém. Hitchcock, Zinnemann e Ford eram tiranos benevolentes. Nenhum deles gostava verdadeiramente das mulheres. Eram extremamente machistas e as tratavam como objeto. Mas Grace resolveu se divertir e fez o que lhe pediram no set. Ela era firme e forte — mentalmente, emocionalmente e fisicamente — e não se ligava em bobagens. Hollywood era um jogo. E como ela também era uma boa negociante, vencia os impasses com a MGM. Grace sabia como se portar no mundo corporativo e o conduzia de modo a se beneficiar".

Não havia competição entre Rita e Grace, apenas uma compreensão mútua e alguma proteção. "Ao longo dos anos, percebi que as pessoas não consideravam Grace muito brilhante, mas ela era — todo seu talento para representar e seu sucesso se deviam à sua inteligência."

Por serem estrelas de cinema atraentes e solteiras, Rita e Grace eram sempre convidadas para festas e jantares em Hollywood, e os produtores e executivos dos estúdios sempre ofereciam um carro para levá-las. "Eu sempre concordava", disse Rita. "Mas Grace me interrompia: 'Não se atreva a deixar que eles mandem um carro! Pode ser que a gente queira sair de lá. Eu dirijo'. Ela conhecia o mundo e não queria ser surpreendida por uma situação desconfortável. Embora não gostasse de dirigir, ela sempre levava o carro quando íamos a uma festa."

Um dia após a conclusão do trabalho em *Janela Indiscreta*, ela foi para o estúdio na Paramount, para filmar suas cenas em *As Pontes de Toko-Ri*. O papel de Nancy Brubaker era pequeno, mas comovente, ao lado de William Holden, no papel de seu marido, Harry, um herói da Marinha durante a Guerra da Coreia.

Nascido em 1918, em uma próspera família de Ilinóis, William Beedle foi descoberto por um caçador de talentos da Paramount quando era estudante em Pasadena. Rebatizado pelo estúdio como William Holden, ele tinha feito dois papéis pequenos até 1939, quando o papel de protagonista em *Conflito de Duas Almas* o levou ao estrelato.

Em 1941, Holden casou-se com Brenda Marshall, mas nada naquela união parecia autêntico, apesar de durar 30 anos — quase sempre oscilava entre a novela patética e a comédia vulgar. Ambos se envolveram em uma lista de romances extraconjugais, geralmente de pleno conhecimento do outro, e as intrigas acabavam em dolorosas cenas de arrependimento, até que um novo caso fosse revelado. Para evitar a complicação de um possível filho ilegítimo, Holden decidiu — com o incentivo da esposa — recorrer à vasectomia em 1947, depois do nascimento de seus dois filhos com Brenda. Isso não diminuiu sua libido e tampouco o número de conquistas que, por motivos óbvios, ficavam encantadas com aquela novidade da medicina.

Nos anos 1950, os Holden viviam praticamente separados, mas não oficialmente, por exigência dos executivos da Paramount. A boa aparência e o charme de Bill eram as principais ferramentas de sua técnica de sedução. Durante muito tempo, ele teve uma reputação que faria Casanova parecer um monge. Mas, ao chegar aos 40 anos, também tinha se tornado um alcoólatra.

Em janeiro, quando conheceu Grace, Bill tinha acabado de terminar um breve e tórrido romance com Audrey Hepburn, com quem coestrelou *Sabrina*. Agora, ele investia todo seu charme na nova colega de elenco e seus esforços foram imediatamente recompensados — não apenas por sua graça e gentileza, mas talvez também porque (como Gene Lyons) seu problema com a bebida tenha despertado a simpatia de Grace. "Ela tinha a capacidade de atrair os homens", disse sua irmã Lizanne, "e a maioria dos seus namorados se apaixonaram por ela". Foi o que aconteceu com Holden.

A ligação durou cerca de três semanas. Anos após sua morte, os filhos de Grace reconheceram o caso ao incluir fotos dela e de Bill no tributo realizado em 2007, e com a aprovação oficial de um livro contendo um breve relato sobre o assunto: "Ela sucumbiu ao charme do ator, doze anos mais velho e casado. A amizade de transformou rapidamente em uma paixão ardente".[28] Em todo caso, a experiência anterior de Grace com Lyons ensinou

---

[28] O livro de Dherbier e Verlhac, de 2006, traz um prefácio do príncipe Albert de Mônaco, filho de Grace.

sobre os perigos da vida ao lado de um beberrão. Um ataque repentino de realidade esfriou seus sentimentos e fez com que ela rompesse com muita delicadeza, ao final das filmagens. Em poucos dias, Holden encontrou consolo nos braços de outra.

GRACE NÃO BUSCOU NEM LUTOU pelo pequeno papel de Nancy Brubaker em *As Pontes de Toko-Ri*; ela foi forçada a fazê-lo pela MGM, que continuava a obter um bom lucro com seu empréstimo. A negociação foi feita com o produtor William Perlberg e o diretor George Seaton, da Paramount, que reconheciam o real valor de Grace. O roteiro para *As Pontes*, baseado em um conto de James Michener, publicado na revista *Life*, foi escrito por Valentine Davies e dirigido por Mark Robson. Ambientada em 1952, durante a Guerra da Coreia, o filme conta a história do piloto da Marinha Harry Brubaker, designado para bombardear uma série de pontes estratégicas. A esposa, Nancy, leva os dois filhos para visitá-lo durante um curto período de licença no Japão, onde ela deve aceitar a possibilidade de que a perigosa missão do marido pode deixá-la viúva. E é exatamente o que acontece, em um final inesperado para os filmes de guerra da época.

A cena de Grace, o segundo maior cachê depois de Holden, tem apenas quinze minutos, e ela é vista pela última vez acenando para o marido que sai para sua missão fatal. As sequências na abertura do filme, mostrando o heroísmo da Marinha e o humor forçado do diálogo combinado com observações ultrapatrióticas, tornaram o filme medíocre. O público é levado a se preocupar com a mulher e os filhos do piloto condenado — a família fica no cais e não se sabe como ela foi afetada ou lidou com a morte dele. Na história de Michener, um estilo de prosa direto, mas eficiente, contribui para uma experiência emocional mais satisfatória do que o filme, que focaliza demais em longas batalhas no mar e na terra. Ao lado de outra película de 1954, *Tentação Verde*, *As Pontes de Toko-Ri* é um filme no qual Grace não tem boa avaliação.

Na época, Perlberg e Seaton não estavam tão indiferentes e viam *As Pontes* como uma espécie de teste para sua possível participação no próximo filme da Paramount — para o qual, ironicamente, William Holden já tinha sido contratado. "Grace não mostrava tudo nos primeiros cinco segundos", disse Seaton mais tarde sobre o seu papel em *As Pontes*. "Alguns atores oferecem tudo imediatamente, e pronto — não há mais nada. Mas

Grace é como um caleidoscópio: basta um movimento e você obtém uma faceta inteiramente nova." Não existiam muitas possibilidades para a personagem Nancy Brubaker, comum e adorável, mas pelo menos (na cena inocente do quarto) ela teve a oportunidade de mostrar que podia representar tanto o amor como o medo. Assim como na história de Michener, o papel de Nancy Brubaker existe apenas para questionar o sentido da guerra e para demonstrar coragem diante da partida do marido. Ainda sofrendo os danos da Segunda Guerra Mundial e da Guerra da Coreia, o público americano adorou o papel e a atriz.

DURANTE DOIS MESES, GRACE RECEBEU uma infinidade de cartões e cartas apaixonadas de Oleg, que também telefonava quase todas as noites. Quando o filme ficou pronto, no final de janeiro, ela planejou voltar para Nova York, para definir seu estranho relacionamento com Cassini — estranho porque tinha todas as características de um caso de amor, com exceção do óbvio. Para compreender seus sentimentos, Grace precisava saber mais sobre ele. Ao mesmo tempo, ela desconfiava de suas investidas amorosas amplamente conhecidas.

Mas sua viagem a Nova York teve que ser adiada por uma boa razão. William Perlberg e George Seaton conseguiram os direitos para filmar a peça de Clifford Odets, *The Country Girl*, um enorme sucesso na temporada da Broadway de 1950-51. Pelberg iria produzir e Seaton seria o responsável pela adaptação da peça e pela direção para a Paramount. Por sua atuação no teatro como Georgie Elgin — a esposa prematuramente envelhecida de um ator alcoólatra —, Uta Hagen ganhou o prêmio Tony como melhor atriz do ano. Porém, a Paramount queria uma estrela de cinema para ajudar a vender o drama, que por si só não seria considerado um sucesso de público. Georgie é um papel desafiador — uma mulher vibrante e atraente que se tornou cansada e triste graças a um marido irresponsável e entregue ao vício. Muitas mulheres de Hollywood cobiçaram o papel, e Perlberg, Seaton e a Paramount escolheram Jennifer Jones — talvez em razão do seu excelente desempenho como protagonista do filme *Perdição por Amor* (também da Paramount), baseado no romance *Sister Carrie*, de Theodore Dreiser. Mas a ideia foi abandonada quando o produtor David O. Selznick, marido de Jennifer, anunciou que ela estava grávida.

Georgie era o mais diferente de todos os papéis que Grace tinha representado até então. A inocente e idealista Amy Kane de *Matar ou Morrer*;

a refinada Linda Nordley de *Mogambo*; a rica e discreta Margot Wendice de *Disque M para Matar*; a sofisticada e estilosa Lisa Fremont de *Janela Indiscreta*; e a esposa ansiosa em *As Pontes de Toko-Ri*: estas mulheres não tinham a mais remota semelhança com Georgie — doentia, cansada e incapaz. Mas foi exatamente essa diferença que atraiu Grace, e quando Perlberg sorrateiramente lhe entregou o texto (que legalmente deveria ser entregue pela MCA), ela soube que o papel era ao mesmo tempo um desafio e uma oportunidade de consagração como atriz dramática.

O principal obstáculo em seu caminho era o contrato com a Metro. Dore Schary decidiu que já era hora de levá-la de volta para Culver City, desta vez para uma outra aventura na selva, a ser parcialmente filmada na América do Sul. O projeto era *Tentação Verde*, e eles tinham um roteiro, um diretor, um galã e uma equipe de apoio, prontos para começar. Grace traria o glamour para a história excepcionalmente fraca. O roteiro, cheio de clichês, estava condenado desde o começo. A estrela da Metro, Eleanor Parker, simplesmente descartou e Robert Taylor disse que preferia se aposentar a atuar em uma bobagem como aquela. Na ansiedade de obter a produção do filme e trazer Grace de volta para o estúdio, a Metro rejeitou categoricamente o pedido de empréstimo de Perlberg e Seaton para o filme *Amar é sofrer*.

Mas Schary e a Metro não previram que a essa altura da carreira de Grace as decisões não estavam mais nas mãos da companhia. "Pedi aos meus agentes que dessem meu endereço de Nova York a todos os executivos da MGM, para que soubessem para onde mandar os cartões de Natal. Depois de um tempo eles compreenderam o que isso significava — eu estava preparada para deixar Hollywood para sempre caso eles me negassem a oportunidade de atuar em *Amar é sofrer*. E eu estava disposta a revelar para a imprensa o motivo de minha decisão."

Como lembrou Judith Quine, Dore Schary e seus colegas "ficaram abalados; assim como todos em Hollywood, quando a história se espalhou". Na época, a atitude desafiadora de Grace diante do poderoso estúdio era algo chocante: uma atriz jovem, com poucos filmes (e nada lançado desde *Mogambo*) estava confrontando — e até ameaçando — a maior companhia cinematográfica, e possivelmente comprometendo seu futuro. Na verdade, carreiras foram destruídas para sempre por algo que os magnatas consideravam uma insubordinação inclassificável. Se o estúdio a suspendesse, ela estaria fora do mercado, e esse período de inatividade estaria ligado ao término de seu contrato. Mas Grace não poderia ser intimidada ou subornada, e o dinheiro não era uma questão. Ela não era uma vedete, nunca havia trabalhado em filmes de segunda categoria ou posado em traje de banho, e nunca gostou de nenhum tipo de publicidade — ela cuidava de sua privacidade e se recusava a circular em Los Angeles vestida como se estivesse sempre a caminho de uma festa. Grace queria apenas bons papéis em bons filmes, e tinha consciência de que *Janela Indiscreta* e Hitchcock tinham demonstrado sua competência.

É fácil imaginar a dança das cadeiras corporativas e a quantidade de martinis ingeridos para dar coragem aos executivos da Metro, pressionados e agitados em reuniões e ligações telefônicas, tentando evitar um embaraço ainda maior para a indústria. "Isso é chantagem!", vociferou um executivo para o chefe de Jay Kanter na MCA, Lew Wasserman. E era isso mesmo, afinal, tratava-se de Hollywood. A prudência prevaleceu em Culver City e o estúdio não estava disposto a ser um vilão contra a linda atriz, que tinha dois filmes de Hitchcock a serem lançados em breve.

E assim, quando Grace estava prestes a seguir adiante com o seu plano, pagar para ver e comprar um bilhete para Nova York, o rumo dos acontecimentos mudou rapidamente. Em 29 de janeiro, um comunicado de Culver City à imprensa anunciou que a Metro concordava em emprestar Grace Kelly para a próxima produção da Paramount, *Amar é sofrer*, mediante uma taxa de 50 mil dólares e a garantia de que Grace estaria em *Tentação Verde* imediatamente após o término do filme de Perlberg e Seaton. Os contratos foram assinados em 8 de fevereiro.

"Os chefões da MGM não davam a mínima para mim até essas outras ofertas surgirem, primeiro de Hitchcock, depois, de Perlberg e Seaton", recorda-se Grace. "Eu sempre achei que se o estúdio tinha um ator contratado — e que fosse requisitado para bons papéis em outro lugar —, tentaria fazer algo para este ator. Nunca consegui compreendê-los. Eles nos chamaram ao seu escritório — eu, Clark e Ava — quando retornamos da África, depois de *Mogambo*, para nos mostrar alguns projetos para revistas. Eles falaram sobre a publicidade programada para o filme. Lembro de um senhor dizendo, 'A África é encantadora!'. Clark tinha algo especial a dizer sobre esta declaração. Depois disso, não surgiu nenhum trabalho, até Hitch procurar o meu agente. Daí em diante, a MGM passou a me consultar a cada seis meses, porque podia ganhar dinheiro me emprestando e não porque tinha planos para mim, como dizia a cada temporada".

Quando chegou a vez de *Amar é sofrer*, ela foi bem clara. "Percebi que tinha que fazer o filme, porque teria um papel importante. Era a minha oportunidade de ser mais do que um personagem de apoio para o galã. Eu sempre usava roupas lindas, camisolas e lingeries maravilhosas, ou os cenários eram grandiosos e coloridos. Este filme foi completamente diferente e eu trabalhei muito."

O primeiro amor de Grace sempre foi o teatro e *Disque M para matar* e *Amar é sofrer* foram peças de sucesso na Broadway, com poucas mudanças nas versões cinematográficas. Seus dois últimos trabalhos em Hollywood também seriam filmes baseados em peças: *O Cisne*, de Ferenc Molnár e *Alta Sociedade*, uma versão musical de *The Philadelphia Story*, de Philip Barry.

DUAS SEMANAS DE ENSAIO ANTECEDERAM as filmagens de *Amar é sofrer*, e quando o elenco se reuniu para a primeira leitura, havia uma tensão considerável. "Na primeira semana não prestamos muita atenção uns nos outros", recorda-se Grace. "Na verdade, não nos dávamos muito bem". A presença de William Holden pode ter contribuído para o clima, mas existia um fator ainda mais delicado.

Bing Crosby, cantor e ator de grande popularidade nos anos 1940, estava com 50 anos na época. Uma idade perigosa em Hollywood para um cantor que nunca esteve ligado ao drama, representando um papel que não estava associado a sua imagem pública. Talvez na busca de uma mudança de ritmo ele tenha aceitado o papel de Frank Elgin, um cantor e ator de teatro outrora bem-sucedido que se transformara em um bêbado patético, cheio de culpa, com baixa autoestima e inteiramente dependente da esposa, depois da morte acidental do filho.

Durante os dias de ensaio que duravam 10 horas, os três atores principais trabalharam nos diálogos, na caracterização, reações e interações — onde e como incluir um olhar, uma nuance vocal ou uma expressão que transmitisse muito com pouco. "Bing estava tão nervoso no papel de Frank Elgin", disse Grace. "Todos os seus papéis anteriores foram variações dele mesmo — o cantor popular afável, o cara legal, o querido padre O'Malley, em *O Bom Pastor*, trabalho que lhe rendeu um Oscar. Agora estava representando um beberrão, que tinha perdido a confiança em si mesmo. Alguns sabiam — mas o público não — que a história se assemelhava com a vida de Bing nos anos 1950. Ele já tinha estado no auge e teve um problema com o álcool, agravado com morte da esposa, em 1952.

"Na época, eu sabia — e não era segredo em Hollywood — que Bing gostaria de ter Jennifer Jones como protagonista e quase desistiu do filme quando soube que eu faria o papel. 'Ela é muito bonita', disse aos produtores. 'Mas não tem experiência... é glamorosa demais para o papel de Georgie... ela não vai conseguir'. Um sem fim de objeções! Os primeiros dias de ensaio foram bem difíceis, mas Perlberg e Seaton foram meus defensores". Porém, eles não precisaram defender Grace por muito tempo. A preparação foi concluída, as primeiras cenas foram filmadas com rapidez e parcimônia e Crosby acabou mudando o tom. "Nunca mais vou abrir a boca sobre um problema de elenco novamente", ele disse aos produtores e à imprensa. "Me desculpem se eu tinha reservas sobre esta moça, ela é ótima!"

O elogio de Crosby ficou mais pessoal nos dois meses seguintes, quando tentou cortejar Grace, que o desencorajou educadamente. (Ao contrário dos rumores, o romance não aconteceu, para desapontamento de Bing.) "Grace me ligou uma noite", recorda-se Lizanne, "e disse: 'Bing me pediu em casamento', mas ela não estava apaixonada. Ela o admirava e respeitava, mas não estava apaixonada." Entretanto, as fofocas aumentaram depois que Crosby convidou Grace, sua irmã Peggy e alguns amigos para comemorar o seu aniversário em uma casa noturna, após o término das filmagens. Os fotógrafos captaram o grupo em uma mesa e depois, retiraram todos cuidadosamente, exceto Bing e Grace. Como disse Hitchcock, uma câmera pode fazer você acreditar em qualquer coisa.

Durante os ensaios, Edith Head e sua equipe se apressaram para terminar o figurino de Grace para *Amar é sofrer*. "Eu estava feliz até ler o roteiro", recorda-se Edith. "Ela representaria uma mulher casada há dez anos, que tinha perdido o interesse por roupas, em si mesma, em tudo. A personagem não tinha absolutamente nada que lembrasse Grace". Edith fez o que foi solicitado e vestiu Grace com roupas simples e sem graça, um casaco velho, saias e blusas escuras, um figurino adequado para um filme em preto e branco. O toque final, sugestão de Grace, foram os óculos. Porém, sendo Hollywood, a Paramount insistiu que George Seaton adicionasse duas cenas que não existiam na peça: um flashback, onde Grace veste um figurino sofisticado e, no final, uma festa chique em Manhattan, onde ela aparece fina e elegante. (Ela achou as sequências lamentáveis, e realmente eram, embora reconhecesse que a primeira cena revelava que a jovem Georgie havia sido uma pessoa feliz em uma outra época de sua vida.)

Quanto às roupas simples e sem graça, o diretor Seaton recorda que "Muitas atrizes diriam, 'Bem, por que não colocamos algumas joias aqui e outras ali? Quero parecer deselegante, mas com bom gosto', e antes que você percebesse, a atriz estaria coberta de ouro. Mas Grace não. Grace queria ser autêntica".

Crosby, por sua vez, precisou ter a autenticidade estimulada.

No primeiro dia de filmagem, ele chegou com duas horas de atraso. Por fim, o chefe do departamento de maquiagem convocou Seaton, que encontrou Crosby no seu camarim usando uma peruca ondulada para aparentar ter vinte anos. "Decidi que vou usá-la no filme", disse ele, desafiadoramente. Seaton respondeu calmamente que isso seria totalmente inadequado para o papel, mas Crosby foi firme: "Tenho que pensar no meu público — não quero parecer um velho na tela do cinema!"

Seaton lembrou que ele tinha de aparentar a idade e as características do degenerado Frank Elgin. "Bing, vamos ser honestos, você está assustado", disse o diretor, "e Bing quase começou a chorar, dizendo, 'Eu não vou conseguir!'"

"Por favor, acredite em mim", continuou Seaton, "Também estou assustado — todos estamos — portanto, vamos ficar assustados juntos". O diretor e o ator entraram no set e, em pouco tempo, os problemas se dissiparam. Bing Crosby teve um desempenho sensível e surpreendente, que deixou os críticos sem palavras para elogiá-lo. (A Academia o indicou para o melhor ator do ano, mas Marlon Brando levou o prêmio com *Sindicato de ladrões*.

*Quatorze Horas, Matar ou Morrer* e *Amar é sofrer* foram os três únicos filmes de Grace em preto e branco; os outros oito filmes são coloridos. Na verdade, ela foi uma das poucas estrelas de sua época a ser associada com o brilho sedutor e ofuscante do Technicolor. Anos mais tarde ela me disse, "Eu gostaria de ter tido a oportunidade de fazer menos filmes coloridos e mais produções sérias em preto e branco". Mas ela não tinha controle sobre esse aspecto da indústria cinematográfica e sua ascensão ao estrelato foi simultânea ao crescimento do uso da cor. Contudo, não há dúvida de que a seriedade de *Amar é sofrer* pedia os contrastes fortes do preto e branco.

Às vezes, Grace achava Bill e Bing surpreendentemente inseguros. "O diretor George Seaton lançou mão de todas as suas habilidades diplomáticas para nos conduzir naquelas cinco semanas", recordou Grace. "Eu não tive tempo para sentir medo ou para me perguntar se estava à altura do papel. Estava ocupada demais tentando compreender as cenas para desenvolvê-las perfeitamente".

E não precisava, de fato, ficar ansiosa, visto que a sua atuação está incluída entre as melhores dos anos 1950. Grace trouxe uma intensidade calma e desolada ao retrato de uma esposa apática, que luta até as últimas forças pelo marido fraco. De forma incipiente e inconsciente, ela revelou o traço de melancolia reprimida, mas sempre presente, da personagem, talvez pela sensação de solidão e saudade que ela trazia da infância, sempre percebida por seus amigos nos momentos de silêncio e privacidade. A isto ela adicionou sua arte: uma espécie de tristeza entorpecida em Georgie, que consegue ver que sua lealdade custou um alto preço e que havia perdido muito na vida.

Grace não apenas dizia sua parte do diálogo, mas, como escreveu Wordsworth, as entrelinhas revelavam pensamentos profundos e tocantes. Nada parecia calculado, racional ou artificial — ela só podia confiar no seu talento: sem cor, sem figurino refinado, sem maquiagem e sem diálogos espirituosos e agradáveis para o público. Sua compreensão de Georgie Elgin é um estudo maduro de representação cinematográfica — um feito notável para uma jovem de vinte e poucos anos. Ela poderia ter usado alguns truques histriônicos para ganhar a simpatia do público. Em vez disso, criou uma personagem rica em complexidade e extremamente empática.

Uma cena pode ser tomada entre muitas deste filme arrebatador, na qual Grace tem uma quantidade incomum de falas e tomadas longas e ininterruptas de diálogo com os dois galãs. Enfrentando Holden (no papel de diretor do marido), ela começa com calma e constrói a emoção:

> Georgie: *Pode mantê-lo em pé, Sr. Dodd? Porque é para isso que eu rezo — por uma única hora em que ele possa ficar em pé sozinho! E eu poderia até perdoá-lo, Sr. Dodd, se conseguir mantê-lo em pé tempo suficiente para eu sair debaixo! Tudo que eu quero é meu próprio nome e um trabalho modesto para comprar açúcar para meu café! Você não acredita — não pode acreditar que uma mulher seja louca suficiente para viver sozinha — em um quarto — por sua conta!*

(Ele segura seu braço, mas ela resiste.)

Georgie: *Por que está me segurando? Por que está me segurando?*

(De repente, seu olhar se torna selvagem, com ódio e desejo. Ele a beija "ardentemente", segundo a direção de cena, antes de se separar.)

Georgie: *Como pôde ser tão cruel comigo um momento atrás... e ficar tão louco por alguém que sequer conhece...* (Ela se afasta dele) *Ninguém me olha como mulher há anos.*

(Ele se vira para sair e antes que ele chegue até a porta, ela fala.)

Georgie: *Você me beijou — não deixe que isso lhe dê ideias, Sr. Dodd.*

A cena não ficou verossímil graças à iluminação, ao figurino ou à música — sua força deriva da completa falta de cálculo na arte impressionante de Grace, um paradoxo que praticamente define cada conquista de uma atuação memorável. Décadas depois, nós não a vemos como uma estrela de cinema representando um papel, ou temos consciência de seus gestos, da ligeira elevação da sobrancelha, da súbita queda no tom de voz. Não observamos uma "artista" se esforçando para impressionar. Grace Kelly, a bela atriz, desaparece quando vemos Georgie Elgin em *Amar é sofrer*; vemos apenas o verdadeiro cansaço de uma mulher quase sem forças, quase vazia, exceto por um sentimento, dela e nosso, profundo demais para provocar apenas lágrimas.

No final de março, no último dia da produção, a equipe de filmagem presenteou Grace com uma placa que dizia: "Para nossa *Country Girl* — que isso a acompanhe até o próximo Oscar". Os críticos também reagiram calorosamente, apontando que Crosby e Kelly foram muito bem-sucedidos ao representar papéis não convencionais, bem diferentes da percepção que o público tinha dos atores: "A srta. Kelly recebe sua parcela nos elogios pela qualidade da tensão e desespero que coloca na esposa combalida e paciente", foi o comentário típico. Ao ser perguntado sobre todas essas conquistas, seu pai reagiu com o habitual distanciamento: sim, ele estava "feliz por ela", e pronto.

"Eu era muito jovem quando atuei em *Amar é sofrer*", disse Grace, anos mais tarde. "Eu tinha 23 anos e ainda não era casada. Lembro que na época pensei, 'se eu fosse uns cinco anos mais velha, poderia ter feito isso bem melhor!' E agora, anos depois, talvez melhor ainda."

UM DIA DEPOIS DA CENA final de *Amar é sofrer*, Grace correu para a Metro para os testes de figurino e maquiagem, e depois para o médico da empresa para tomar as vacinas necessárias. Logo ela estaria fora por dez dias, trabalhando em tomadas locais na selva colombiana, para atender ao compromisso firmado. "Quando *Tentação Verde* começou, eu estava exausta", disse, "porque *Amar é sofrer* exigiu grande concentração, longos dias de ensaio e longas horas de filmagem. Mas, embora a programação fosse extenuante, ir diretamente para *Tentação Verde* foi de certa forma um alívio. Não havia questões com seu galã, apenas aquela história horrível imposta pela MGM. Eles provavelmente não se permitiam reconhecer a verdade decepcionante: o estúdio não era mais a grande máquina de outrora. Acho que estavam tentando repetir o sucesso de *Mogambo*, substituindo a selva africana pela sul-americana, e ofereceram os papéis a mim e a Stewart Granger, o espadachim do estúdio", que atuou em *As minas do rei Salomão*.

Desta vez, as minas tinham esmeraldas (por isso o título), procuradas pelo garimpeiro Rian Mitchell (Granger). Ele enfrenta bandoleiros colombianos que reivindicam a posse do tesouro e é interrompido por um romance arrebatador com Catherine Knowland (Grace). Ela e o irmão Donald (John Ericson) são proprietários e administram uma próspera fazenda de café, perto das terras onde as esmeraldas estão enterradas. Enquanto Mitchell cava, Catherine suspira. Ninguém chega em lugar algum até quase o final do filme, quando uma enchente atinge a fazenda, os bandidos atacam a mina de esmeraldas, uma caixa de dinamite explode os bandidos, um deslizamento de rochas desvia o curso do rio, desaba uma tempestade tropical, e um arco-íris surge, emoldurando o abraço de Granger e Grace.

"Eu não me tornei uma atriz para fazer um filme como *Tentação Verde*", confessou Grace. "Tive que aceitá-lo para ter a oportunidade de fazer *Amar é sofrer*, e isso me ensinou uma lição — nunca aceite um papel antes de ler o roteiro. Eles disseram que a minha parte do roteiro (de Ivan Goff e Ben Roberts) ainda não estava pronta, mas que eu teria que aceitar, e que seria um filme fácil e emocionante. Fui uma tola — acreditei neles e tive que fazê-lo". Mais tarde, Dore Schary admitiu, "Foi um fiasco e nunca deveríamos ter feito o filme — era simplesmente terrível, mas pensamos que ele iria bem, que traria algum dinheiro. Não trouxe".

Então, surgiram outros nós no emaranhado da vida e da carreira de Grace. Primeiro, foi exatamente a satisfação intensa de atuar em *Amar é sofrer* que evocou em Grace uma impaciência crescente com Hollywood e um desejo de retornar aos palcos, fonte de seus melhores papéis. "Eu continuei confiando em meu tio George", disse. "Ele foi o único que entendeu que meu coração não estava em Hollywood, mas no teatro. Em maio de 1954, eu só queria fugir".

Além disso, desde novembro de 1953, quando deixou Nova York, ela foi bombardeada por cartas, telefonemas, e até uma visita surpresa do dedicado Oleg Cassini. Grace queria saber se esse relacionamento tinha algum futuro. Ele possuía um negócio próspero em Nova York, crescia socialmente e comercialmente, mas insistia que ela era importante em sua vida.

Finalmente, ela teve a oportunidade de "fugir" e testar a sinceridade de Cassini, mas teve que se apressar em *Tentação Verde*, a ponto de pedir ao diretor para adiantar a filmagem de suas cenas finais e disponibilizá-la como cortesia para outro diretor. "Hitchcock a requisitava para *Ladrão de Casaca*", como recordou Granger, "e se as datas coincidissem, ela iria diretamente do nosso filme para o seu próximo galã, Cary Grant. Grace estava preocupada que não conseguiria terminar (*Tentação Verde*) a tempo, porque Hitchcock não esperava por nenhum homem ou mulher".

Para complicar ainda mais — e ao mesmo tempo tornar tudo mais atraente — o cronograma da produção de *Ladrão de Casaca* programou a locação da filmagem na Riviera Francesa, de maio a julho. Mesmo antes de completar *Tentação Verde* — e antes da Metro assinar outro empréstimo para Hitchcock e a Paramount — Grace já ligava para Edith Head à noite, para falar sobre o figurino do filme. "Vá em frente", ela disse para a estilista. "Eu vou fazer o filme". Sem dúvida, sua autoconfiança tinha raízes na insistência de Hitchcock — que lhe contou em segredo que não iria considerar seriamente uma substituta para ela. "Não sei o que teria feito se não conseguisse Grace", disse Hitch muitos anos depois. "Eu a imaginei no papel muito antes de comprar os direitos da história".

JOHN ERICSON, QUE FEZ O papel de irmão de Grace em *Tentação Verde*, foi seu colega na Academia Americana de Artes Dramáticas. Quando ele e Grace começaram a trabalhar, seu filme anterior tinha acabado de ser lançado — *Rapsódia* —, no qual contracenou muito bem com Elizabeth Taylor. John, um rapaz extraordinariamente bonito, era um ator de peso na lista de contratados da Metro e perfeito para uma ampla variedade de papéis. Ele também deveria ter sido melhor administrado pelo estúdio, como reconheceu Grace. "Estão fazendo com John Ericson o mesmo que fizeram comigo", ela escreveu para a colunista Hedda Hopper naquela temporada. "Para a imprensa, eles são cheios de entusiasmo e generosos em suas promessas. Mas nada acontece e agora estão ignorando um ator refinado como John, e acho que isso é vergonhoso."

"Grace sempre esteve cercada por um grupo de admiradores no nosso tempo de estudantes", recordou Ericson, mais de cinquenta anos depois. "E, em *Tentação Verde*, ela foi tão séria quanto popular, e totalmente profissional — mesmo que não quisesse fazer o filme. E todos do elenco e da equipe se afeiçoaram a ela."

As cenas de John não exigiram que ele viajasse para a América do Sul com Grace e Granger. Eles permaneceram na locação durante dez dias em abril e trabalharam em condições extremamente desconfortáveis, em Barranquilla, entre o Rio Madalena e as montanhas ao redor de Bogotá. "Não foi nada agradável", Grace escreveu em outra mensagem para Hopper. "Nós trabalhávamos em uma vila com barracos miseráveis e pessoas atingidas pela pobreza, que eram forçadas a viver em condições deploráveis. Parte da nossa equipe naufragou — foi terrível". Anos mais tarde, ela acrescentou, "Realmente, foi um período horrível. Todos na MGM sabiam que tínhamos um filme muito, muito ruim nas mãos, mas a produção simplesmente se arrastou debaixo do calor e das tempestades, porque ninguém sabia como terminar o filme — e por várias razões, eu queria terminar!".

As externas restantes foram filmadas nas encostas de Mulholland Drive, em Los Angeles, e nos terrenos da Metro. "Tivemos a sorte de ter Andrew Marton como diretor", disse John Ericson. "Ele não era temperamental, e era sempre muito prestativo com todos, especialmente nas sequências de ação. Lembro que Grace insistiu em fazer ela mesma as cenas de cavalgada, o que surpreendeu a todos e nos deixou um pouco apreensivos. Mas ela as fez com maestria e sem qualquer problema ou exibicionismo. Entre as atrizes que conheci, ela foi a menos estrela".

"Eu tive a infelicidade de estar no único filme realmente ruim de Grace", lembrou Granger. "Ela estava belíssima, mas me pareceu solitária e agitada. As pessoas tratavam Grace de forma diferente. Você não tinha intimidade com ela ou dava palmadas em seu traseiro" — que foi precisamente o que ele fez ao abraçá-la sob a tempestade no final do filme. Ela não gostou.

"A experiência foi infeliz para mim", disse Grace. "Peguei o papel por causa de *Amar é sofrer*, e porque minha grande amiga Marie Frisbee estava na Colômbia na época. Ela e o marido tiveram que viver lá durante um tempo, por causa do trabalho dele, e Marie se sentia só. Eu queria surpreendê-la, mas quando tentei entrar em contato com ela ao chegar à América do Sul, fui informada que estava de férias, em Washington. Este foi o primeiro desapontamento, seguido de outros."

Nas filmagens, Grace sorria amavelmente para a câmera, mas é claro que não poderia reescrever o diálogo surpreendentemente ruim. "Não acho que já tenha me apaixonado antes", ela teve que dizer em uma cena, "não me apaixonado realmente, não assim". Anos depois, ela riu ao lembrar-se de uma frase particularmente antagônica em outra cena: "Eu tive poucas propostas de casamento", ela declarava em uma sequência romântica, "e as recusei. Mas ainda não estou em pânico. Existe sempre a chance de que um dia o príncipe encantado desça as montanhas a cavalo". A provação de *Tentação Verde* durou até o final de maio e as cenas internas foram feitas em Culver City.

No dia 2 de maio, a Metro e a Paramount declararam à imprensa que Grace Kelly sairia diretamente de *Tentação Verde* para o próximo filme de Hitchcock, *Ladrão de Casaca*. *Disque M para matar* e *Janela Indiscreta* ainda não tinham sido lançados, mas a antecipação da notícia foi animadora. Ao mesmo tempo, Grace se comportava com equilíbrio e determinação — além de uma audácia notável — em suas negociações com a Metro.

O estúdio anunciou que depois do filme de Hitchcock ela estrelaria *Paixões sem freio*, mas ela recusou o papel sombrio de uma psiquiatra. Depois a imprensa foi informada de que Grace obteve o papel principal no faroeste *The Long Day*, que ela também declinou. Mais tarde, foi divulgada a notícia de que ela seria a estrela de um romance histórico chamado *Quentin Durward*, mas a oferta foi igualmente colocada de lado. "Os homens duelariam e lutariam", disse ela, "mas eu iria apenas usar trinta e cinco figurinos diferentes, ficar bonita e fingir estar assustada. Parece que oito pessoas estariam me perseguindo (em *Durward*) — um velho, ladrões, ciganos — e as marcações em todas as páginas do roteiro diziam, 'Ela agarra sua caixa de joias e foge'. Parecia uma sátira e eu soube que iria me aborrecer profundamente com toda aquela bobagem."

E foi assim que Grace se recusou a ceder às pressões do estúdio para desempenhar papéis que considerava inadequados, que não ajudariam a aprimorar o seu talento ou fariam sua carreira avançar. Ela também rejeitou os roteiros de *Diane, Sangue sobre a terra, Bannon* e *Honra a um homem mau.* Era mais do que uma questão de orgulho, indisciplina ou administração prudente da própria carreira. Grace estava apenas antecipando a morte de um sistema decadente.

O TRADICIONAL CONTRATO DE SETE anos dava aos estúdios de cinema o direito de dispensar um ator que não atraísse multidões às bilheterias — mas os direitos dos trabalhadores se limitavam a um salário mínimo por seis meses, depois dos quais poderiam ser demitidos. Os atores não tinham nenhum controle sobre suas carreiras e quase nenhuma participação na decisão dos papéis que deveriam representar e como sua imagem pública seria criada, sustentada, administrada e alterada. O sistema de sete anos, em outras palavras, criou um tipo de trabalho escravo e muitos atores competentes foram condenados ao desemprego apenas porque não agradavam aos executivos.

Quase vinte anos antes, Bette Davis desafiou o controle de Jack L. Warner. Convencida de que sua carreira estava sendo irreparavelmente prejudicada por uma série de papéis medíocres que era forçada a desempenhar, Davis simplesmente ignorou seu contrato e aceitou uma oferta para trabalhar na Inglaterra. Lá, ela levou seu caso contra a Warner Bros. para a corte inglesa, confiante de que a decisão seria em seu favor. Seu advogado listou suas reclamações: ela poderia ser suspensa sem pagamento por recusar um papel; o período de suspensão poderia ser acrescentado à data do término de seu contrato; ela poderia ser requisitada a representar qualquer papel independentemente de suas opiniões; ela poderia ser obrigada a apoiar publicamente qualquer partido político, independentemente de suas convicções; e sua imagem poderia ser exibida em qualquer lugar e qualquer contexto que o estúdio julgasse útil para os negócios.

Quando Jack Warner foi chamado para testemunhar, perguntaram a ele: "Qualquer papel que você designar para ela representar — mesmo sendo desagradável e ruim — ela terá que fazer?" Warner respondeu, alegremente: "Ah, sim, claro que ela deve representá-lo!" Bette Davis perdeu a causa e voltou para Hollywood em 1937, cheia de dívidas e sem qualquer perspectiva de renda. Contudo, Jack Warner acreditava em seu poder de estrela e ela voltou ao estúdio por muitos anos — sob os termos do contrato padrão de sete anos.

Mais tarde, a amiga de Davis, Olivia de Havilland, empunhou o estandarte da batalha contra a Warner Bros. e levou sua causa até a Corte Suprema da Califórnia. De acordo com as leis trabalhistas do estado, os contratos de serviço pessoal eram limitados a sete anos, no máximo. De Havilland assinou um contrato padrão com os Warners em 1936, e durante os anos seguintes ela recusou frequentemente vários papéis, e ficou suspensa durante o tempo necessário para outro ator realizar o trabalho que ela tinha rejeitado. Quando seu contrato expirou em 31 de agosto de 1943, ela pensou que finalmente estaria livre do controle da Warner, mas foi informada de que teria que continuar trabalhando para compensar o estúdio pelo tempo em que esteve suspensa.

Olivia achou isso um absurdo: esteve sujeita ao estúdio por sete anos e acreditava que isso tinha chegado ao fim. Ela entrou com uma ação contra a Warner Bros. e, em 1945, a Suprema Corte do Estado decidiu a seu favor. Sete anos realmente significavam sete anos, sem tempo adicional por mau comportamento.

Mas Grace Kelly levou a questão mais longe. Ela recusou-se terminantemente a fazer o que o estúdio esperava, contando com seu próprio talento e percepção do que era bom ou não para sua carreira. Ela concluiu que se trabalhasse bem, o sucesso poderia sustentar suas decisões — assim ela forçaria o estúdio a consentir por vontade própria e graças ao sucesso. "Eu nunca acreditei no sistema do estúdio", ela me disse. "Assinei o contrato com a Metro para fazer *Mogambo* e concordei em fazer *Mogambo* para conhecer a África e trabalhar com Clark Gable e John Ford. A simples ideia de ser propriedade de um estúdio é ofensiva e quanto mais consequências prevejo no contrato de sete anos, mais determinada fico a fazer do meu jeito e encontrar o meu próprio caminho. Por um bom tempo eu pude fazer isso, mas, de repente, as galinhas subiram no poleiro". Na verdade, eram abutres.

Para a irritação da Metro, quanto mais assertiva ela se tornava, mais o público parecia amá-la. Grace era procurada para entrevistas em jornais e reportagens em revistas, e sua imagem aparecia em todo o país. A revista *Life* de 26 de abril, por exemplo, trazia como chamada de capa: "Grace Kelly, a mais brilhante e requisitada nova estrela da América". Seus agentes aproveitaram de seu status crescente e conseguiram renegociar o acordo com a Paramount, pelo qual a Metro recebeu 80 mil dólares para um trabalho de dez semanas no filme de Hitchcock — dos quais, 50 mil foram pagos para ela. Em 1954, 5 mil dólares por semana era um valor bem considerável; por outro lado, Cary Grant, seu par no próximo filme de Hitchcock, recebeu 18.750 dólares por semana.

"Terminamos *Tentação Verde* às 11 horas da manhã do dia 24 de maio", recorda-se Grace. "Eu fui até a sala de dublagem (para regravar as falas que não tinham ficado claras em algumas cenas externas) à uma da tarde, e às seis eu estava a caminho da França."

# 7

## Subindo no telhado

*Palácios são para a realeza. Somos apenas pessoas comuns, com uma conta no banco.*
Grace (como Francie Stevens), em *Ladrão de Casaca*

Antes que a idade e os problemas de saúde o impedissem, Alfred Hitchcock adorava viajar durante as férias para os lugares mais interessantes e luxuosos do mundo: os melhores *resorts* suíços, os hotéis mais finos do Caribe e outros locais menos conhecidos, mas igualmente caros. Em Londres, Nova York, Paris e Roma (para mencionar algumas das cidades mais importantes que ele visitava regularmente), ele e a esposa eram regiamente recebidos em acomodações cinco estrelas. Sempre que possível, Hitchcock sincronizava suas férias com um novo projeto de cinema — uma coincidência que garantia que suas consideráveis despesas pessoais fossem absorvidas pelo orçamento da produção.

E foi assim em maio de 1954, quando ele e sua equipe chegaram à Riviera Francesa. Eles ficaram seis semanas filmando em Cannes e nos arredores, nas colinas do Mediterrâneo, ao longo de estradas pitorescas, no mercado de flores de Nice e nas praias turísticas ensolaradas. Hitchcock também providenciou para que toda a equipe tivesse tempo para passear e experimentar os melhores restaurantes franceses ao longo da Riviera.

*Ladrão de Casaca* foi o 41º longa-metragem de Hitchcock. Cary Grant, em seu terceiro filme com o diretor, estava com 50 anos. Mas Hitchcock acertou ao afirmar aos executivos da Paramount que o público aceitaria

Grant como par romântico de Grace Kelly, então com 24 anos, também em seu terceiro trabalho com Hitchcock. Em ótima forma e bronzeado, Grant tinha um charme atemporal e urbano e sua atuação foi na medida para um diretor que preferia eufemismos. Com uma carreira de 35 anos, ele já tinha trabalhado com Mae West, Marlene Dietrich, Katharine Hepburn, Irene Dunne, Jean Arthur, Rosalind Russell, Joan Fontaine, Ingrid Bergman e Marilyn Monroe, entre outras. Segundo o clichê hollywoodiano, Cary Grant era rentável.

John Michael Hayes escreveu o roteiro de *Ladrão de Casaca* baseado no romance de David Dodge. Ele também foi o responsável pelo roteiro de *Janela Indiscreta* e, mais tarde, fez *O Terceiro Tiro* e *O Homem que Sabia Demais*. Seu trabalho é notável pela vivacidade da caracterização, que geralmente falta até em algumas das obras-primas de Hitchcock.

O diretor considerava *Ladrão de Casaca* "uma história leve" e, por isso, a tratou como uma divagação, uma brincadeira divertida, o trabalho de um homem em férias, contando uma aventura fora do ambiente conhecido por seus fãs. Alguns críticos acham que o apelo visual das imagens e o charme sensual se sobrepõem à narrativa, que realmente não há uma preocupação com o vilão, e que o aspecto de suspense — o "mocinho" precisa desmascarar o bandido para se inocentar — se perde em uma mera descrição sobre a viagem. De fato, o filme é muito mais interessante pelas tomadas arrebatadoras da Riviera Francesa (Robert Burks ganhou o Oscar de melhor fotografia), do que por sua narrativa enfadonha, com pouca presença da tensão hitchcockiana.

A trama fala de John Robie (Grant), um ex-ladrão de joias e ex-colaborador da Resistência contra a ocupação nazista na França. A polícia achava que ele tinha voltado aos seus antigos hábitos de larápio e era responsável por uma série de assaltos na Riviera. Para provar sua inocência, Robie empreende a própria investigação para apanhar o ladrão. Ele recruta um agente de seguros (John Williams) e logo conhece uma jovem americana rica chamada Frances Stevens, a "Francie" (Grace), e sua mãe (Jessie Royce Landis). Francie fica fascinada — e até mesmo excitada — com a reputação de Robie. Ela se apaixona e, embora num primeiro momento não acredite que ele seja inocente, no final o ajuda a capturar o verdadeiro ladrão. Acontece que a culpada, Danielle Foussard (Brigitte Auber), é uma mulher que Robie acreditava ser sua amiga, filha de um ex-colega da Resistência, envolvido com um bando de ladrões.

"Para mim, este era o papel perfeito depois da intensidade de *Amar é sofrer* e do desconforto de *Tentação Verde*", lembra Grace, em 1976, "e como eu poderia abrir mão da oportunidade de fazer outro filme de Hitchcock? Fiquei lisonjeada com o convite. Era uma comédia, mas também era romântico — e bastante ousado para a época, mas sempre com o toque sofisticado de Hitchcock. Francie parece ansiosa para se tornar uma ladra — ela estava aberta a novas emoções e achou excitante associar-se a um homem que acreditava ser um fora da lei. Estava pronta para subir no telhado ao lado dele".

Grace se recordava bem da filmagem de várias sequências especialmente inteligentes. Na primeira, Danielle e Francie se apresentam como rivais nas águas do clube:

> Danielle: *O que ela tem que eu não tenho — com exceção do dinheiro, e você está ganhando muito dinheiro.*
> Robie: *Danielle, você é apenas uma menina — ela é uma mulher.*
> Danielle: *Por que você quer comprar um carro velho se pode ter um novo mais barato? Ele vai andar melhor e durar mais.*
> Robie (observando o horizonte): *Bem, parece que meu carro velho acabou de partir.*
> Francie (saindo de repente da água): *Não, ele não partiu — apenas voltou como anfíbio. Achei que ao sair eu veria qual é a grande atração, e talvez até fosse apresentada.*
> Robie: *Srta. Foussard — Srta. Stevens.*

Todos estão com os pés na água.

> Francie: *Como vai, Srta. Foussard? O Sr. Burns* (Robie assumiu temporariamente este nome) *me falou muito pouco de você.*
> Robie: *Bem, nós só nos conhecemos há alguns minutos.*
> Francie: *Só alguns minutos e conversam como velhos amigos. Ah, bom, é a simpática e acolhedora França.*
> Robie: *Você quer que eu lhe ensine como andar no esqui aquático?*
> Francie: *Obrigada, mas na última temporada fui campeã feminina em Sarasota, na Flórida. Tem certeza de que falavam de esqui aquático? De onde eu estava parecia que conjugavam alguns verbos irregulares.*
> Robie: *Diga algo agradável para ela, Danielle.*

> Danielle. *De perto ela parece mais velha.*
> Robie (resmungando): *Oh-h-h-h-h-h...*
> Francie: *Para uma criança, qualquer coisa acima de vinte parece velho.*

"HITCH NOS DISSE PARA IMPROVISAR parte do diálogo", lembra Grace, "e foi o que Cary e eu fizemos. Nós ensaiávamos primeiro com a Srta. Auber, cujo inglês não era muito fluente. Nos divertíamos muito tentando ver o que sairia, porque sabíamos que Hitch queria que fôssemos o mais longe possível. Cary e eu compartilhávamos o mesmo senso de humor ácido, algumas vezes malicioso, e era muito divertido para nós. Apenas uma sequência no filme realmente me incomodou e ainda incomoda. Quando vi a cena do baile à fantasia no final, fiquei muito constrangida. "Parecia exagerada e minha parte foi malfeita. Hitch deveria ter me pedido para fazê-la novamente".

Em uma outra cena, Robie acompanha Francie até a porta de sua suíte no hotel. Eles acabaram de ser apresentados e ainda não são próximos — e Hitchcock surpreende o espectador fazendo Francie, em seu vestido de chiffon azul, entrar na suíte, se virar e, sem uma palavra, corajosamente plantar um beijo nos lábios do atônito, mas satisfeito, Robie. Era uma dica do que estava por vir — em parte, improvisado pelos atores:

> Robie: *O que você espera conseguir sendo tão boa comigo?*
> Francie: *Provavelmente muito mais do que você está disposto a oferecer.*
> Robie: *Joias — você nunca usa.*
> Francie: *Não gosto de coisas frias tocando minha pele.*
> Robie: *Por que você não tenta alguns diamantes quentes?*
> Francie: *Prefiro gastar meu dinheiro com emoções mais tangíveis.*
> Robie: *Diga-me — de tudo, o que mais a emociona?*
> Francie: *Eu ainda estou procurando.*
> Robie: *O que você precisa é algo que eu não tenho nem tempo, nem inclinação para lhe dar — duas semanas com um bom homem nas Cataratas do Niágara.*

Mais tarde, no piquenique improvisado no carro, à beira da estrada:

> Francie: *Eu nunca estive com um ladrão de joias antes. É tão excitante!* (Enquanto oferece a ele pedaços de frango) *Você quer coxa ou peito?*

Robie: *Você escolhe.*
Francie: *Me diga, quanto tempo faz?*
Robie: *O quê?*
Francie: *A última vez que você foi aos Estados Unidos.*

Em todas as suas cenas em Ladrão de Casaca, Grace revela seu dom para a comédia e demonstra, em cada tomada, habilidade para contracenar com Cary Grant, um talento consagrado no gênero. Nenhuma expressão ou tom é exagerado e sua aparente frieza — característica frequente nos personagens femininos de Hitchcock — esconde uma paixão latente. Na suíte de Francie, por exemplo, um diálogo sugestivo se desenrola, enquanto fogos de artifício iluminam a noite:

Francie: *Se você realmente quer ver os fogos, é melhor apagar as luzes. Tenho a impressão de que esta noite você terá uma das vistas mais fascinantes da Riviera — estou falando dos fogos, é claro.*
Robie: *Posso tomar um conhaque? Posso preparar um para você?*
Francie: *Em algumas noites, a pessoa não precisa beber.*
(A conversa volta para as pedras roubadas)
Robie: *Meu interesse em joias é o mesmo que em política, corrida de cavalos, poesia moderna e mulheres que precisam de estímulos estranhos — nenhum.*
(Francie se senta sedutoramente ao lado dele no divã, seu colar de diamantes brilha sobre a pele revelada pelo vestido sem alças).
Francie: *Desista John, admita quem você é. Mesmo com esta luz posso dizer onde estão seus olhos. Veja John — segure-os — diamantes! A única coisa no mundo a qual você não consegue resistir. Então não me diga que você não sabe do que estou falando.*
(Os fogos podem ser vistos ao fundo. Ela beija os dedos de John um por um e coloca sua mão sobre o colar. Surge a imagem, em close, dos fogos explodindo no porto.)
Francie: *Já teve uma oferta melhor em toda a sua vida? Uma que incluísse tudo!*
Robie: *Nunca tive uma mais louca.* (Corte para os fogos grandiosos)
Francie: *Contanto que você fique satisfeito.* (Fogos novamente)

Robie: *Você sabe tão bem quanto eu que este colar é uma imitação.*
Francie: *Bom, eu não sou!*

(Eles se beijam — corte para os fogos — de volta para um beijo longo e apaixonado — novamente a explosão de fogos final. Fim da cena.)

"O que eu acho mais impressionante depois de todos esses anos é como chegamos tão longe com esse diálogo", lembra Grace. "Assisti ao filme recentemente em um voo de Nova York e pensei — como eu e Cary éramos lindos". Ela falava com uma espécie de melancolia.

"Grace inspirava respeito e o set ficava quase em silêncio total quando ela chegava", lembra Cary Grant. "Mas ela nunca se distanciava dos outros e era muito amigável — nenhuma antipatia, nenhum estrelismo. Graças ao seu talento, Grace representava como Johnny Wissmuller nadando ou Fred Astaire dançando — ela fazia parecer fácil. E ela provavelmente passou a vida sendo completamente incompreendida, já que sempre dizia exatamente o que queria dizer."

EM UM ENSAIO APROVADO PELOS filhos da princesa Grace depois de sua morte, Frédéric Mitterrand escreveu que "Alfred Hitchcock se apaixonou por Grace Kelly". O amor foi estritamente platônico, mas para Hitch, foi uma mistura complexa de emoções e todo tipo de fantasias e fobias.

Hitchcock seguiu escrupulosamente cada rumor sobre a vida privada de Grace, desde que a conheceu em junho de 1953, menos de um ano antes da filmagem das primeiras cenas de *Ladrão de Casaca*. Embora o relato de seus romances tenha sido grotescamente exagerado, é verdade que aos vinte anos Grace era uma jovem normal, bonita e popular, e namorou alguns rapazes com quem esteve seriamente ligada. Embora fosse católica devota, era suficientemente madura e independente para se permitir amar sem assumir o fardo de uma culpa neurótica.

Grace e seus pais supunham que ela se casaria — de preferência com um católico, mas certamente não com um divorciado. Ela cresceu em uma época na qual mulheres educadas simplesmente não se casavam sem a aprovação de seus pais, e é necessário considerar a força deste laço social e familiar para compreender porque Grace e suas amigas (com poucas exceções) buscavam a aprovação da família para suas uniões.

Hitchcock conhecia seus sentimentos confusos sobre esta questão, porque Grace confiava nele. Não acredito que ela tenha cogitado que ele me faria estas confidências mais tarde, embora, aparentemente, a maior parte do que ela disse a ele também foi compartilhada comigo. Estas reflexões podem ser importantes para compreender a adoração de Alfred Hitchcock por Grace Kelly, cuja partida de Hollywood ele considerou uma rejeição pessoal (exatamente como ele encarou a partida de Ingrid Bergman, em 1949). Como sua família soube mais tarde, Hitchcock se apaixonou por Grace, da mesma forma que um menino desenvolve uma paixão sem esperança por um objeto de desejo inatingível. Neste caso, entretanto, o amor parecia acompanhado por um sentimento de posse fútil.

Perto de finalizar *Ladrão de Casaca*, Hitch já planejava o futuro de Grace. Assim que as obrigações da atriz com a Metro fossem resolvidas, a parceria entre eles continuaria com o filme baseado no romance etéreo de James M. Barrie, *Mary Rose*, que Hitch esperava levar às telas desde que o viu encenado no palco, em Londres, há alguns anos.

Hitch tinha a clara pretensão não declarada de que Grace (assim como Ingrid) pertenceria a ele para sempre, ao menos profissionalmente, em papéis especialmente criados, que seriam variações do que achava ou desejava que ela fosse. Grace ouvia, sorria e não dizia nada para não decepcioná-lo. Mas a verdade era que (segundo Mitterrand) "suas contrariedades com a Califórnia" a afastavam cada vez mais da terra do cinema e a levavam a uma reflexão séria sobre seu futuro como esposa e mãe — vocação que Grace achava possível esvanecer com o tempo.

No dia 6 de julho, a produção de *Ladrão de Casaca* foi para Hollywood para rodar as cenas internas e, em 13 de agosto, o aniversário de 50 anos de Hitch foi comemorado no cenário da sequência do baile à fantasia. Ele continuou a observar o figurino volumoso do século XVIII usado por Grace, a disposição da peruca e cada inclinação e ângulo de sua cabeça. Ela contou que se sentia tensa e desajeitada e que não gostou de sua atuação naquela sequência. Achou que parecia rígida como uma estátua e irreal. Entretanto, os críticos gostaram: "Ela está calma, requintada e altiva", comentou o *New York Times*.

Nas últimas semanas de filmagem, no final de agosto, Hitchcock parecia feliz em mimar Grace, promovendo a imagem de uma sensualidade elegante e refinada. Ela era a Galatea disposta e cativante de Hitchcock, mas não via sua vida e carreira inevitavelmente ligadas a ele. Ao mesmo tempo, embora Hitchcock fosse obsessivo e possessivo, ele não era completamente alheio à realidade, e sabia que qualquer ideia de um relacionamento sexual entre eles estava fadado à frustração. Foi exatamente esta combinação de elementos — cobiça, desejo e medo — que deu grande pungência à vida e à personalidade de Alfred Hitchcock.[29] A humanidade tinha algo em comum com sua percepção marcante e maravilhosa; se fosse de outro modo, não poderíamos explicar sua popularidade duradoura no mundo todo e o legado de sua arte.

"A atuação de Grace na comédia pode ser sensual e elegante ao mesmo tempo", disse Hitchcock, durante a filmagem. "É uma qualidade que a maioria das mulheres não tem, que a trouxe até aqui e pode levá-la ao topo. Por enquanto, ela tem que interpretar o personagem central do filme. Este será o grande teste. Tenho certeza que seu desempenho será brilhante. Espero estar ao lado dela para garantir uma boa atuação e não um papel figurativo em uma novela de celuloide."

Quando um visitante ao set de *Ladrão de Casaca* perguntou a Grace se alguém já havia dito que ela era tão distante na vida quanto na tela, ela respondeu, "Muitos já me disseram isso. Enquanto não conheço a pessoa, não consigo dar muito de mim. Há um ano, se alguém me perguntasse, 'E você?', eu congelava. Hoje estou melhor, mas ainda não estou curada". Anos depois, quando lhe perguntaram sobre o que ela achava que precisava para ser "curada", Grace disse que não se sentia obrigada a se autopromover em Hollywood — "Eu era contratada como atriz, não como uma celebridade para a imprensa".

Ainda assim, a "distante" Srta. Kelly não estava disposta a falar. Ela nunca procurou publicidade, nem convidou jornalistas e fotógrafos para sua vida privada e, ironicamente, era considerada insondável, misteriosa, desconcertante, e ainda pior, orgulhosa e distante. Ela não era nada disso, mas como as pessoas tinham que especular e os colegas insistiam em dizer que era uma alegria trabalhar com ela, que não era nada afetada, Grace parecia tão inescrutável quanto Greta Garbo. Tanto nessa época, como mais tarde, histórias escandalosas e uma personalidade totalmente equivocada foram inventadas para ela.

---

[29] Veja *The Dark Side of Genius: the life of Alfred Hitchcock* (1983) e *Spellbound by Beauty: Alfred Hitchcock and his leading ladies* (2008).

Para tornar a situação com Hitchcock ainda mais complexa, Grace estava profundamente apaixonada. Em maio, com seu consentimento, Oleg Cassini a acompanhou até a Riviera. "Foram os dias mais encantadores da minha vida", disse Oleg, em 1998.

Em abril, ele se ofereceu para acompanhá-la na viagem à Colômbia, para filmar *Tentação Verde*, mas ela o desencorajou: "Minha vida profissional é uma coisa. Minha vida pessoal é outra. Uma não tem nada a ver com a outra". Eles se comunicaram através de cartas e telefonemas até o final de maio, período em que ela soube de seu namorico com a jovem atriz Pier Angeli. Mas, na França, as coisas aconteceram rapidamente. Nos fins de semana, nos dias de folga e nas noites em que não estava comprometida com a produção, Grace sempre ficava com Oleg — "Nós almoçamos e jantamos juntos quase todos os dias", ela escreveu para Prudy Wise.

Eles iam passear de carro em Grasse e Vence, seguiam para os parques próximos a Sainte-Maxime e Villefranche e faziam um piquenique. Jantavam nos melhores restaurantes e dançavam até a madrugada em *nightclubs* glamorosos e nos terraços de hotel. Jogavam um pouco no cassino em Monte Carlo, e se encontravam frequentemente com Hitchcock, Grant e suas esposas, para jantar. "Hitch, é claro, descobria todos os restaurantes", Grace escreveu para uma amiga naquele verão, "então, nós passávamos muito tempo comendo — e continuar em boa forma no traje de banho tornou-se um grande problema!" Anos depois, ela lembrou, "Você sabe como Hitchcock gosta de comer bem. Quando estávamos trabalhando, ele fazia dieta durante a semana, na expectativa de uma refeição gloriosa na noite de sábado. Ele passava a semana inteira pensando nisso!"

"Hitchcock estava no auge de sua sofrida obsessão romântica por Grace", acrescentou Oleg, "mas não pareceu ressentido com minha presença". Entretanto, o relacionamento de Oleg com Grace permanecia casto e ele decidiu propor o assunto em uma conversa, que lembra quase ao pé da letra. Eles estavam em uma balsa, flutuando lentamente no Mediterrâneo.

"Grace, este tem sido um relacionamento longo e estranho. Estou cansado de correr atrás — agora basta. Não precisamos mais de artimanhas".

"Quem é você, Sr. Cassini?", ela perguntou. "Eu sei que você é muito impetuoso, muito agradável, muito extravagante e muito perigoso — mas, quem é você?"

Em vez de responder, ele tagarelou sobre sociedade, cultura e esportes. Tarde da noite, quando levou Grace de volta ao hotel, eles não se despediram e passaram a noite juntos. Nesse ponto, as lembranças de Oleg soam como frases contidas de um romance antigo: "Ela exalava um perfume de gardênia, exótica e pura. Tinha a qualidade de uma pérola translúcida; tudo nela era límpido, puro e refinado — a pele, o perfume, o cabelo. Eu fiquei encantado, apenas consciente da transcendência do momento, da perfeição que ela era... imerso na intensa química emocional e física que encontramos na Riviera."

Agora, Grace tinha se tornado a amante perfeita. Ela o ajudava a planejar as escapadelas, nas suas tardes ou manhãs de sábado livres. Eles subiam pelas estradas montanhosas e tortuosas; faziam compras e visitavam os mercados locais. Falavam sobre comida e vinho, história e religião. Iam à missa todos os domingos. "Eu rompi com todas as minhas regras por você", confessou para Oleg, sem ostentação ou arrependimento.

Antes de deixar a França rumo à Califórnia, Grace insinuou um assunto, como ele tinha feito. Eles estavam jantando em um pequeno bistrô no píer, olhando os barcos e as luzes cintilantes do porto. Enquanto tomavam um vinho e degustavam um peixe grelhado, Grace disse suavemente para Oleg, "Ah, se pelo menos houvesse um homem que pudesse me levar para longe de tudo isso — que me levasse para o Taiti, em um barco como um desses aí, para longe desta rotina de trabalho".

Cassini, anos depois, admitiu que estava feliz com o romance e não pensava em se casar. Mas "havia uma alma católica escondida em Grace Kelly", disse ele, e o *status quo* não era suficiente para ela. "Quero passar minha vida com você", declarou, finalmente. "Quero ser sua mulher". Tudo bem, ele disse, então vamos nos casar. Imediatamente, ela começou a planejar como apresentar Oleg aos pais... e o casamento... e o vestido... e os filhos.

Porém, depois Oleg confessou a ela sua pouca inclinação para o matrimônio. "Casar com Grace Kelly não era algo que eu realmente esperava. Eu tinha um forte sentimento por aquela garota, mas não estava certo de que um casamento era algo que eu realmente queria". Ele acrescentou que teve várias oportunidades durante o ano seguinte de "entrar em um acordo" e casar-se com ela, "mas, eu sempre fiquei indeciso". Oleg teve a primeira oportunidade de titubear quando a produção voltou para a Califórnia e ele seguiu para Nova York. Algumas semanas depois, ele foi se encontrar com Grace em Hollywood.

"Todas as manhãs, Oleg me levava de carro para o estúdio (Paramount)", Grace escreveu nas semanas finais de *Ladrão de Casaca*, "e ia me buscar à noite. Nós jantávamos... Mas meu pai não estava feliz com a perspectiva de ter Oleg como genro. O plano agora era casar na primeira quinzena de outubro, assim teríamos algum tempo juntos antes de sua temporada de desfiles (da coleção de moda de outono)".

O encontro inevitável com a família Kelly aconteceu no início de setembro, depois do término das filmagens de *Ladrão de Casaca*. Primeiro, Oleg foi apresentado a Margaret, em Nova York. Andando de táxi, ele e Grace encontraram apenas um silêncio sepulcral, até Oleg usar uma referência literária e dizer alegremente, "Bem, aqui estamos — o trio profano!"

"O senhor pode ser profano, Sr. Cassini", disse a mãe de Grace, quase entre os dentes. "Posso lhe assegurar que eu e Grace não somos". A fala era digna de uma personagem em uma peça de George Kelly.

"Nós não o consideramos um bom partido", continuou Margaret friamente durante o almoço, enumerando os motivos em sua mão enluvada: ele era divorciado, tinha um passado suspeito, era um playboy. "Posso ver porque Grace se deixou influenciar por você. É charmoso e educado. Mas acreditamos que Grace deva reconsiderar, por si mesma, por sua família e por sua religião."

Grace não contestou a mãe em 1954. Ela continuou otimista mesmo depois desse fiasco e insistiu que Oleg conhecesse o pai e os irmãos, naquele mesmo mês, na casa de veraneio da família. Para Oleg, aquele fim de semana foi "inesquecivelmente desagradável". O pai e o irmão de Grace o ignoraram totalmente, a ponto de não responder suas perguntas.

Assim que Grace e Oleg voltaram para Manhattan, a imprensa caiu sobre a família, que estava disposta a falar. "Eu não aprovo esses estranhos com quem ela sai", resmungou Kell, como se Grace tivesse levado para casa um engolidor de espadas, e não um designer rico, sofisticado e famoso. "Eu gostaria que ela saísse com um tipo mais atlético", interveio o pai. "Mas ela não me escuta mais".

Coube à mãe de Grace revelar os detalhes para todo o país, o que fez de bom grado: "A situação com Cassini nos preocupou", disse ela para a imprensa no início de 1956. "Oleg era um homem encantador. Seu estilo era sofisticado, ele conhecia muito bem a sociedade internacional e podia conversar sobre qualquer assunto. Estava sempre ao lado de Grace. Ele a perseguia, literalmente, atravessando o oceano até a Europa. Mas a família não ficou muito feliz com isso. Nós sabíamos sobre seus casamentos e só de pensar que Grace estava considerando se casar com um homem divorciado já era desconfortável para nós. Sentíamos que ela poderia ir contra nosso desejo e realmente se casar. Eu falei com ele, sem rodeios: 'Olhe aqui, Oleg, você é uma companhia encantadora, mas em minha opinião, um casamento é muito arriscado'".

Foi então que Margaret Kelly declarou algo que deve ter transformado o ressentimento de Grace em uma gargalhada: "É claro que eu nunca interfiro, mesmo quando não aprovo".

Segundo Lizanne, Grace teria contrariado o desejo de seus pais: "Se ela realmente quisesse se casar com ele, não creio que poderiam fazê-la desistir, mas ela, na verdade, não quis". Grace só percebeu que não "queria mesmo (se casar com Oleg)" quase um ano depois.

A despeito da desaprovação da família, Grace e Oleg levaram o relacionamento adiante, mesmo com as separações ocasionais exigidas pelo trabalho. Eles foram fotografados com Hitchcock na estreia de *Janela Indiscreta*, em Nova York e Los Angeles, e eram vistos frequentemente jantando em algum restaurante. Eles estavam noivos, mas não oficialmente: tinham um compromisso de casamento, mais precisamente, e embora a data fosse continuamente adiada, os amigos não tinham dúvidas sobre o enlace e o casal não fazia segredo de seus planos. A perseverança prevaleceu até o outono de 1955.

Com respeito às experiências de Grace com Alfred Hitchcock, a opinião de Oleg era mordaz: "Ele era um autocrata completo. Acreditava que qualquer um (exceto ele próprio) poderia ser substituído. Eu argumentava o contrário, a importância dos indivíduos, especialmente a "química" incomparável produzida por estrelas como Cary Grant e Grace Kelly. Eles não eram substituíveis. Contudo, Hitchcock acreditava que poderia transformar qualquer um em uma estrela. Estava errado e passaria o resto de sua carreira à procura de uma atriz que pudesse substituir Grace Kelly". John Michael Hayes concordou: "Se pudesse, Hitch teria usado Grace em seus dez filmes subsequentes", declarou, em 1981. "Eu diria que todas as atrizes que ele lançou depois foram uma tentativa de recuperar a imagem e o sentimento que Hitch mantinha tão respeitosamente por Grace."

Hitchcock, de fato, mais tarde tentou moldar Vera Miles e, especialmente, Tippi Hedren, que começou a trabalhar com ele em 1962.

François Truffaut, o diretor francês, colega de Hitchcock, escreveu que "ao elencar Tippi Hedren em dois de seus filmes, *Os pássaros* e *Marnie*,

*Confissões de uma Ladra*, ele cogitava transformá-la em outra Grace Kelly.[30] E surgiram outras. Ele sempre dizia a elas, e também à imprensa, "Vou transformá-la na próxima Grace Kelly". Por outro lado, Hitchcock não tinha nenhum interesse em mulheres que não podiam ser moldadas ou nas quais não encontrava nenhuma "química", como ele dizia — atrizes dotadas como Doris Day e Julie Andrews.

A tentativa de Hitchcock de recriar a imagem de um amor perdido é a premissa de seu filme mais pessoal — *Um Corpo que Cai*. No momento culminante daquele testemunho espiritual da própria alma de Hitch, Scottie (James Stewart) questiona Judy (Kim Novak) sobre seu amante explorador, que a transforma em uma réplica de outra mulher: "Ele a reformou, não é? Ele a reformou como eu fiz, mas melhor. Não apenas as roupas e o cabelo, mas a aparência, os modos e as palavras. Ele treinou você? Ele ensaiou com você? Ele disse exatamente o que fazer e o que dizer? Você foi uma aluna muito competente!"

Esta era a conduta de Alfred Hitchcock com várias de suas estrelas mais talentosas, suas "pupilas", depois de Grace. Ele tentou controlar suas vidas dentro e fora do estúdio, desenhando seu figurino pessoal e profissional, e tentando decretar aonde elas iam e com quem. Entretanto, quanto mais ele agia desta forma, mais as jovens fugiam de sua necessidade patética de dominação. Ele foi um artista brilhante mas um homem solitário e autodestrutivo.

*Um Corpo que Cai* foi lançado em 1958, quando Grace já era esposa e mãe, e vivia longe de Hollywood. Ela concordou que era uma das obras-primas de Hitch, mas parou e disse, "Eu também achei o filme muito triste".

---

[30] Truffaut, que conhecia Hitchcock há 20 anos, publicou um livro com uma série de entrevistas com o diretor, em 1967. Ele foi revisado e ampliado em 1983, três anos após a morte de Hitchcock e um ano antes da sua própria morte.

## 8

# CRISE

*Quero estar em paz comigo mesma.*
Grace (como princesa Alexandra), em *O Cisne*.

Em 10 de outubro de 1954, o senador John F. Kennedy deu entrada no Nova York Hospital, para submeter-se a uma delicada cirurgia. Dez dias depois, os médicos realizariam uma fusão de vértebras lombares, necessária para evitar uma incapacidade permanente. A cirurgia em si oferecia risco de vida, porque Kennedy também sofria os efeitos debilitantes da doença de Addison, caracterizada pela produção insuficiente de hormônios pela glândula suprarrenal. De fato, depois da operação, ele contraiu infecções graves, resistentes a antibióticos. Seus pais e um padre foram chamados, e a esposa, Jacqueline, ficou ao seu lado, em vigília constante. Ninguém esperava que o senador sobrevivesse.

A gravidade da condição de Kennedy não era detalhada pela imprensa diária, mas as notícias circulavam na sociedade novaiorquina. Quando o estado de Kennedy melhorou um pouco, Grace enviou um bilhete para Jackie, perguntando se poderia visitá-lo no hospital. A Sra. Kennedy achou a ideia maravilhosa e pediu para Grace chegar usando um uniforme de enfermeira, porque Jack reclamou que todas as enfermeiras eram idosas e desajeitadas. Grace encontrou um pelotão de atendentes ocupadas pairando sobre um paciente magro, frágil e pálido. Ele tinha 37 anos, mas aparentava muito mais — não lembrava em nada a antiga imagem cheia de energia presente na mídia.

Grace entrou no quarto toda de branco e com um chapéu de enfermeira, mas Kennedy estava quase dopado pelos medicamentos e não a reconheceu. "Eu devo estar perdendo o meu encanto", sussurrou Grace para Jackie ao sair. A brincadeira não deu certo, mas a atriz e a esposa do senador acabaram tornando-se amigas e, mais tarde, a princesa Grace e o príncipe Rainier iriam à Casa Branca mais de uma vez para visitar o presidente John F. Kennedy e a primeira-dama.[31]

COMO LEMBROU A AMIGA JUDITH Balaban Quine, Grace normalmente era animada, caótica e tinha uma agenda superlotada. "Grace era madura, prematuramente madura, ainda que o que mais gostávamos nela era seu jeito de garota confusa e comovente, que nunca fica longe por muito tempo". Algumas vezes, ela parecia arredia e indiferente em público, mas com as amigas, como Judy e Rita, era efusiva e divertida. Entretanto, uma melancolia encoberta a acompanhou durante toda a vida adulta. Ela não parecia desanimada e era bastante otimista — mas os amigos íntimos percebiam um traço sutil de tristeza que ficava mais notório em momentos ocasionais. É difícil identificar precisamente a origem dessa característica.

Poderia ser um componente inconsciente da alma católica — pessimista em relação ao mundo, mas otimista a respeito de Deus.

Ninguém que conhecia Grace acreditava que ela se sentisse culpada por suas experiências sexuais pré-nupciais, proibidas em qualquer educação religiosa. Ela admitia sua tendência a se apaixonar e a incapacidade de encontrar o homem certo para se tornar seu marido e pai de seus filhos — e que também agradasse a sua família. No outono de 1954, Grace estava mais preocupada com isso do que nunca. Era um tipo diferente de culpa, da qual ela não conseguia se livrar facilmente, porque não dizia respeito a algo que tivesse feito, mas ao que ela não tinha conseguido encontrar na vida. Grace completaria 25 anos em novembro, e continuava solteira, enquanto quase todos os seus amigos e parentes já estavam casados ou noivos. Por isso

---

[31] Depois de uma visita a Washington, em 24 de maio de 1961, o príncipe e a princesa de Mônaco enviaram um presente pessoal para a primeira-dama Jacqueline Kennedy — um conjunto de colar e brincos de platina e diamantes, que ela usou em vários jantares oficiais na Casa Branca, entre 1962 e 1963.

estava tão relutante em abandonar a esperança de uma vida com Oleg, e tentava levar adiante os planos para o casamento. O noivado não oficial e o namoro em público continuaram até o Ano-Novo. Da mesma forma, Grace permaneceu inflexível quanto às ofertas de papéis que considerava pouco atraentes. Com isso, ela ficou mais e mais dependente da ideia de casamento com Oleg, como se isso fosse protegê-la contra Hollywood e a família.

Em 28 de setembro de 1954, ele enviou o habitual buquê de flores semanal para o apartamento de Grace, em Manhattan. Ela guardou o cartão, assinado apenas com "O", que dizia, *"Io ti amo e ti voglio sposare"* ("Eu te amo e quero me casar com você").

NO FINAL DO OUTONO, REUNIÕES com os executivos da Metro exigiram a presença de Grace em Hollywood, mas as discussões com Dore Schary e seus colegas decepcionaram ambas as partes.

"Ainda não sei que diabos está acontecendo ou quando vou trabalhar", Grace disse para Prudy. E, de uma suíte do Hotel Bel-Air, ela escreveu para Oleg:

> *Querido,*
>
> *Mal posso esperar para te encontrar agora que sei que quero me casar com você. Temos muito para conhecer um do outro — são tantas as coisas que quero que você saiba sobre mim. Precisamos ser pacientes e ir devagar sem esperar resultados rápidos. Mas precisamos um do outro e devemos ser sempre honestos.*
>
> *Pela primeira vez me sinto pronta para conciliar amor e casamento de uma maneira adulta. Eu nunca soube que seria capaz de pensar e me sentir desta forma. Mas, no ano passado, seis filmes tomaram tanto de mim, física e emocionalmente, que preciso de um tempo para me recuperar. Por favor, querido, tente compreender e me ajudar — te amo mais a cada dia e espero que você sinta o mesmo. Uma vez você me disse que não poderia me amar mais do que já amava. Isso me aborreceu terrivelmente, porque espero que nunca deixemos de crescer e desenvolver nossas mentes, almas e nosso amor mútuo e por Deus, e que o tempo nos aproxime mais.*
>
> *Eu te amo e quero ser sua mulher.*
>
> *Grace*

Grace estava em crise. Uma síntese de sua vida, publicada em 2006, escrita para acompanhar um ensaio fotográfico e aprovada por seu filho, príncipe Albert, observa que no Natal de 1954, Grace estava "fisicamente exausta e emocionalmente esgotada... mais triste do que nunca. O implacável mundo californiano, do qual ela nunca gostou, agora parecia o inferno. A gentil "Srta. Kelly" se tornou caprichosa, irritada e instável, com acessos de choro e perda de apetite — a pior crise que os amigos presenciaram. Na Califórnia, estava isolada e tudo à sua volta parecia estranho. A vida, os amigos, a família e o mundo do cinema eram repugnantes. Ela chegou a pensar em desistir da carreira, se afastar daquela máquina aniquiladora, para a qual só as bilheterias importavam. Hollywood era a origem de tudo que ela detestava. Grace não queria mais viver ali ou se sujeitar às ofensas das manchetes e ao assédio dos fotógrafos. Saudosa de Nova York, ela deixou Los Angeles subitamente".

Anos depois, Judith Quine disse, "Naquela época, ela queria construir um casamento feliz, mas não conseguiria isso andando pelo mundo, estrelando filmes".

Quando o trabalho e o segundo casamento de Rita a levaram para Nova York, ambas desistiram do apartamento em West Hollywood. Grace deixou a Califórnia para trás e foi para Manhattan. A mudança foi um passo importante, e ela ficou totalmente envolvida com a decoração do novo apartamento, no 7º andar do número 988 da 5ª Avenida. Grace estava provavelmente pensando na vida de casada, pois tratava-se de um espaço de dimensões generosas.

O apartamento, com quatro faces, pé-direito de três metros e sancas da decoração original de 1925, tinha um elevador privativo, que chegava ao saguão. O imóvel tinha 1200 metros quadrados distribuídos em 4 quartos, 4 banheiros, lavabo, cozinha, lavanderia, sala de estar e jantar (ambas com lareira), biblioteca, 2 quartos de empregada e 12 closets espaçosos. A vista era extraordinária: para o Central Park e West Side, e para o norte na direção da ponte George Washington. O aluguel estava entre os mais caros de Nova York naquele ano — US$ 633,69 por mês.[32] Ela se mudou no dia 1º de fevereiro de 1955.

---

[32] O apartamento mudou de inquilino várias vezes depois da partida de Grace. Finalmente, em 2006, o 7º andar foi vendido por 24 milhões de dólares.

Grace contratou o decorador George Stacey para ajudá-la a encontrar móveis novos e antigos; juntos, eles garimparam antiguidades francesas que combinavam com as paredes claras, em azul e branco. Ela encomendou flores para serem entregues duas vezes por semana e começou a receber amigos para coquetéis e jantares. Para auxiliá-la, contratou uma secretária em período integral, que se mudou para uma das suítes. "Eu gosto deste apartamento", Grace disse a uma amiga. "Mas será que vou viver aqui sozinha nos próximos vinte anos, indo e voltando para Los Angeles e para as locações dos filmes?" A condição de solteira estava mais incômoda naquela temporada: "Eu me apaixono desde os 14 anos — e meus pais nunca aprovaram nenhuma de minhas paixões".

Grace acordou na manhã de 12 de fevereiro com boas notícias: tinha sido indicada pela Academia de Artes e Ciências Cinematográficas para concorrer ao Oscar de melhor atriz de 1954, por sua atuação em *Amar é sofrer*. As outras indicações eram para Dorothy Dandridge, por *Carmen Jones*, Judy Garland, por *Nasce uma Estrela*, Audrey Hepburn, por *Sabrina* e Jane Wyman, por *Sublime Obsessão*. Grace estava cautelosamente otimista: ela admirava muito a premiação e sabia que não podia contar com o apoio do estúdio para a divulgação. Em janeiro, ela foi por conta própria a Culver City para dois dias de reuniões com Schary, mas as discussões acabaram em um impasse.

Henry Hathaway, diretor de *Horas Intermináveis*, queria Grace de volta na Fox para um drama chamado *Renúncia ao Ódio*. A Metro recusou. George Stevens, da Warner Bros., estava convocando o elenco para o épico *Assim Caminha a Humanidade*, baseado na história de Edna Ferber. "Ouvi de fonte confiável", escreveu Ferber de Nova York para o produtor Henry Ginsberg, da Warner, "que Grace K. deseja interpretar Leslie, em *Assim Caminha a Humanidade*, mas a Metro a quer em um filme com Spencer Tracy, que ela definitivamente não quer fazer. Como agora ela sabe muito bem o que quer, acho que poderia fazer *Assim Caminha a Humanidade*, se for adequadamente abordada. Isso vem de alguém que, como você sabe, é muito próximo de Tracy (isto é, Katharine Hepburn)". A Metro recusou novamente.

"Depois, quiseram me colocar em um filme sobre Elizabeth Barrett Browning", lembrou Grace. "Eu tinha 25 anos e a história se passava quando ela estava com mais de 40 anos e doente. Li o roteiro e argumentei que eu era muito jovem para o papel, mas eles responderam, 'Não tem problema — vamos fazê-la mais jovem e bonita!' Insisti que a beleza da história estava no fato deste romance maravilhoso acontecer com uma mulher mais velha e frágil. 'Não tem problema', eles disseram novamente. 'Ela vai ficar tão feliz aos vinte, e saudável!' Era impossível ser razoável com aqueles homens!" Quando Grace deixou Los Angeles rumo à Nova York, ouviu de um executivo que ela havia se tornado *persona non grata* em Culver City. Mas ela não se sensibilizou com a declaração.

Diante de tudo isso, Grace não ficou surpresa quando, no dia 3 de março, a Metro lhe enviou a notificação de que estava suspensa. A recusa de várias ofertas levou Schary e a empresa ao ponto de ruptura e ela soube que seu salário ficaria retido até que voltasse a trabalhar sob contrato. Se ela procurasse outro estúdio, correria "o risco de sofrer sérias consequências" — uma declaração que os governos geralmente reservavam para uma ameaça de ataque nuclear.

Sem consultar seus agentes e advogados, Grace deu um passo muito inteligente. Ciente de sua imagem pública positiva e com a indicação ao Oscar ainda presente nos noticiários, ela informou imediatamente a imprensa sobre a ação da Metro contra ela — antes de qualquer declaração do estúdio. Quando Schary foi abordado, ele só conseguiu confirmar timidamente a afirmação de Grace.[33]

Depois disso, ela partiu com sua irmã Peggy (cujo casamento estava afundando por incompatibilidade e brigas em razão do alcoolismo) para um período de férias tranquilas na Jamaica, onde foram recebidas pelo fotógrafo Howell Conant, que já tinha feito fotos de Grace para a edição de abril da revista *Photoplay*. Nas águas transparentes do Caribe, na casa alugada pelas irmãs em uma praia particular, ela e Conant romperam os padrões de imagem das celebridades. O resultado, publicado na revista *Collier* de 24 de junho, foi um marco.

Até esse ponto da história de Hollywood, os estúdios contratavam fotógrafos exclusivos e controlavam meticulosamente a disseminação da ima-

---

[33] Naquela temporada, Grace encontrou a própria voz em todos os aspectos da vida. Os agentes lucravam com sua fama em uma negociação onde a imagem de Grace era usada na propaganda do sabonete Lux, o motivo de sua "aparência de estrela de cinema". Grace confidenciou a um jornalista do *Chicago Sun-Times* o verdadeiro segredo de sua beleza: "O sabonete sequer encosta em meu rosto!" Ela confiava apenas em água pura e gelada.

gem dos atores, que ficava próxima a pura fantasia. O público não se cansava das fotos glamorosas, retocadas e brilhantemente retificadas por gênios, como Clarence Sinclair Bull, George Hurrell, Eugene Richee, Horst, George Hoyningen-Huene, John Engstead, Laszlo Willinger e muitos outros, que alimentavam a fábrica de sonhos. Mas Grace Kelly e Howell Conant tinham novas ideias: eles queriam apresentá-la como um ser humano — e não uma peça de museu — ele tirou fotos simples: sem pose, espontâneas, reveladas sem retoques, maquiagem ou iluminação artificial.

Antes de Grace, nenhuma estrela jamais posou saindo da água com os cabelos molhados (ideia que Grace tirou da cena da piscina em *As Pontes de Toko-Ri*). Nenhuma estrela jamais havia sido vista de óculos. Nenhuma foi fotografada sem maquiagem, usando uma camisa larga, que não realçava sua beleza. Nenhuma estrela teria se mostrado comendo uma laranja ou deitada no travesseiro. "Você podia confiar na beleza de Grace", escreveu Conant em um extraordinário livro de fotos, publicado em 1992. "Você sabia que a imagem não era construída a partir de roupas e maquiagem. Em Nova York, Grace veio ao meu estúdio usando suéter, saia e sapatos baixos. Na Jamaica, não foi diferente: o cabelo estava penteado para trás e ela vestia uma camisa masculina. Esta era Grace: natural e despretensiosa". Surgiu entre eles uma grande amizade e Howell Conant se tornou o fotógrafo preferido de Grace, nos Estados Unidos e em Mônaco, até a sua morte.

EM MARÇO, GRACE SE PREPAROU para a festa do Oscar. Como era de se esperar, ela consultou o departamento de figurinos da Metro, afinal, ainda estava contratada, apesar de ter sido suspensa. Sem rodeios, Grace ouviu que não era bem-vinda, aos olhos do estúdio, tornara-se uma fora da lei. Um gesto corporativo inesperado e rude. Os executivos devem ter considerado que *Amar é sofrer* era um filme da Paramount e que não precisavam se preocupar em promovê-lo. Com sua habitual serenidade, Grace sorriu, ajeitou as luvas brancas e perguntou se podia fazer uma ligação.

Edith Head a atendeu em seu escritório na Paramount, e deixou de lado vários compromissos para trabalhar no traje para a noite do Oscar, usando o tecido e o modelo escolhidos por Grace: um vestido longo e justo de cetim *duchesse* turquesa, com uma capa combinando e sapatos azuis. Luvas longas completavam o traje.

No dia 30 de março, William Holden subiu ao palco para anunciar o prêmio de melhor atriz de 1954. Ao abrir o envelope, ele sorriu abertamente, "Grace Kelly, por *Amar é sofrer*!" Era o prêmio profissional máximo, precedido por honras semelhantes antes oferecidas pela Associação de Correspondentes Estrangeiros de Hollywood (o Globo de Ouro), o National Board of Review e o New York Film Critics Circle; ela também foi indicada pela BAFTA, a British Academy of Film and Television Arts. (Entre sete indicações para o filme, George Seaton também ganhou o Oscar de melhor filme).

Quando seu nome foi anunciado, Grace se inclinou para o executivo da Paramount, Don Hartman: "Você tem certeza? Você tem certeza?" Ela subiu ao palco para receber a estatueta das mãos de Holden, foi até o microfone e agradeceu calmamente: "A emoção deste momento me impede de dizer o que realmente sinto. Só posso agradecer de coração a todos que tornaram isso possível para mim. Obrigada". Nos bastidores, segurando o Oscar e arrumando as flores no cabelo, Grace Kelly chorou. Mais tarde, no jantar comemorativo, ela era a premiada que todos queriam cumprimentar. Naquela noite, a revista *Life* fechou um acordo para colocá-la na capa da edição de 11 de abril, usando o mesmo figurino. Ao voltar para a suíte do Hotel Bel-Air, "apenas os dois, Oscar e eu, foi o momento mais solitário da minha vida". À três mil milhas de distância, Jack Kelly assistia ao Oscar na televisão, e balançava a cabeça: "Não acredito. Simplesmente não consigo acreditar que Grace ganhou!"

Nos anos seguintes, sempre lhe perguntavam se aquela noite de primavera foi o momento mais gratificante e excitante de sua vida. Ela nunca vacilou: "Não, absolutamente. Foi o dia que Caroline (a primeira filha) começou a andar. Ela deu sete passinhos antes de me alcançar e se jogar em meus braços". Quando lhe faziam a outra pergunta, e esta ela respondeu centenas de vezes, "Qual é a sensação de ganhar o Oscar?", ela sorria e dizia alguma coisa educada. Para os amigos ela confessou a verdade. "Eu estava infeliz. Eu tinha fama, mas ela é vazia se você não tem com quem compartilhar". Quando Grace deixou os Estados Unidos, em 1956, levou a cobiçada estatueta e a deixou sobre uma mesinha em seu quarto no palácio, até sua morte. O filho Albert a colocou na sala de estar.

E ONDE ESTAVA OLEG CASSINI em março? Como admitiu mais tarde, ele estava temporariamente separado de Grace, "graças ao meu temperamento terríve, quase sempre tolo, e algumas brigas feias, a maior parte por minha culpa". De fato, seu ciúme irracional foi o catalisador do fim do romance. Havia rumores — que ele sabia que eram falsos — de que Grace teria tido um breve romance com Bing Crosby. E ele ficava furioso que ela ainda jantasse ocasionalmente com Crosby em Los Angeles. "Eu me comportei mal", disse Oleg, e Grace concordou, como escreveu em uma carta:

> *Você me aborreceu tanto que eu poderia morrer.*
>
> *Não posso acreditar que meu jantar com Lizanne e os Crosby pôde fazer você se comportar como um colegial. Se eu saísse sozinha com Bing, você estaria certo — e, só para começar, eu nunca faria isso, porque não tenho nenhum interesse em ninguém além de você, mas isto eu não deveria ter que explicar.*
>
> *Bing é uma pessoa maravilhosa e um amigo querido. Eu tenho grande respeito por ele e espero que sejamos amigos por muitos anos.*
>
> *Eu lhe contei que ele disse que estava apaixonado por mim — mas ele se sente assim em relação a muitas pessoas, e depois do estresse emocional de Amar é sofrer, era natural. Mas Bing nunca tentaria nada comigo. A menos que pensasse que eu também quisesse.*
>
> *Eu tenho poucos amigos aqui. Por favor, não peça que eu abra mão destas amizades!*

Este não foi o único incidente que fez Grace reavaliar o relacionamento com Oleg. Em outra ocasião, ela quis jantar com Jay Kanter e Frank Sinatra, para discutir o projeto para um filme. Ela contou para Oleg antes de confirmar o compromisso. Mas Oleg ficou furioso, dizendo que o jantar era um pretexto para Sinatra começar um romance. "Preciso explicar uma coisa para você agora, e não quero que me interrompa", disse Grace calmamente para um Cassini furioso. "A extravagância de seu ciúme não me desagradou a princípio. Mas não é hora de você parar com este comportamento tolo? Ele não demonstra nada além de falta de confiança. Eu te amo, mas sua raiva não é nada atraente. Na verdade, ela está destruindo lentamente meu sentimento por você. Se é tão importante, não vou ao encontro de Sinatra. Mas, por favor, pare com isso agora mesmo!"

Cassini julgava Grace por seu próprio comportamento, acreditando que ela era tão frívola (até mesmo promíscua) quanto ele — e essa presunção errônea o levou a ataques de fúria por assuntos que ele sabia que, como admitiu mais tarde, não tinham nenhum fundamento. Naquela primavera de 1955, ele estava, com as próprias mãos, terminando um relacionamento intenso e importante, que tinha sido o ponto central em sua vida, e na de Grace, por um ano — e que, de outra forma, os teria levado ao casamento.

TRÊS NOVIDADES COINCIDIRAM, EXATAMENTE QUANDO Grace pensava nas consequências de seu afastamento de Oleg,

Primeiro, seus agentes receberam uma chamada estranhamente alegre de Dore Schary: *Parabéns à Grace por seu merecido Oscar... nós dissemos que ela estava destinada ao sucesso... você sabe que nós a admiramos de longa data... estávamos esperando para oferecer o projeto certo para ela... Nós a amamos — ela é como da família...* E daí por diante — a habitual conversa ambígua de Hollywood em vez de falar claramente. Por fim, Schary continuou, o estúdio estava convencido que tinha o filme certo para Grace: *Eles sabem que ela vai gostar, porque ela disse que gostaria de aparecer em uma versão resumida da história em 1950 — e, claro, toda esta questão da suspensão — bem, vamos deixar isso de lado, blá, blá, blá...*

Na verdade, "o filme certo" não era absolutamente ideia de Schary, e Jay Kanter sabia disso, mas teve o bom senso de ouvir e não dizer nada.

No último mês de janeiro, no dia anterior a uma reunião com a Metro, Grace convidou George Kelly para almoçar no terraço do Hotel Bel-Air. "Como sempre, falamos sobre livros e teatro", Grace me contou, "e também mencionei o tipo de peças que sonhava representar no palco. George lembrou como eu tinha gostado de participar de uma versão resumida para a televisão da peça de Molnár, *O Cisne*. Naquele dia, concluímos que a peça daria um filme maravilhoso". No dia seguinte, durante a reunião com Schary, Grace propôs a ideia. Ele prometeu pensar no assunto e agora — na conversa com Kanter — apresentou-a como se fosse dele e pediu que Grace fosse consultada a respeito.

*O Cisne*, escrito em húngaro, em 1914, é a história de uma linda princesa em um pequeno principado europeu anônimo, dividida entre o amor e o dever. Em deferência à sua família e posição, ela se casa com um príncipe que herdará um reino, e no final, (talvez) eles viverão felizes para sempre. Grace leu a tradução inglesa de 1923, quando fez o papel de Alexandra, em 1950. Ela apreciava o eufemismo agridoce da peça, o humor e a ironia, e a delicadeza comovente sobre as expectativas irreais que as pessoas frequentemente têm da vida. No dia 25 de abril, Grace assinou a renovação do contrato e concordou em voltar para a Metro e filmar *O Cisne*, no outono. Para tornar o acordo mais atraente, o estúdio anunciou que, pela primeira vez em sua carreira, o nome de Grace Kelly apareceria nos créditos de abertura do filme. Isso já tinha acontecido, mas ao lado de Alec Guinness e Louis Jourdan.[34] Com o prêmio da Academia e no papel principal, da princesa Alexandra, o estúdio não poderia fazer menos, mas deveria ter feito mais.

O intervalo de tempo livre encantou Grace. Nesses quatro meses, de maio a agosto de 1955, ela poderia, finalmente, trabalhar em tempo integral com George Stacey e terminar a decoração de seu novo apartamento. Além disso, Lizanne iria se casar em junho e Grace queria ajudá-la nos preparativos.

Foi então que surgiu a segunda novidade. Rupert Allan fazia a conexão entre o Festival de Cinema de Cannes e os estúdios de Hollywood. Ele ligou para Grace de Los Angeles para contar que *Amar é sofrer* seria exibido para o festival no início de maio, antes da abertura em Paris, no dia 13, e os organizadores gostariam muito da presença dela em Cannes. Mas Grace não tinha absolutamente nenhum interesse. Ela esperava ficar em casa com a irmã e disse para Rupert que a ideia de multidões e entrevistas a deixava atordoada. Rupert ligou várias vezes com motivos adicionais para Grace reconsiderar, mas ela estava determinada a manter distância do mundo do cinema. Não, ela disse para Rupert, muito obrigada, mas vou ficar fora desta vez. Quem sabe em outro ano?

E aí surgiu a terceira novidade, que mudou tudo. Jean-Pierre Aumont, com quem Grace trabalhou em um drama televisivo sobre os Audubons, estava de passagem em Nova York, depois de terminar um filme francês. Sem o temor da interferência de Cassini, ela aceitou prontamente o convite de Jean-Pierre para jantar. Além de encantador, ele também era sofisticado,

---

[34] Houve a alegação de que a Metro tivera a ideia de produzir *O Cisne* depois (e por conta) do anúncio do noivado de Grace com o príncipe Rainier. Mas o projeto foi sugerido por seu tio, George Kelly, e Grace o levou para a Metro em janeiro de 1955 — quatro meses antes de conhecer o príncipe. Ela assinou o contrato três semanas antes de sequer ouvir falar em Rainier e foi apresentada a ele com fins publicitários.

culto, educado e um ouvinte atencioso e carinhoso — em outras palavras, exatamente o tipo de companhia que Grace precisava naquela primavera.

O Oscar obrigou Grace a mudar seu número de telefone e durante semanas ela esteve — como diria a personagem Lisa, em *Janela Indiscreta* — "domando lobos". O jantar agradável com Jean-Pierre aconteceu na hora certa — e foi apenas um jantar calmo. Mais tarde, ao passar a noite em seu apartamento, ele contou que também tinha negócios em Cannes e planejava visitar os sobrinhos em Paris. Por que não se encontravam lá dentro de algumas semanas? Grace concordou. A partir de uma decisão informal e espontânea, o destino se configura e o que parecia uma confluência de acasos, alterou o curso de uma vida.

Por coincidência, Rupert ligou no dia seguinte para importunar Grace mais uma vez: o festival lhe ofereceria bilhetes de primeira classe, além de uma suíte no Hotel Carlton, uma limusine e um motorista à sua disposição, e... Grace o interrompeu. Ela adoraria ir e não era preciso dizer mais nada. No dia 30 de abril, ela voou de Nova York para Paris, de onde pretendia pegar um trem para o sul. "Eu não tinha ideia", disse Rupert, "que Jean-Pierre estaria na estação ferroviária de Cannes para recebê-la. Estes segredos ainda estavam por ser revelados".

Mas este é só o começo da história.

Exatamente na mesma hora, os editores da revista francesa *Paris-Match* estavam reunidos no escritório próximo a Champs-Elysées, tentando encontrar uma maneira interessante de cobrir o turbilhão de atividades em Cannes. Pierre Galante, editor de cinema da revista, tinha a missão de encontrar um tema atraente para os leitores franceses e para o mundo. O editor-chefe Gaston Bonheur, que soube que a Srta. Kelly era esperada no dia 3 de maio, disse que ela era muito bem-vinda, mas que apenas a sua presença não bastaria para atiçar o interesse necessário e atrair uma grande audiência. Bonheur perguntou a Galante se ele achava possível marcar um encontro entre a Srta. Kelly e o príncipe Rainier III de Mônaco — algo compatível com a manchete "A rainha de Hollywood encontra um príncipe na vida real".

Galante duvidou que tal encontro fosse possível. Em Cannes, a agenda da Srta. Kelly estava planejada minuto a minuto, e a agenda de trabalho do príncipe se alternava com ausências e descansos improvisados. Apesar da dúvida, Galante e a esposa, Olivia de Havilland — que tinha recebido dois Oscars de melhor atriz, além de vencer a batalha contra o sistema dos estúdios — partiram da Gare de Lyon com destino a Cannes. Acontece que Grace tinha uma reserva no mesmo trem; ela viajava com sua amiga Gladys de Segonzac, que a ajudou com o figurino de *Ladrão de Casaca*.

O encontro de um príncipe com uma estrangeira fora de uma visita oficial é um assunto delicado. O príncipe tem que emitir um convite formal, que é mais uma ordem para se apresentar — e seria quase uma catástrofe se a convocação fosse declinada em razão de "outros planos". A essa altura, Grace sequer podia imaginar que havia um esquema para apresentá-la a Rainier de Mônaco, com o intuito de vender revistas.

Antes do desembarque dos passageiros na manhã seguinte, Grace perguntou a Olivia o que podia esperar do festival, onde ir e o que fazer.

"Você gostaria de visitar Mônaco?", perguntou Pierre, como se tivesse acabado de pensar nisso. "Você deve ficar longe dos repórteres por algum tempo ou cairá de cansaço, e Mônaco é encantador". Pierre parecia um agente de viagens do pequeno principado, falando com entusiasmo sobre o charme do lugar. Grace respondeu que a visita poderia ser um interlúdio agradável, se a programação permitisse.

Em Cannes, o representante francês da Paramount deu as boas-vindas à Grace e a acompanhou ao Hotel Carlton. Entre as celebridades reunidas na plataforma da estação para receber os convidados estava Jean-Pierre Aumont, que seguiu o carro de Grace e chegou ao Carlton momentos depois. Ele encontrou alguns conhecidos no lobby e os convidou para um drink, enquanto Grace concedia a primeira de suas entrevistas. Galante chegou com a novidade de que haveria um tempo livre na programação de Grace no dia seguinte à tarde, e todos poderiam ir ao encontro do príncipe Rainier e tirar algumas fotos. Se as condições de trânsito fossem boas (o que raramente acontecia), a viagem de Cannes para Mônaco levaria pelo menos uma hora e meia.

"Não vejo por que é tão importante conhecer o príncipe", disse Grace, "mas se você acha uma boa ideia, então vamos". Eles entraram em contato com o palácio e a resposta foi que o príncipe Rainier teria prazer em receber a Srta. Kelly às quatro horas do dia 6 de maio. Na manhã seguinte, Grace disse para Galante, "Isso é impossível, não posso ir para Mônaco hoje. Recebi uma ligação e devo estar em Cannes às cinco e meia em uma recepção para a delegação americana. Você tem que cancelar a visita ao príncipe".

Galante fez outra ligação para o palácio, e depois de uma breve espera, o secretário do príncipe disse que Sua Alteza Sereníssima estava recebendo hóspedes em sua casa em Beaulieu, mas faria todos os esforços para voltar ao palácio às três horas para atender a agenda da Srta. Kelly. Outros preparativos foram feitos e, finalmente, as coisas pareciam favoráveis.

Minutos antes das três horas da sexta-feira, dia 6 de maio, Grace, Pierre, Olivia e o representante francês da Paramount chegaram ao palácio em Mônaco. O príncipe havia se atrasado em Beaulieu, mas garantiram que sua chegada era iminente. Um assessor levou Grace e seus acompanhantes para uma visita ao palácio. O chá foi servido. Nada de Rainier. Quarenta e cinco minutos depois, Grace e o pequeno grupo ainda esperavam ansiosamente no pátio. "Acho muito rude da parte dele nos deixar esperando assim", ela sussurrou. "Não posso me atrasar para a recepção — vamos embora".

Quando o relógio bateu quatro horas, o príncipe Rainier se apressava através do pórtico para cumprimentar seus convidados. "Vocês gostariam de visitar o palácio?", ele perguntou.

"Nós já visitamos", respondeu Grace.

Ele sugeriu um passeio pelos jardins, onde foram fotografados de uma distância discreta. Depois de trinta minutos, houve a troca de agradecimentos e despedidas e todos voltaram para Cannes. "Bem, ele é muito charmoso", Grace disse para Pierre e Olivia, e foi só. A *Paris-Match* conseguiu suas fotos, a edição seria vendida e Grace chegou à recepção com meia hora de atraso. Mais tarde, naquela noite, ela jantou com Jean-Pierre Aumont, e alguns dias depois, após cumprir todos os compromissos no Festival de Cinema de Cannes, Grace estendeu a visita à França para passar mais algum tempo com ele.

A já mencionada síntese publicada em 2006, aprovada por seu filho, príncipe Albert, relata o relacionamento com Aumont naquele mês de maio de 1955: "Eles passaram os dias juntos e a aparente amizade escondia um caso de amor. Para escapar dos paparazzi, eles se refugiaram na reserva de Montana, em La Napoule, nos arredores de Cannes. Mesmo assim, foram perseguidos por fotógrafos e jornalistas, e um almoço a dois resultou em uma foto memorável do casal".

Dentro de alguns dias, "todos estavam comentando sobre seu 'futuro casamento' com Jean-Pierre Aumont". O casal foi para Paris, onde "ela passou dias felizes com Jean-Pierre. Escondida da imprensa na casa de La

Malmaison, ela experimentou a alegria de uma vida calma e feliz, na companhia de crianças, sobrinhos do ator". O romance logo se transformou em um relacionamento mais sério e a imprensa americana relatou que Grace e Jean-Pierre "andavam de mãos dadas e se beijavam em encontros carinhosos". Quando perguntaram se o casamento estava nos planos, ele foi diplomático, mas não discreto: "Ela é uma mulher adorável e sensacional, com quem qualquer homem ficaria orgulhoso e satisfeito em se casar. Mas cabe a ela dizer se o sentimento é recíproco".

Uma outra parte da imprensa investigou sua visita a Mônaco. O que o príncipe solteiro achou da Srta. Kelly? "Ainda não fui aos Estados Unidos", disse Rainier, "e foi a primeira vez que conheci uma garota americana. Ela falava um inglês claro e era muito calma e agradável, mas não passou disso. Foi apenas olá e adeus... Certamente a ideia de um casamento não passou pela minha cabeça!"

Em outro contexto, um casamento (não com Rainier) estava presente na mente de Grace quando ela retornou para os Estados Unidos. Ela precisava ajudar a irmã nos preparativos para a cerimônia. No sábado, 25 de junho de 1955, dia do 22º aniversário de Lizanne, ela se casou com Donald LeVine, na paróquia St. Bridget's. Grace e Peggy foram as damas de honra. Margaret e John Kelly desaprovaram o casamento de Peggy com um protestante, e expressaram suas dúvidas quanto ao casamento de Lizzane com um judeu. Não foi nenhuma surpresa que o veto contínuo aos namoros de Grace continuasse mais insistente do que nunca.

O casamento de Lizzane foi um marco na vida de Grace. "Ela pensava que estava perdendo alguma coisa, queria muito se casar e ser mãe", contou a irmã. Grace passou boa parte do verão na casa de praia da família, que estava cheia de crianças e jovens casais. Aos 25 anos, ela estava ansiosa, e, como já havia declarado, "sentia que estava envelhecendo rapidamente". Para Judy Kanter, Grace confidenciou que "o casamento tinha sido tão encantador... e todas aquelas crianças cativantes... Eu quero tudo isso... antes de me tornar apenas a tia Grace solteirona". Quando Judy perguntou sobre Jean-Pierre, Grace sorriu: tinha sido um adorável namorico de primavera, mas não houve uma perspectiva séria e o relacionamento terminou, com respeito e afeição mútua. Anos depois, perguntaram a Aumont se Grace foi um dos maiores amores de sua vida. "Não", ele respondeu, "mas foi uma amizade muito carinhosa".

Em 1955, os tabloides, sempre sedentos por histórias picantes de Hollywood, começaram a atacar as, até então, intocáveis estrelas. A revista *Rave* foi uma das mais ousadas, e em março publicou um artigo sobre Grace intitulado "Loba de luxo", no qual enumerava uma legião de amantes, cujos casamentos Grace tinha supostamente destruído. O conteúdo era tão calunioso que seu pai deu início a um processo legal — uma ação que ele retirou quando soube que o editor, um tal de Victor Huntington Rowland, declarou falência legal. "Eu e meu filho vamos resolver isso do nosso jeito, sem uma ação judicial", disse Jack Kelly. "Vamos pegá-lo". O assunto não seguiu adiante, mas (com uma devida adaptação) foi tematizado no roteiro do último filme de Grace em Hollywood, *Alta Sociedade*.

Enquanto isso, a Metro selecionava o elenco para a versão cinematográfica da controversa e premiada peça de Tennessee William, *Gata em Teto de Zinco Quente*, que ainda estava em cartaz em Nova York. No dia 9 de julho, o estúdio anunciou a compra dos direitos especialmente para Grace representar o papel da insaciável Maggie, mas o filme não poderia ser rodado antes do fim da temporada teatral. Isso só aconteceu em novembro de 1956, quando Grace já tinha deixado Hollywood, estava casada e esperando um filho. O papel de Maggie, talvez mais apropriadamente, foi entregue à Elizabeth Taylor.

# 9

## No Papel de Princesa

*Quero ser uma rainha.*
Grace (como princesa Alexandra), em *O Cisne*.

A primeira troca de cartas aconteceu pelo correio. Ao voltar para os Estados Unidos, Grace escreveu um bilhete formal para o príncipe Rainier III, agradecendo a acolhida que recebeu. Ao mesmo tempo, Rainier escrevia para a Srta. Grace Kelly um bilhete de agradecimento por ter interrompido sua agenda profissional para visitá-lo. E este foi o início de uma correspondência que se tornou frequente — um namoro epistolar no lugar de encontros pessoais.

Segundo Rainier, ele e Grace "se revelavam cada vez mais a cada carta". Eles escreviam sobre o mundo e sobre a vida, sobre si mesmos, seus sentimentos e histórias. Rainier admitiu a facilidade de encontrar namoradas (assim como Grace), "mas, a maior dificuldade era conhecer uma moça por tempo suficiente e tão intimamente para saber se éramos realmente almas gêmeas, além de amantes". Durante sete meses de correspondências trocadas, eles tiveram tempo para se tornar amigos e confidentes, "muito antes de andarem de mãos dadas".

Nas cartas, como lembrou Rainier, eles foram aos poucos reconhecendo semelhanças em suas diferentes experiências. Ambos eram figuras públicas inconformadas com a condição de celebridade. Eram católicos fervorosos, com muito mais que uma mera percepção domingueira da religião: embora não exibissem publicamente, a fé era mais do que uma tradição herdada — estava no centro de suas vidas. Os amigos sabiam que as práticas religiosas não eram obrigações penosas para os dois; eram a expressão livre e intencional de um compromisso profundo. E ambos tinham experiência suficiente para distinguir paixão e amor. Rainier achou Grace amável, equilibrada e franca, e compartilhava de sua ironia e seu humor espontâneo (por vezes, ácido). Ela achou Rainier equilibrado e natural, com o charme e a sofisticação típicos dos europeus, que ela achava irresistível nos homens — e, claro, mesmo durante a rápida apresentação, houve uma atração mútua, intensa e imediata. Eles passaram a acreditar que estavam destinados um ao outro.

"Eu não as guardei", disse Rainier sobre as cartas enviadas por Grace antes do casamento. "Talvez devesse ter feito, mas não sou assim. Não conservo as coisas desse modo". Quanto às suas cartas, ele não tem certeza se Grace as conservou — e se ela o fez, não tinha ideia de onde estavam, mesmo quando ele e os filhos organizaram seus objetos pessoais depois de sua morte. "Mesmo se pudesse encontrar as cartas", disse ele, em 1987, "eu não poderia exibi-las". De qualquer modo, o que aconteceu no segundo encontro entre Grace e Rainier indicava que no final do ano — na falta de algum encontro depois da tarde de 6 de maio — eles estavam próximos o suficiente para considerar a possibilidade de um casamento.

Grace nunca contou detalhes sobre essa correspondência inicial, mas comentou que havia ficado "especialmente impressionada com a visão que Rainier tinha das coisas — ele enxergava o todo, o contexto. Não se fixava apenas ao momento, mas no significado e no efeito das relações. Ele achava que tínhamos muito em comum e também tínhamos as mesmas necessidades e esperanças para o futuro. Eu não estava satisfeita com a minha vida, nem ele com a dele".

O príncipe, que completara 32 dois anos no dia 31 de maio de 1955, governava Mônaco — um principado com metade do tamanho do Central Park de Nova York —, desde 1949. Aos leitores das revistas internacionais, ele era injustamente retratado como um príncipe solteiro, agradável e brincalhão, pretendente a um dos mais antigos tronos europeus, ocupado durante sete séculos ininterruptos pela família Grimaldi. Ao contrário da descrição superficial e enganosa, de marinheiro amador e entusiasta do automobilismo, ele era, na verdade, um homem educado e inteligente, brilhante nos negócios e com sólidas ideias sobre o desenvolvimento financeiro e social de Mônaco. Rainier também estava cercado de conselheiros dedicados ao *status quo* conservador e aos seus cômodos cargos. Por isso, ele tinha que ser cuidadoso na escolha de amigos e confidentes.

Desde o fim do romance de seis anos com a atriz francesa Giselle Pascal, em 1953, Rainier vivia (segundo ele mesmo) "uma vida de solteiro solitária e vazia... não podia sair sem ser seguido, observado e comentado. Sempre que era visto com uma garota, surgia o boato de um caso de amor". Naquele mês de maio de 1955, quando comentei com uma jornalista americana que tinha "conhecido sua adorável atriz, Srta. Grace Kelly, no dia seguinte, li no jornal que ia me casar com ela. É algo embaraçoso para nós dois. É muito difícil ser natural e ficar à vontade quando você está insinuando que a amizade vai dar em alguma coisa, e quando o mundo está especulando abertamente sobre casamento!"

Os equívocos, boatos e imprecisões estavam na base da imagem desastrosa de Rainier fora de Mônaco, geralmente considerado sinônimo de Monte-Carlo. Mas não são lugares idênticos, nem Monte-Carlo (em nome de Charles III, antepassado de Rainier) é o palácio real.[35] Monte-Carlo (a cidade nova) é, na verdade, uma das várias áreas administrativas de Mônaco. As outras são Le Larvotto (a praia), La Condamine (o porto), Fontvieille (o setor industrial e Monaco-Ville (a cidade antiga), onde o palácio foi erguido como uma fortaleza, projetado a 900 metros do nível do mar Mediterrâneo. Conhecido pelo seu cassino, suas lojas e hotéis luxuosos, Monte-Carlo, por sua vez, atraiu a realeza e os aristocratas europeus durante séculos, bem como os milionários e personalidades de reputação duvidosa. Durante muito tempo, como disse Somerset Maugham, Monte-Carlo foi "um lugar ensolarado para pessoas sombrias".

Rainier tentava mudar esta reputação desde os anos 1950. Ele planejou, por exemplo, quebrar o grande domínio financeiro de Aristóteles Onassis sobre Monte-Carlo. O magnata grego da construção naval controlava as principais ações da Société des Bains de Mer, a corporação proprietária do fabuloso cassino de Monte-Carlo, além dos hotéis mais lucrativos de Mônaco e diversos bens imóveis. "Não podemos continuar a atender apenas aos muito ricos", disse Rainier. Ao contrário dos visitantes sazonais, a população (aproximadamente 20 mil cidadãos) pertencia à classe média,

---

[35] Monte-Carlo deve ser escrito com hífen, ao contrário do uso popular.

e a maioria estava desempregada, dentro de Mônaco ou na vizinhança, na França ou na Itália, em cujas fronteiras o pequeno principado estava instalado, desde o século XVIII.

Os cidadãos eram muito diversificados, mas tinham um interesse comum: de acordo com um tratado assinado com a França, em 1861, Mônaco cairia sob o domínio francês como um protetorado se o monarca morresse sem um herdeiro varão. Isso deixaria os monegascos sujeitos aos impostos franceses (Mônaco não tem imposto sobre vendas, sobre herança ou sobre renda), e ao recrutamento militar (Mônaco não tem exército permanente). Em 1955, apenas a boa saúde de Rainier, então com 32 anos, estava entre o povo de Mônaco e o controle francês — e ele ainda não tinha um herdeiro, nem a perspectiva de uma noiva.[36]

"Preciso me casar e constituir uma família", disse o príncipe naquele ano, evidentemente sem uma candidata em mente. "Eu disse ao meu povo que era extremamente sensível às implicações de minha solteirice, mas pedi que não negligenciassem o fator humano, o direito de um homem de buscar a completude ao lado de uma esposa que possa amar". Rainier disse, com admirável franqueza, que queria uma mulher que fosse sua alma gêmea e amante, e detalhou os obstáculos para alcançar tal objetivo. "Minha vida é pública e controlada. Devo comparecer a muitas recepções formais e o protocolo palaciano é muito severo", como sua esposa descobriria imediatamente. E havia também a questão de sua extraordinária riqueza, que tornava difícil saber se era amado por si mesmo ou pelos benefícios materiais inerentes a uma associação com ele.[37]

Apesar de uma experiência infeliz na infância, Rainier tinha amadurecido sem problemas emocionais ou psicológicos. Ele cresceu de modo instável e difícil como filho do conde francês Pierre de Polignac e da princesa Charlotte de Mônaco, filha ilegítima do príncipe Louis II. Quando Rainier tinha sete anos, Charlotte fugiu com um médico italiano e abandonou Rainier e sua irmã mais velha, a princesa Antoinette. Charlotte se divorciou

---

[36] Mônaco é um principado, não um reino — por isso seu soberano é um príncipe, não um rei, e a esposa, uma princesa, não uma rainha.

[37] Em 2008, um relatório da revista *Forbes* elencou o príncipe Albert II, de Mônaco (filho de Rainier e Grace) como o 9º monarca mais rico do mundo, com uma fortuna pessoal estimada em 1,4 bilhões de dólares. A maior parte tem origem em bens imóveis, objetos de arte, carros antigos, selos e ações da Société des Bains de Mer. A rainha Elizabeth II da Inglaterra ficou em 12º lugar na lista, com uma fortuna pessoal avaliada em 650 milhões de dólares.

de Pierre em 1933 e cedeu o direito de sucessão que lhe fora concedido pelo governo em 1919, apesar da ilegitimidade. Assim, o trono passaria para seu filho de 10 anos, Rainier, e não para a Antoinette, porque a constituição monegasca favorecia o herdeiro varão.

Com a ausência da mãe, Rainier tornou-se um menino arredio, com um transtorno alimentar que o levou à obesidade grave. Aos oito anos, ele foi enviado para um internato inglês, onde adquiriu um inglês fluente e aprendeu a lidar com a solidão. A paixão pelo esporte resolveu o transtorno alimentar e suas consequências. Rainier foi para uma escola secundária na Suíça, depois para a Universidade de Montpellier, na França e, finalmente, para o Institut d'Etudes Politiques, em Paris. Durante a Segunda Guerra Mundial, ele serviu como oficial da artilharia no Exército francês. Foi agraciado com a Croix de Guerre e feito cavaleiro da Legion of Honor, graças a sua atuação corajosa durante a batalha da Alsácia.

Privado do afeto familiar e mesmo de alguma atenção, o jovem Rainier se envolveu em uma série de romances impetuosos e esportes perigosos — até que, na primavera de 1955, um encontro de trinta minutos com uma atriz americana o impressionou. Pela primeira vez na vida (como ele contou ao capelão do palácio, um padre católico americano chamado Francis Tucker), ele sentiu que tinha realmente conhecido a mulher certa. Os sentimentos incipientes de Grace não foram confidenciados a ninguém — nem às irmãs, nem às amigas mais próximas. Na ausência de quaisquer sentimentos expressos em relação ao príncipe de Mônaco, de maio a dezembro, é impossível saber ou sequer presumir quais teriam sido.

Antoinette, irmã de Rainier, não aceitou tranquilamente sua emancipação. Depois de se divorciar e se envolver com um ladrão de joias, ela tramou um esquema para depor o irmão e se declarar regente, apoiada no fato de ter um filho para herdar o trono, enquanto Rainier era solteiro. Aparentemente obcecada pelo poder, ela fez circular o boato de que Giselle Pascal era estéril, e esta perfídia forçou Rainier a terminar o relacionamento com a atriz francesa, com quem pretendia se casar. Pascal casou-se em 1955 e teve uma filha saudável.

EM SETEMBRO, GRACE VOLTOU A Hollywood para dar início à produção do figurino de *O Cisne*. Nos dias 15 e 16 daquele mês, ela fez os testes de cabelo e maquiagem e, depois, enfrentou uma longa semana no estúdio para a prova de roupas com Helen Rose, chefe do departamento de figurino. "Eu sempre me interessei por moda e design têxtil", disse Grace, "e Helen sabia lidar com as pessoas. Ela convencia as atrizes a aceitar cores e estilos que combinassem com elas ou com o papel. Também observei como Helen conseguia fazer um produtor ou diretor, fixado em determinado conceito, mudar de ideia se um detalhe em particular não agradasse a estrela. Eu sabia muito pouco da época em que a história se passava, então, fiz uma pesquisa em Nova York antes de ir à Califórnia para fazer as provas. O estilo império tinha voltado à moda durante alguns anos, antes da guerra de 1914, e era encantador. Fiquei animada quando vi os esboços de Helen e amostras de alguns tecidos requintados selecionados por ela."

"Havia trajes para todas as situações possíveis", lembrou Helen Rose. A história se passava em 1910, em um lendário reino europeu. "Havia o traje de montaria e de esgrima, négligés, vestidos de tarde e de baile. Usei tecidos maravilhosos em todos os trajes, os melhores que encontrei. Nunca vi uma estrela mais entusiasmada do que Grace quando experimentamos o vestido de baile de chiffon branco. Ela ficou na frente do espelho, tocando delicadamente as camélias bordadas e dizendo, 'É simplesmente maravilhoso, Helen — vocês têm pessoas muito talentosas na MGM!' Durante semanas, várias especialistas trabalharam nos bastidores, bordando cada pétala de flor à mão. Sem dúvida, o vestido de baile era perfeito para uma princesa".

Depois dos preparativos em Culver City, a produção, sob a direção de Charles Vidor, nascido na Hungria, seguiu para Biltmore House, próxima de Asheville, na Carolina do Norte. Foram três semanas para fazer as cenas externas, realizadas na maior mansão residencial já construída nos Estados Unidos. A extravagante construção de George Vanderbilt foi projetada pelo arquiteto Richard Morris Hunt — uma imitação de três castelos do Vale do Loire. A obra teve início em 1889 e levou sete anos. Depois de pronta, Biltmore House ocupava um terreno de cerca de 8 mil hectares e tinha 250 cômodos, incluindo 34 quartos, 43 banheiros e 65 lareiras. A piscina, o ginásio, a pista de boliche, os aposentos dos empregados e as cozinhas estavam localizados abaixo do nível do solo. Frederick Law Olmsted, criador do Central Park, em Nova York, projetou os imensos jardins e parques. Ninguém poderia escolher um cenário mais perfeito e adorável para o palácio europeu de *O Cisne*.

O roteiro de John Dighton segue de perto o texto da peça de Molnár. A princesa Alexandra (Grace), a mãe, princesa Beatrice (Jessie Royce Landis), a tia-avó Symphorosa (Estelle Winwood) e os irmãos mais novos, (Van Dyke Parks e Christopher Cook) viviam no castelo de um país que perdeu sua condição de reino no tempo de Napoleão. Beatrice está ansiosa para apresentar Alexandra a um primo distante, o príncipe Albert (Alec Guinness), que um dia herdará o trono real de um país vizinho. O casamento de Albert e Alexandra realizará um sonho a muito acalentado por Beatrice — a família finalmente voltará a ter "o próprio trono" e sua amada filha será uma rainha. Alexandra também simpatizava com a ideia de ser a esposa de um futuro rei, apesar de ainda não conhecer Albert e do temor que sua timidez não o agradasse.

Quando o príncipe chegou para uma visita de quatro dias a Beatrice e sua família, ele preferiu as atividades esportivas e de caça em vez da companhia de Alexandra. Albert é um solteiro gentil e despretensioso, refinado e consciente de seu destino real, mas sem o desejo de manipular ou explorar os outros. Sua aparente indiferença à Alexandra parece pouco favorável a um compromisso, por isso Beatrice adota uma medida desesperada e arma um esquema para provocar ciúme em Albert. Ela força Alexandra a pedir ao preceptor da família, o belo e jovem Nicholas Agi (Louis Jourdan), para ir ao baile em homenagem ao príncipe. Albert vai se dar conta da beleza e do charme de Alexandra. Nicholas voltará a sua condição servil e a expectativa de Beatrice se cumprirá, quando Alexandra ficar noiva do futuro rei.

Entretanto, surgem algumas complicações. Desde que chegou ao castelo, Nicholas se apaixonou secretamente por Alexandra, e depois de se declarar, ficou profundamente ferido e ofendido ao saber que foi usado para empurrá-la para os braços de outro. Alexandra, que lamenta ter sido cúmplice, descobre que Nicholas nutre uma ardente paixão por ela. Ela fica em êxtase diante de sua primeira experiência amorosa e ingenuamente acredita que pode abandonar a busca pelo trono e entregar-se ao romance com um empregado. A conclusão dura e realista é que Nicolas deixa o castelo e Alexandra compreende que apenas ao lado de Albert suas aspirações e o destino da sua família podem se realizar.

O filme *O Cisne*, assim como a peça de Molnár, é muito mais complexo emocionalmente e mais maduro em sua abordagem do amor do que a síntese sugere. A fábula ostensivamente romântica é, na verdade, uma comédia, que questiona com delicadeza, sem pretensão ou crueldade, as ambições sociais e expectativas exageradas da vida. *O Cisne* também é uma representação extremamente séria das ambições tolas e efêmeras da pequena realeza europeia. Escrita em 1914, no clamor da Grande Guerra, que logo dominaria toda a Europa, a peça apresenta uma Beatrice irremediavelmente egoísta, mas não perversa. A forma como ela trata Nicholas é imperdoável, como deixam claro Albert e sua mãe, a rainha engraçada e cativante (Agnes Moorehead). Ao partir, Nicholas dá um passo na direção de um futuro melhor.

Existem três constelações de personagens em *O Cisne* — uma metáfora celestial reforçada por referências frequentes a telescópios, estrelas, aulas de astronomia e a imensidão do universo. Beatrice e sua família representam uma forma de vida antiga e inadequada nos dias de hoje. Albert e sua mãe simbolizam um tipo de realeza que ainda pode ser relevante no mundo moderno — uma família que trabalha, ciente da necessidade de uma nova ordem social. E Nicholas e Alexandra (uma escolha de nomes notável, considerando-se o casal que reinou na Rússia) representam os amantes improváveis.

Como na peça, o filme tem um humor delicado, impregnado na gravidade com que explora a natureza do amor romântico em um mundo que muda rapidamente, dominado pela luta de classes. Nesse aspecto, Alexandra não é apenas uma mulher jovem, tola e inexperiente. Ela é uma alma complacente que, ao longo da história, se move através de fases de uma educação moral. No começo, ela se comporta com um acanhamento encantador, em seguida, fiando-se na ideia do que é ser uma donzela apaixonada e, finalmente, aceitando que sua ambição e posição exigem sacrifícios ainda não considerados.

Em 1923, a grande Eva Le Gallienne criou as condições para a estreia americana e a peça foi adaptada para as telas em 1925 e 1930. Ela estava quase esquecida até que, a pedido do tio George e de Grace, a Metro a transformou em um filme exuberante em Technicolor, que continua sendo um romance comovente e sedutor. O diretor húngaro Charles Vidor, admiravelmente familiarizado com a sensibilidade literária de seu compatriota Molnár, compreendeu a trama dos personagens e nunca perdeu a complexidade de vista na direção — aparentemente simples e objetiva — dos atores em suas configurações abrangentes e generosas.

As atuações foram de primeira classe. Na estreia americana do filme, Alec Guinness retrata o príncipe com a combinação adequada de perplexidade sarcástica, astúcia e gentileza. Jessie Royce Landis (que também fez o papel de mãe de Grace em *Ladrão de Casaca*) foi inigualável ao transmitir uma ostentação vazia apenas como uma divertida falha perdoável. Louis Jourdan, como o apaixonado professor maltratado, soube representar um jovem à mercê de suas emoções. Suas cenas românticas com Grace na carruagem, sob a luz da lua, e no terraço, são aulas na arte de tornar aqueles momentos verdadeiros e emocionantes. Estelle Winwood, em um papel que poderia ser facilmente relegado a uma mera intervenção cômica, conferiu certa sensatez à Symphorosa, que insistia em dizer, "Eu não gosto do século XX". E Brian Aherne, no papel do irmão de Beatrice, um frade franciscano que abandonou o mundo, mas não sua sabedoria, transformou o personagem do padre Hyacinth no novo frei Laurence, de Romeu e Julieta. Ele lembra a todos que a compaixão deve ser a alma de qualquer configuração romântica.

Grace permanece em silêncio ou diz apenas algumas palavras na maior parte de seu tempo na tela. Entretanto, ela está escutando e nós observamos suas reações e confusões sutis, e todos devem contracenar com sua paixão silenciosa. A interpretação se assemelha a uma pantomina em um filme mudo: ela comunica cada emoção apenas com pequenas mudanças de expressão facial. Parte desta sutileza ela aprendeu nos três filmes com Hitchcock, mas muito veio da sua profunda compreensão de Alexandra — "uma mulher que eu pensei realmente ter sob a minha pele", como ela me disse. E, certamente, ela nunca foi fotografada com tanto esmero como em *O Cisne*.

Não é de se admirar que o jornal *The Hollywood Reporter* declarasse que com esta conquista ela estava "a ponto de se tornar a próxima Garbo", por sua atuação profundamente serena. Os filmes de Grace nunca foram parados ou mascarados, e não é exagero afirmar que ela atuou com muito mais intensidade que Garbo. Foi exatamente essa ternura que tornou seu retrato de Alexandra mais que uma personagem temática. É impossível ignorar sua declaração de amor para Nicholas: "Eu nunca vi um homem apaixonado — e acontece de ele estar apaixonado por mim. Oh, Nicholas, se sinto medo de você, quero sempre ter medo. Eu quero ser muito boa para você. Quero lhe dizer tudo que está no meu coração. Quero cuidar de você e mimá-lo — aqui está — coma alguma coisa!" Em *O Cisne*, Grace faz, finalmente, "a personagem em torno da qual todo o filme é construído", como Hitchcock esperava que acontecesse um dia.

ANTES DE FILMAR AS PRIMEIRAS cenas, Dore Schary convocou o assistente de direção Ridgeway Callow e disse, "Eu quero que Grace Kelly seja tratada como uma estrela". Callow não tinha a mais remota ideia do que isso significava e decidiu tratar a Srta. Kelly como uma boa amiga com uma difícil tarefa a cumprir — fazendo brincadeiras para deixá-la relaxada e se recusando a tratá-la como se ela fosse... bem, uma princesa. "Ela teve uma vida de cão no filme", lembra Callow, "e ela amou cada minuto". Quando estávamos filmando na Carolina do Norte, nós bagunçávamos os lençóis de sua cama no hotel. Vivíamos pregando peças uns nos outros, e quando a filmagem terminou, ela escreveu um bilhete para Dore Schary dizendo que tinha se divertido muito com o trabalho. Nós brincamos mais com ela do que com qualquer outra pessoa com quem trabalhamos. Com certeza, Grace não era temperamental, não era absolutamente da realeza — ela brincou o tempo todo".

Howell Conant, que documentou a filmagem para a Metro e para Grace, em uma série maravilhosa de fotografias coloridas, também se lembra de seu senso de humor. Grace soube que Guinness tinha recebido uma carta bastante ousada de uma fã chamada Alice, e armou para que "Alice" o chamasse repetidamente no lobby do hotel.

Guinness providenciou uma retribuição à altura. Jessie Royce Landis lhe deu uma machadinha comprada em uma loja de *souvenirs*, e quando saiu para viajar em uma folga, ele subornou um recepcionista para colocar o objeto na cama de Grace. "Isso virou uma espécie de piada recorrente entre nós", disse Guinness, "porém, nenhum dos dois tocava no assunto. Alguns anos depois do seu casamento com o príncipe Rainier, eu voltava para casa depois de um espetáculo noturno em Londres, e quando fui me deitar, achei uma machadinha idêntica entre os lençóis. Minha esposa disse que não sabia de nada. Esperei dois ou três anos e descobri, por acaso, que Grace faria uma rodada de leituras poéticas nos Estados Unidos com o ator inglês John Westbrook, que eu não conhecia. Liguei para ele e perguntei se podia me ajudar com uma brincadeira. Ele aceitou prontamente, e eu lhe enviei a machadinha. O objeto foi colocado na cama de Grace. Eu quase tinha me esquecido disso até ir para Hollywood, em 1979. Grace estava em Mônaco, mas depois da cerimônia, achei a machadinha sobre a minha cama, no Hotel Beverly Wilshire".

E assim foi, até a morte de Grace. "Ela tinha esse extraordinário senso de humor", como disse Louis Jourdan, "antes de tudo, em relação a si mesma; ela nunca se levava a sério". Mas Conant também se lembrou de outra faceta de Grace naquele outono: ela geralmente ficava "distante, quieta, pensativa". Seus colegas e amigos visitantes, como Judy Kanter e Gant Gaither, acreditavam que esses momentos de circunspecção, e mesmo seus breves e repentinos momentos de retiro em uma solidão atípica, estavam relacionados com a preocupação com o próximo filme.

No dia 27 de novembro, a Metro anunciou que Grace estaria ao lado de Bing Crosby e Frank Sinatra no elenco de *Alta Sociedade*, uma versão musical de *The Philadelphia Story*. A produção do filme estava programada para o início de 1956 e parece que esta era a origem da apreensão de Grace. Os executivos da Metro finalmente acordaram em relação a Grace Kelly, mas o tempo tinha acabado para eles: desconhecido por todos, seu romance epistolar com Rainier a levava em outra direção — longe da Metro e de Hollywood, para sempre.

O motivo de seu jeito "distante, quieto e pensativo" ficou esclarecido depois da filmagem de *O Cisne*. Durante a produção do filme, ninguém sabia nos Estados Unidos que, em outubro, Rainier tinha decidido em segredo pedir a Grace Kelly para ser sua esposa. "Eu sabia o que queria", disse o príncipe anos depois. "Mas eu não poderia simplesmente presumir que ela se casaria comigo. Eu tinha que fazer o pedido. Então, fui aos Estados Unidos para vê-la".

Ele chegou a Nova York em 15 de dezembro, acompanhado por seu capelão e seu médico pessoal — companheiros de viagem cuja presença servia para sustentar a declaração de que ele iria ao Centro Médico da Universidade Johns Hopkins para um checkup anual, e depois, iria visitar amigos em Baltimore. A imprensa, farejando uma novidade iminente sobre o príncipe solteiro, o bombardeou com perguntas sobre um romance secreto com alguma garota americana, mas Rainier sorriu e disse que não, eles estavam na pista errada.

Pela primeira vez eles estavam certos e as suspeitas os levavam na direção correta. Mas, até então, os jornalistas não tinham indicações sobre quem seria a amada de Rainier. Em novembro, ele conversou com as autoridades procedentes do principado de Mônaco, pois um possível casamento era assunto de estado e não meramente uma questão pessoal. Mas o nome de Grace não foi mencionado.

Rainier fez todos os exames médicos no Johns Hopkins em três dias. Em Baltimore, ele ficou com amigos dos Kelly, que também eram conhecidos seus, e todos foram convidados para o jantar de Natal na Henry Avenue. Grace, que tinha acabado de filmar *O Cisne*, reuniu-se com a família e sentou-se à mesa, próxima ao príncipe. Ainda assim, o silêncio pairava sobre o romance.

Em 27 de dezembro, Rainier e Grace apareceram na multidão em Manhattan. Ele entrava e saía de seu apartamento na 5ª Avenida a qualquer hora, e no dia 28 de dezembro, fez a pergunta que inspirou a sua longa viagem. De acordo com Rainier, tudo foi muito simples: "Quer casar comigo?" E ela respondeu, "Sim".

Rainier tinha tudo que Grace sempre admirou em um homem — e muito mais —, como ela confidenciou a uma amiga íntima. "Ele é muito doce e gentil. É muito tímido, mas também muito forte. Ele quer uma família unida e amorosa, assim como eu. Para ele, isso é muito mais importante do que para a maioria dos homens, porque ele teve uma infância terrivelmente solitária. Ele é brilhante, tem um senso de humor maravilhoso, me faz rir e é muito, muito bonito. Eu amo seus olhos. Eu poderia olhar dentro deles por horas. Ele tem uma voz bonita. Ele é uma boa pessoa. E eu o amo."

Quando Rainier começou a contar as histórias de seus antepassados reais, Grace achou divertido saber que não seria a primeira americana a se casar com um príncipe regente de Mônaco. A segunda esposa do bisavô de Rainier, príncipe Albert I, foi Mary Alice Heine, filha de um próspero empreiteiro de Nova Orleans e a viúva rica do duque de Richelieu. Perspicaz para os negócios, ela ajudou o marido a colocar o principado em uma situação financeira sólida. E transformou Mônaco em um centro cultural europeu ao fundar e apoiar companhias de ópera, teatro e balé. Parece que a princesa Alice também era combativa e independente, e suspeita de ter sido amante do compositor Isidore de Lara. Verdadeiro ou falso, o boato provocou a separação amarga de Albert, mas eles nunca se divorciaram. Posteriormente, ela viveu em um exílio esplêndido no Hotel Claridge, em Londres, onde Isidore de Lara também ocupava uma suíte.

O PAI DE GRACE SE dirigiu a Rainier sem rodeios: "Realeza não significa nada para nós. Espero que você não saia por aí como alguns príncipes fazem, porque se você fizer isso, vai perder uma garota boa e forte". Como sempre, o irmão Kell só tinha os esportes na cabeça quando deu sua opinião sobre Rainier: "Não acho que podemos fazer dele um remador. Ele não é alto o suficiente".

Margaret Kelly insistiu que o casamento acontecesse na Filadélfia: "É assim que se faz na América", disse. "Os pais da noiva organizam o casamento e Grace sempre me prometeu isso". Mas Rainier — e, pela primeira vez, Grace — explicaram que não se tratava de um casamento comum. Grace se tornaria a princesa de Mônaco, esposa de um chefe de Estado, e assumiria responsabilidades com o governo e os cidadãos de Mônaco.

"Eu tomei minha decisão e não pedi a permissão de meus pais para o casamento com Rainier", disse Grace. "Pedi a eles uma ou duas vezes e não deu certo. Desta vez, eu sabia que tinha que decidir sozinha, e foi o que fiz". O anúncio para a imprensa e para o mundo teve que esperar até Rainier pedir a mão de Grace aos pais, e obter a permissão, exigida pelo protocolo, do conselho monegasco e do Ministro de Estado. O anúncio oficial das núpcias foi feito na quinta-feira, dia 5 de janeiro de 1956 — primeiro em Mônaco e, algumas horas depois, por Jack Kelly, em um almoço na Filadélfia. No dia seguinte, a matéria era notícia de primeira página em todo o país.

Grace não queria que os amigos próximos soubessem do noivado pelos noticiários. "Ela ligou de Nova York e me convidou para ir ao seu apartamento", lembra Rita. "Ela me disse, 'Quero que você conheça o meu príncipe' — e, é claro que pensei que ela estava falando do homem dos seus sonhos. Bem, eu tive uma surpresa".

"Nós não éramos crianças", disse Rainier anos depois. "Ambos sabíamos o que um casamento significava. Já tínhamos passado por tempos difíceis, mas aprendemos com as dificuldades que aquilo que buscávamos era o casamento. Discutimos e pensamos sobre o assunto, e depois de nos encontrarmos novamente na Filadélfia, percebemos que queríamos ter uma vida juntos."

Na Cartier de Nova York, Rainier comprou um anel de noivado com um diamante de 10,47 quilates, montado em platina. Ela o usou como o anel de noivado da personagem de *Alta Sociedade* e o diretor Charles

Walters o destacou com um reluzente close-up. Imediatamente, a Metro anunciou que todo o guarda-roupa de *Alta Sociedade* seria oferecido à Grace — e que eles também pagariam por seu vestido de noiva, autorizando Helen Rose a conversar com Grace e criar o que ela desejasse, a qualquer preço. "É claro que fiquei muito agradecida com a generosidade do estúdio", Grace disse, anos depois, "mas devo admitir que Rainier e eu gostaríamos de nos casar com roupas comuns em uma capela isolada em algum lugar. Afinal, eu casaria mesmo se ele fosse um simples prefeito de alguma cidade pequena".

Enquanto as notícias continuavam a preencher as primeiras páginas durante janeiro, fevereiro e março, Margaret Kelly tagarelava pela imprensa. Ela assinou uma série de artigos para jornais, escritos com sua permissão, mas (como ela mesma admitiu) sem que lesse os textos antes da publicação. Margaret e seu secretário, Richard Gehman, alardearam alguns fatos sobre a infância de Grace, sua vida amorosa e seu temperamento. Grace ficou furiosa. Entretanto, teve que rir quando a mãe espalhou a notícia de que "Minha filha vai se casar com o príncipe de Marrocos!", Peggy e Lizanne tentaram corrigi-la: "Mônaco, mamãe querida, Mônaco!". Mas Margaret insistia: "Mal posso imaginar Grace cavalgando em camelos nos desertos de Marrocos!" Diante de um atlas, depois de uma breve aula de geografia, o assunto ficou esclarecido. Entretanto, até o evento se realizar — "o casamento do século", como os editores insistiam — Margaret Kelly não estava totalmente certa de que sua filha não estava se mudando para as areias do norte da África.

A imprensa já os rondava desde a semana de Natal e os Kelly decidiram dar uma única entrevista coletiva em sua casa, com a presença de Rainier.

Qual seria o nome de casada de Grace?

"Grimaldi", respondeu Grace: "A família Grimaldi ocupa a casa real de Mônaco desde o século XVIII".

"Mas isso soa... *italiano*", Margaret Kelly sussurrou para Peggy. "Eu pensei que ele fosse francês!"

"Bem, veja só, mamãe, ele não é nem italiano, nem francês. Vou lhe explicar melhor mais tarde."

"Isso não importa!", revidou Margaret. "Diga a eles como seu nome vai ficar, Grace querida."

"Grace Grimaldi", respondeu a filha.

Na verdade, era mais complicado, e o padre Tucker interrompeu. "Ela será Sua Alteza Seseníssima Princesa Grace de Mônaco e, legalmente, Grace Kelly Grimaldi."

E a carreira cinematográfica?

"Eu ainda tenho um contrato com a MGM e devo realizar mais dois filmes. É claro que vou continuar com o meu trabalho — nunca vou parar de representar!"

"Acho que seria melhor se ela não tentasse continuar a fazer filmes", disse Rainier calma, mas firmemente. "Eu tenho que viver em Mônaco e ela viverá lá. Isso não iria funcionar". Quanto a filmes europeus: "Eu acho que não. Ela vai estar muito ocupada enquanto princesa. Mas não estará envolvida na administração de Mônaco".

O casal terá uma família grande?

Grace sorriu e hesitou, então sua mãe gorjeou gentilmente, "Eu diria muito grande! Sou avó e adoro uma família".

E, com isso, Rainier decidiu acabar com a intromissão da mídia naquele dia. "Afinal", disse ele ao padre Tucker, quando se reuniram no recanto de Jack Kelly para um drink, "Eu não pertenço a MGM".

# PARTE 3

# OCASO
(1956-1982)

Grace Kelly Grimaldi, Sua Alteza Sereníssima
Princesa de Mônaco, aos 50 anos.

# 10

## Incompletude

*Não quero ser adorada — quero ser amada!*
Grace (como Tracy Lord), em *Alta Sociedade*

"Eu adorava representar — trabalhar no teatro e no cinema. Mas, realmente, não gostava de ser uma estrela. Eu amava meu ofício, mas não concordava com a ideia do público sobre o que uma estrela de cinema deve ser." Grace tolerava, mas nunca gostou da publicidade que acompanhava o estrelato. Ela não gostava da exposição de seu noivado e de seu casamento, o que, certamente, a perseguiu por toda a vida.

Em 6 de janeiro, um dia após o anúncio do noivado, a história em destaque na primeira página do *New York Times* deu início ao frenesi da mídia: "O príncipe de Mônaco desposará Grace Kelly" era a manchete, seguida do subtítulo, "estrela do cinema viverá no principado — a data não está marcada". A matéria ocupou várias colunas. Durante quatro meses, as histórias inundaram a imprensa americana. Os boatos corriam diariamente nos jornais de costa a costa. Revistas semanais e mensais exibiam reportagens. As entrevistas eram feitas com qualquer pessoa que tivesse a mais remota ligação com Grace — bastava que tivesse lhe vendido um jornal na esquina, todos tinham algo a dizer.

No dia 16 de janeiro, a revista *Time*, geralmente muito discreta nesses assuntos, publicou uma longa matéria intitulada "A princesa de Filadélfia" e, de algum modo, conseguiu justificar outra reportagem ou pelo menos uma nota sobre Grace todas as semanas durante os primeiros sete meses do ano. Em 9 de abril, a *Life* a colocou na capa, usando um figurino de *O Cisne*, com a chamada "Grace Kelly: a educação de uma princesa, para o filme e para a realidade", e apresentou um ensaio fotográfico de sete páginas sobre os preparativos para a partida de Grace.

Talvez fosse inevitável, mas antes do final do ano, um musical da Broadway — *Happy Hunting*, estrelado por Ethel Merman — satirizava o casamento real: "Estamos até aqui com o casamento do ano", cantava o coro com um desdém divertido. O espetáculo se passava em Mônaco, descrito em uma canção como um "principado minúsculo, encolhido, do tamanho de um selo", para onde uma matrona vulgar da Filadélfia (Merman) vai à procura de um príncipe para sua filha. Na semana do Natal de 1956, assisti a uma apresentação com um grupo de colegas da Academia Americana de Artes Dramáticas. Como a maioria do público, não nos divertimos. Talvez precisássemos continuar acreditando que o casamento era sagrado demais para ser ridicularizado — mesmo que Grace já tivesse deixado o país.

O público era ávido por qualquer detalhe, e décadas depois, estes pormenores parecem mais divertidos que significativos:

*8 de janeiro:* "A Srta. Kelly deixou Nova York às 17h30 de ontem, a bordo do *Commodore Vanderbilt*, em direção a Hollywood. O príncipe de Mônaco irá de carro para Wilmington. Ele assistirá a missa lá, amanhã".

*9 de janeiro:* "Ainda não foi confirmado se a Srta. Kelly terá permissão para levar o cachorro a bordo do avião ou do navio..."

*10 de janeiro:* "O príncipe de Mônaco espera se casar com Grace Kelly nos Estados Unidos, em deferência à noiva, sua família e ao povo americano. Enquanto isso, o príncipe deixou Wilmington de automóvel, com destino a Palm Beach, na Flórida".

*11 de janeiro:* "Grace Kelly na Costa — Ela diz que os planos para o casamento com o príncipe ainda não foram definidos... mas seu pai sugeriu que o casamento aconteça na casa paroquial da noiva, como manda o costume. A Srta. Kelly não tem opinião definida".

*15 de janeiro:* "Rainier viaja rumo ao Oeste — o príncipe planeja uma viagem através dos Estados Unidos antes do casamento... O príncipe disse a um repórter que planeja uma viagem até Hollywood, atravessando os Estados Unidos de carro, quando deixar Palm Beach dentro de uma semana. A Srta. Kelly está em Hollywood. 'Quero conhecer este país, especialmente o Arizona', disse ele. Rainier não entrou em detalhes sobre seu interesse no Arizona".

*16 de janeiro:* "Hoje o chefe de gabinete do príncipe Rainier III estabeleceu uma disputa: a cerimônia civil e religiosa do casamento será em Monte-Carlo e não nos Estados Unidos". (O repórter cometeu um erro comum: os rituais não são programados para Monte-Carlo, mas realizados no palácio e na catedral, ambos em Monaco-Ville.)

*17 de janeiro:* "A data do casamento de Rainier ainda não está marcada". A sra. John B. Kelly, mãe de Grace Kelly, disse hoje que a data e o local do casamento de sua filha com o príncipe Rainier III de Mônaco ainda não foram definidos.

As coisas estavam ficando ridículas.

*2 de fevereiro:* "Percalço na viagem do príncipe Rainier". Na viagem para encontrar Grace Kelly em Hollywood na noite passada, o carro do príncipe Rainier bateu levemente no carro da frente.

Se ainda pairassem dúvidas, os relatos diários demonstravam que, profundamente escondida na alma americana, havia uma reverência atávica a reis e rainhas, príncipes e princesas, que pareciam mais fascinantes para quem vivia na república do que para os súditos da monarquia constitucional. Afinal, as estrelas de cinema eram chamadas de "rainhas do cinema", Clark Gable era conhecido como "o rei" e John Waye era aclamado como "o duque". Era comum na América ouvir um pai amoroso chamar a filhinha de "princesa", apesar de que, por algum motivo, mesmo o mais amado dos meninos não era chamado de "príncipe".

Sem falar nos concursos, com garotas "coroadas" com tiaras de plástico, como "rainhas" de uma temporada de futebol ou do colégio. E quem pode explicar o programa de rádio e televisão, *Rainha por um Dia*, que foi ao ar durante 25 anos? O show colocava em destaque mulheres pobres, que eram levadas ao palco, envoltas em uma capa de veludo vermelho, presenteadas com uma coroa reluzente e um buquê de rosas, além de ganhar férias e estadia na cidade com seus maridos ou acompanhantes. "Transforme qualquer mulher em uma rainha por um dia!", gritava o apresentador, e a multidão ia à loucura.

Depois da notícia do noivado, Grace e Rainier participaram de um "Baile Imperial", no Hotel Waldorf-Astoria de Nova York, onde o salão foi rapidamente redecorado para lembrar o palácio de Mônaco. O evento, planejado para angariar fundos para os hospitais dos veteranos, tornou-se o grande acontecimento social do ano. Naquela noite, um desfile de moda foi seguido de uma apresentação de balé, e depois o príncipe e sua noiva desceram de um degrau decorado para o palco, onde giraram a manivela de um globo com centenas de canhotos de ingressos. Grace retirou o nome do ganhador — o senador John F. Kennedy —, que ofereceu o prêmio para sua esposa (um anel de diamante e safira).

Grace voltou a Culver City antes do final de janeiro, com uma enxurrada de atividades: testes de maquiagem e figurino para *Alta Sociedade*; aulas de canto antes de gravar a canção do filme, "True Love", de Cole Porter, em um dueto com Bing Crosby; convites para entrevistas; aulas intensivas de francês; reuniões sobre o protocolo palaciano com representantes de Mônaco, e encontros com um pelotão de designers, artistas, músicos, chefs e cabeleireiros. Rainier esteve com ela em Los Angeles durante quase toda a filmagem de *Alta Sociedade*, encerrada em 3 de março.

*The Philadelphia Story*, a peça que inspirou *Alta Sociedade*, foi um sucesso na Broadway, com Katharine Hepburn, que também protagonizou a versão cinematográfica, *Núpcias de Escândalo*, de 1940. O roteirista John Patrick fez poucas mudanças no texto original de Philip Barry e no primeiro roteiro de Donald Ogden, e com as canções de Cole Porter, o resultado foi um musical inteligente e refinado, o maior sucesso da Metro em 1956.

A história é conhecida. Tracy Lord (Grace) se divorciou do famoso cantor e compositor C. K. Dexter-Haven (Crosby) e está prestes a se casar com George Kittredge (John Lund), um alpinista social, bonito, hipócrita e oco. Ao mesmo tempo, o relacionamento de Tracy com o pai (Sidney Blackmer) está ameaçado por sua conduta volúvel, tão descarada que uma revista de fofocas chamada *Spy* ameaça publicar suas travessuras. Isso só pode ser evitado se Tracy permitir que um fotógrafo e uma repórter da *Spy* (Celeste Holm e Frank Sinatra, como Liz Imbrie e Mike Connor) cubram seu casamento. Relutante, ela acaba concordando para salvar a mãe (Margalo Gillmore) do vexame.

O fio condutor da história é o amadurecimento de Tracy Lord. Ela finalmente percebe que seu despretensioso ex-marido — ainda apaixonado por ela —, é muito melhor do que seu noivo tolo e moralista. Ao contrário do padrão costumeiro na comédia, Dexter — um homem de classe, paciente, galante e compassivo — é mais atraente do que o arrogante George, um homem que se esforça para subir na vida. Em uma festa, na véspera do casamento, Tracy acaba bebendo além da conta e acha que pode estar apaixonada por Mike (Sinatra). Entretanto, na sombra da madrugada, quando George a acusa injustamente de tê-lo traído, Tracy percebe que ele não é a pessoa certa, e Dexter o substitui no altar.

Diferentemente da maioria dos musicais, *Alta Sociedade* se apoia em personagens, situações e diálogos — e não em coreografias exageradas, com cantores e dançarinos saltando em um grande palco ou na água. O texto tem o tom da comédia de costumes, sem discursos condescendentes sobre os ricos ociosos. O ponto principal, tanto de *The Philadelphia Story* como de *Alta Sociedade*, é que Tracy aprende a harmonizar sua postura social com seu amadurecimento, e a amenizar suas atitudes intransigentes com o pai e o ex-marido, ao reconhecer suas próprias fragilidades. Estes pontos ficam claros em duas falas marcantes — na verdade, cruéis — de Dexter e do pai, em que eles a acusam de ser inflexível e insensível.

Seguindo a tradição da comédia de costumes, *Alta Sociedade* explora a prosperidade glamorosa, mas decadente, de Newport, Rhode Island e veste os personagens com extrema elegância para pontuar as pretensões sociais de Tracy. Nesse aspecto, a mãe de Tracy não é afetada e não faz julgamentos morais, enquanto o pai recobra a consciência e volta para casa. E a irmã mais nova de Tracy, Caroline (Lydia Reed) — uma criança petulante, mas adorável — representa a nova geração, inteligente e livre.

Esse tipo de comédia não se baseia em façanhas acrobáticas, mas na destreza verbal da sátira, o que caracteriza as peças de Oscar Wilde (*The Importance of Being Earnest*), Noël Coward, (*Private Lives*), S. N. Behrman, (*No Time for Comedy*), Samuel Taylor, (*Sabrina Fair*) e esta, de Philip Barry. Os enredos geralmente giram em torno das pretensões das classes sociais mais altas e exploram a tradicional comicidade de identidades trocadas e revelações sobre vida dupla — elementos tão antigos quanto a comédia grega e adaptáveis a circunstâncias atuais.

Como descreveu a atriz Maria Aitken, a comédia de costumes "utiliza as características mais sofisticadas da sociedade — inteligência e sagacidade — para zombar da própria sociedade; o brilho revela a sujeira". Nesse aspecto, *Alta Sociedade* não é um exercício lânguido, estéril e detalhado sobre teses sociais. Sua temática é o sexo, o dinheiro e o status social, e na melhor tradição da comédia, revela algo de verdadeiro, mesmo que suspeito, da natureza humana. Tudo isso é apresentado como entretenimento, por isso a comédia de costumes precisa de talentos especiais e exige muito dos atores, que devem interpretar sem afetação ou maneirismos e encontrar a alquimia certa de elegância e nuance vocal.

O diretor Charles Walters recorreu a alguns veteranos para garantir o tom certo para *Alta Sociedade*. Margalo Gillmore, no papel da mãe de Grace, tinha décadas de experiência teatral (particularmente em 1929, como Helen Pettigrew, papel que Grace fez na versão de *Berkeley Square* para a televisão). Louis Calhern, como o devasso tio Willie, acrescentou toques sutis de humor a um papel que poderia ter sido de mau gosto. Bing Crosby demonstrou uma profundidade surpreendente ao representar o alcoólatra autodestrutivo de *Amar é sofrer* e, aqui, ele desenvolve o diálogo cômico como se cantasse — naturalmente e sem um calculismo aparente. No início do filme, Frank Sinatra parecia desconfortável e a cena do bêbado não parece plausível. Ele foi salvo do ridículo por Grace, que retratou com perfeição uma mulher que não está acostumada a beber champanhe. Da sequência de dança até a cena do mergulho à luz da lua, sua atuação é recheada de inflexões divertidas e discretas. "Ela foi a atriz menos convencida que conheci", declarou a coadjuvante Celeste Holm.

O sucesso de *Alta Sociedade* dependia totalmente da aceitação de Tracy Lord como uma socialite circunspecta e extremamente exigente, cuja frieza (assim como a princesa Alexandra, em *O Cisne*), é aquecida pelo amor perseverante do outro.

"Foi uma de minhas experiências mais agradáveis", lembra Grace. "Eu estava noiva, apaixonada, e cantei 'True Love' — tudo era maravilhoso e me lembro do elenco como um grupo de profissionais amáveis. Nós nos divertíamos fazendo o filme. Por fim, pensei que talvez pudesse reunir tudo isso na interpretação de Tracy Lord. Eu nunca fiquei muito satisfeita com o meu modo de cantar — pareceu um tanto amador quando ouvi o playback de 'True Love' — mas, o diretor nos deixava totalmente livres nas longas cenas de diálogo. Talvez por estar prestes a deixar Hollywood, eu me sentia relaxada e permiti que a personagem seguisse seu caminho — não me impus a ela. Você sabe que a história original se passa na Filadélfia. Bem, eu conhecia tudo sobre aqueles esnobes de Main Line, mas não podia julgá-los nem condená-los, ou então, a personagem (Tracy) se tornaria insuportavelmente arrogante. Tentei encontrar o ponto certo em que a arrogância fosse um disfarce para a insegurança e a dor que ela sentia diante do comportamento insensato do pai.

Como sempre, Grace era extremamente crítica com sua voz: uma cantora profissional teria transformado a canção em um clichê cinematográfico inverossímil. Mas sua interpretação com Crosby teve uma apreensão encantadora, que mais tarde caracterizou a versão de Audrey Hepburn para "Moon River", em *Bonequinha de Luxo*. Grace cantou com uma melancolia comovente — e não em mezzo, a plenos pulmões e ultraconfiante. A gravação de "True Love" vendeu milhões de cópias.

Mas Grace estava absolutamente certa em um ponto: ela "deixou a personagem seguir seu caminho". Quando Tracy aparece de ressaca, protegendo os olhos da luz do sol, Grace encontra a inflexão de voz perfeita para tornar suas poucas palavras muito divertidas: "Não é um lindo dia?", ela pergunta bravamente, apesar de seu dia não estar nada lindo. "Estão todos bem?", continua, mesmo sem conseguir pensar em nada além de sua dor de cabeça. "Que bom!" E, então, "Gostou do meu vestido? Está tão pesado". O vestido de chiffon é leve como o ar, mas percebemos seu sofrimento, na medida em que os clichês continuam. Cada comentário é proferido com pausas milimétricas e as falas ficam realmente engraçadas:

"Não é um lindo dia? Estão todos bem? Que bom ... Meu vestido, está tão pesado".

É improvável que este tipo de comédia agrade aos fãs de cinema que preferem o gênero pastelão, o burlesco, as situações de duplo sentido, o apelo sexual, a ironia contundente, a ação cruel e barulhenta e as gafes. Tudo isso está ausente nesta comédia. Em 1956, o público adorou o filme, embora os críticos americanos tenham rejeitado a atuação de Grace, deixando escapar a delicadeza de seu retrato de Tracy e as nuances que ela conferiu à personagem, elevando uma sobrancelha ou uma mão, sempre inclinando ligeiramente a cabeça e escutando, com um constrangimento cômico diante da autoridade que ela logo irá contrariar. Quando George

Kittredge diz que adora Grace, que quer colocá-la em um pedestal, o diretor focou a câmera em sua interpretação. Sem cortar o contato visual com ele, ela pede gentilmente, "Não quero ser adorada — quero ser amada!" E nós acreditamos.

DURANTE ALGUNS ANOS, GRACE FOI o tipo de ideal americano: ela tinha o jeito, as roupas e a dicção da elite social, mas escondia uma democrata — tinha senso de humor e uma natureza saudável e apaixonada. Apesar do porte aristocrático, Grace era "uma das nossas". Em todos os seus filmes, ela representou mulheres que admiravam homens de classe social inferior — cujos princípios eram humanizados por estarem associados a sentimentos. Sendo este seu último filme americano, podemos apenas imaginar se Grace continuaria como um expoente da comédia de costumes moderna ou se teria amadurecido como atriz dramática, pressagiada em *Amar É Sofrer*. Ela estava no auge de sua beleza e isso, algumas vezes, torna-se um obstáculo para espectadores que pensam que boa aparência significa menos talento.

MESMO APÓS O TÉRMINO DAS filmagens, em 3 de março, Grace continuou em Hollywood para gravar a divulgação do filme na rádio, para se despedir de alguns amigos e liquidar assuntos profissionais. No ano anterior, ela havia ganho o prêmio da Academia como melhor atriz, e agora, como era o costume, deveria apresentar o premiado como melhor ator. E foi o que fez no dia 21, ao entregar a estatueta para Ernest Borgnine por sua atuação em *Marty*. Grace voltou para Nova York na manhã do dia 22 para o casamento de sua grande amiga Rita Gam com o editor Thomas Guinzberg, no dia 23.

Com isso, restaram apenas onze dias para ir às compras, fazer as malas, passar o final de semana da Páscoa na Filadélfia com a família, além de cuidar de inúmeros detalhes, antes de embarcar a bordo do S.S. *Constitution*, no dia 4 de abril.

Rainier partiu para Mônaco em 16 de março, para supervisionar os detalhes da preparação da cerimônia civil, em 18 de abril, e da missa nupcial, no dia seguinte. Durante esta breve separação, ele enviava bilhetes amorosos para Grace quase todos os dias. "Querida", escreveu um dia, "Quero lhe dizer o quanto estou apaixonado, sinto sua falta, preciso e quero tê-la sempre ao meu lado. Boa viagem, meu amor. Descanse, relaxe e pense em mim, morrendo de saudade de você! Te amo muito. Rainier".

Grace não se casaria com um homem distante e frio, como os "especialistas" erroneamente julgaram Rainier, diante de seus modos refinados e das raras e calmas declarações à imprensa. Na verdade, estavam fazendo exatamente o mesmo tipo de falso julgamento tantas vezes levantado contra ela. Assim como o príncipe, Grace "foi acusada de ser fria, esnobe e distante. As pessoas que me conhecem bem sabem que não sou nada disso, e sim o oposto!", como ela mesma disse.

"A vida real começou com o casamento", disse Grace. "Algumas vezes, olhando para trás depois de muitos anos, acho que realmente odiava Hollywood sem saber. Eu tinha muitos conhecidos lá, pessoas com quem gostava de trabalhar e com quem aprendi muito. Mas senti muito medo em Hollywood — medo de falhar e medo de obter sucesso, e perdê-lo depois. Eu sempre dizia que era um lugar impiedoso, cheio de pessoas inseguras, com problemas incapacitantes. A infelicidade ali era como um nevoeiro, que encobria tudo.

"E eu não queria continuar com todas essas ilusões sobre juventude, quando ficasse mais velha. Eu tinha que chegar para a maquiagem às 7 horas da manhã, isso aos 26 anos. Rita Hayworth (então com 37 anos) me disse que ela tinha que estar pronta às seis. Ouvi dizer que Joan Crawford e Bette Davis (na época com 50 e 47 anos, respectivamente) tinham que chegar às cinco. Como seria meu futuro se eu continuasse lá?"

"NO DIA EM QUE PARTIMOS de Nova York", lembrou Grace, "o navio estava cercado por um nevoeiro. E era como eu me sentia — como se estivesse partindo para o desconhecido. A viagem foi uma confusão, havia uma histeria generalizada dos profissionais da imprensa que estavam a bordo. Depois de ter passado por vários romances infelizes, embora tenha me tornado uma estrela, eu me sentia perdida e confusa. Não queria chegar aos 30 anos sem saber para onde estava indo na minha vida pessoal. Olhei para o nevoeiro, pensando, 'O que vai acontecer comigo? Para onde a vida vai me levar?' Ainda não conhecia a família de Rainier, com exceção de seu pai (que a visitou na Califórnia), e não tinha ideia de como o resto da família e a corte iriam me receber. Que tipo de mundo esperava por mim do outro lado do nevoeiro?"

Grace estava entrando em um mundo que se comportava de um jeito completamente diferente de tudo que lhe era familiar. Ela estava se mudando para um lugar onde se falava uma outra língua, para uma vida na realeza, onde os costumes antigos não somente prevaleciam como também eram reverenciados, onde as formalidades regulavam tudo, até os momentos mais íntimos, e onde existiam demandas que superavam os privilégios. Mais tarde, depois de anos de esforço, ela se considerava mais como uma "funcionária" — algo como uma gerente de relações públicas, cujo "chefe" era simplesmente o seu marido, o monarca de um país europeu pequeno mas independente e autossustentável.

Aqueles primeiros dias de abril de 1956 alimentaram a fama da qual ela tanto se esquivava em Hollywood — na verdade, o casamento a transformou em uma celebridade internacional. Mas Grace assumiu suas responsabilidades com muita seriedade ao encontrar — como Alfred Hitchcock me disse com um sorriso astuto — "o melhor papel de sua vida". Hitchcock tinha razão, com exceção de que agora não havia nada entre o papel e a atriz. Grace fingiu ser Amy Kane, Lisa Fremont, Georgie Elgin, Tracy Lord, entre outras — mas agora Grace era uma princesa, e princesas não vivem felizes para sempre, exceto nos contos de fada. "Certamente não penso que minha vida é um conto de fadas", declarou, pouco antes da sua morte repentina. "Eu me considero uma mulher moderna, que precisa lidar com todo tipo de problema que as mulheres de hoje enfrentam. Ainda estou tentando".

O casamento de Grace Patricia Kelly com Sua Alteza Sereníssima Príncipe Rainier III de Mônaco foi universalmente descrito como "o casamento do século" (uma frase que se repetiu 25 anos depois, quando o príncipe Charles se casou com Lady Diana Spencer). Suas núpcias não podem ser descritas como um acontecimento íntimo. Mônaco foi invadido por 1600 repórteres e fotógrafos (uma cobertura maior do que na Segunda Guerra Mundial), 600 convidados lotaram a pequena catedral, que comportava apenas 400, e 1500 pessoas foram convidadas para a recepção no palácio. "A maioria delas", segundo Grace, "solicitou convites extras para os bailes, jantares e para os dois casamentos. Para piorar, o clima estava péssimo e o palácio ainda não estava pronto para ser habitado". Além disso, havia milhares de penetras por toda parte e o Hotel Monte-Carlo foi tomado por ladrões de joias.

Grace disse que seu casamento foi "tão agitado, rápido e frenético — que não deu tempo para pensar. As coisas simplesmente aconteciam e você reagia ao momento. É difícil descrever o frenesi — foi realmente uma espécie de pesadelo. Lembro daquelas primeiras semanas como se eu fosse uma visitante, convidada para o meu próprio casamento — mas, ao contrário dos outros, eu não poderia voltar para casa, diante da confusão e do furor".

"Eles me contaram que odiaram o dia do casamento", disse a filha, princesa Caroline, "e nunca olharam as fotografias. Eles queriam um casamento modesto, apenas com a presença da família. Mas não podiam fazer isso e o evento se transformou em um tumulto". Isso é verdade, Grace disse: "Eu não li o jornal durante um ano, porque tudo foi realmente um pesadelo. É claro que os momentos íntimos foram maravilhosos. Mas foi uma época difícil de enfrentar, para o príncipe e para mim". Rainier concordou: "Por mim, o casamento teria se realizado na capela do palácio, que comporta apenas 20 pessoas".

Quando o turbilhão acabou, começou um período difícil de adaptação. Grace sentia muita saudade do convívio com os amigos e a família, e do modo de vida americano. Por outro lado, havia um ressentimento dos tradicionalistas, da corte e dos empregados do palácio, comprometidos com o protocolo rígido. O povo de Mônaco era educado, mas desconfiado da americana de Hollywood. Por um longo tempo, Grace viu sua liberdade cerceada — ela não podia, por exemplo, sair simplesmente para dar uma volta na cidade. Os turistas se aglomeravam ao seu redor, e nos anos 1960, a onda mundial de sequestros tornou impossível sair com as crianças, a menos que estivessem acompanhadas por uma falange de guarda-costas.

Os amigos de Grace continuaram importantes durante toda a sua vida. Judith Quine falou por muitos ao escrever sobre a amizade com Grace: "Sem reprimendas por não escrever, embora as cartas de seus correspondentes fossem importantes para ela. Nada de perguntas. Ela não pedia explicações. Sem julgamentos. Expressões de simpatia e harmonia quando apropriadas. Convites para visitar quando possível. Ofertas de diversão e amizade, quando ambas fossem necessárias. Embora a posição de Grace tenha mudado desde que nos conhecemos, a dádiva de sua amizade continuou sempre muito importante. Naquela época, não se usava a expressão 'amor incondicional', mas era esse o tipo de amor que Grace oferecia".

"Ela voltou da lua de mel para o que parecia ser uma situação ameaçadora", lembrou Rainier, "mas ela enfrentou tudo maravilhosamente. Não era apenas o desafio de transformar um palácio em um lar, mas também o grande problema de ser aceita, amada e respeitada pelos monegascos e outros residentes. E havia a dificuldade da língua. Era difícil para ela ficar longe da família e dos amigos. Grace sentiu saudade de casa durante muito tempo, mesmo agora (em 1974), ela ainda acha difícil fazer amigos. Olhando para trás, eu provavelmente fiquei ansioso para que ela se adaptasse e se sentisse à vontade. Geralmente não compreendia seu ponto de vista".

"Sempre vivi em cidades grandes", disse Grace. "Também passei quase dez anos representando, portanto, foi uma mudança e tanto, da vida de artista para a vida civil. Minha maior dificuldade foi me tornar uma pessoa normal depois de ter sido atriz durante tanto tempo. Para mim, uma pessoa normal era alguém que fazia filmes!"

"Nós não fazemos assim" era uma resposta que Grace ouvia repetidamente dos membros do quadro de funcionários, quando tomava uma decisão ou fazia uma sugestão, mesmo que se tratasse de algo menor, como a arrumação da mesa ou o arranjo de flores. Ela demorou alguns anos para se impor e ser capaz de responder calmamente, "Bom, agora vamos fazer assim, obrigada". Especialmente durante o primeiro ano, quando era silenciosamente hostilizada por toda a equipe de funcionários do palácio, Grace deve ter se sentido como a Sra. de Winter, em *Rebeca, a Mulher Inesquecível*. Somente depois de um período longo e complicado sua palavra passou a ser considerada pelos funcionários. Durante muito tempo ela se sentiu deslocada e não apenas exilada.

Para seu espanto, segundo a praxe palaciana, nenhum homem tinha a permissão de visitá-la nos apartamentos particulares. Os estilistas ou perfumistas, por exemplo, deveriam enviar representantes femininos. Isso era ultrajante para ela, porque lhe dava a impressão de que estava sob suspeita de improbidade. Não, respondia Rainier, esta é uma regra palaciana desde... sempre. Ela precisou de onze anos para mudar o costume.

O bom senso de Grace lhe dizia que muitas das tradições seculares eram absurdas — como a exigência de que toda mulher que a visitasse usasse um chapéu. "Eu achava ridículo que uma mulher tivesse que comprar um chapéu apenas para almoçar. Então, eu aboli este costume — e isso causou um rebuliço. As pessoas ficaram estarrecidas!"

Mas, confessou Grace, a maior mudança foi "o casamento com um estrangeiro. Eram muitos ajustes a serem feitos de uma só vez, e, a princípio, eu perdi a objetividade americana em relação às coisas".

Anos depois, Grace foi franca sobre os primeiros anos em Mônaco. "Tive que me separar do que tinha sido Grace Kelly e isso foi muito difícil. Mas eu não podia me dividir em duas — a atriz americana e a esposa do príncipe de Mônaco. Portanto, durante os primeiros anos, perdi minha identidade. Meu marido e sua vida me absorveram até a chegada das crianças. Começar a trabalhar em Mônaco ajudou muito. Aos poucos, consegui me encontrar novamente".

Contrariando os rumores sempre presentes, o casamento era um sucesso. "É claro que existiram períodos de turbulência, como em todo casamento", contou Grace. "Mas nós discutíamos as coisas e ninguém ficava cismado ou mal-humorado". Amigos íntimos, como Judy Kanter, lembram que "Rainier era rabugento e tinha um temperamento irritadiço. Ele melhorou graças à Grace, porque sabia que ela o amava apesar disso. Uma vez ele disse que um bom casamento não era uma ligação eterna, mas uma longa conversa". Grace amava seu príncipe: "Eu me casei com o homem e não com o que ele representa; me apaixonei sem pensar em mais nada".

"Ela chegou aqui com novas ideias", disse o marido, "que não coincidiam necessariamente com meus pontos de vista. Algumas vezes, isso trouxe dificuldades. Um exemplo: minha equipe de funcionários nunca tinha organizado um bufê ou um jantar com mesas pequenas no lugar de uma mesa grande e formal, como ela sugeriu. Eu nunca tinha imaginado uma mudança dessas, mas aconteceu. No fim, eu achei uma boa ideia, mas os funcionários!" Depois de vinte anos, Rainier achava que Grace tinha gostado de algumas coisas da vida de princesa, "mas, às vezes, ela fica entediada, e admitiu que em alguns momentos, quando está em uma reunião, ouvindo as pessoas dizerem coisas tolas, ela sente que vai explodir. Acho que esta é, provavelmente, a parte mais difícil do trabalho — ter que se controlar".

Além disso, havia a limitação do tempo de lazer do casal. Eles geralmente estavam muito ocupados com obrigações oficiais para desfrutar de momentos exclusivos que todo casal necessita. Eles insistiam em passar mais tempo na casa de três quartos que tinham em Rocagel, próximo a La Turbie, a meia hora de carro, na fronteira com a França. Grace cozinhava, tricotava e aperfeiçoava suas habilidades artísticas com flores secas prensadas. Na verdade, ela transformou um hobby eventual em um artesanato refinado. Quanto a Rainier, ele cuidava da pequena fazenda e tinha como passatempo consertar carros antigos e trabalhar com metal. "Não sei o que teria acontecido sem o nosso retiro campestre", disse Grace. "Ou eu sei, mas nem quero pensar nisso!"

Grace tentou ir com frequência aos Estados Unidos para visitar a família e os amigos, mas isso ficou mais difícil depois do nascimento dos três filhos — Caroline, em 1957, Albert, no ano seguinte e Stéphanie, em 1965. Ela e Rainier voltaram à Filadélfia por ocasião da morte do seu pai, em junho de 1960. Segundo a imprensa, a fortuna do Sr. Kelly estava estimada em 18 milhões de dólares. Na realidade, seu testamento destinou a soma de 1,1 milhão de dólares para ser partilhada entre a esposa e os quatro filhos.

TODOS AQUELES QUE CONHECIAM OS Grimaldi, assim como os visitantes ocasionais e aqueles que viram a família em casa ou fora dela, percebiam que Rainier e Grace eram pais devotados e atenciosos. "Eu nunca quis que eles fossem estranhos relegados ao outro lado da casa", disse Grace, recusando-se a copiar os pais que observou em Hollywood e em muitos lares europeus. Ela se sentava no chão ou na grama para brincar com os filhos, e eles sempre faziam as refeições com os pais. Grace os ajudava com a lição de casa, e uma certa disciplina evitou (pelo menos até a adolescência) que eles imitassem os péssimos hábitos de crianças ricas mimadas. Com habilidade e espontaneidade, Grace combinou seu jeito americano com o estilo de vida palaciano. Ela foi amada e respeitada por seus filhos e seus "súditos", que ela cumprimentava calorosamente, como se fossem velhos conhecidos.

DEZ ANOS APÓS O CASAMENTO, a situação econômica e a imagem pública de Mônaco tinham melhorado muito. Antes da chegada de Grace, o turismo estava em queda; o lucrativo cassino se encontrava deteriorado; figuras suspeitas estavam comprando imóveis e canalizando ganhos ilícitos para os bancos do principado; e a maioria dos monegascos suspeitava tanto de Rainier quanto a maioria dos europeus.

Mas a presença de Grace e sua estreita colaboração nos projetos do marido (que ele acolheu com prazer) mudaram tudo. No final dos anos 1960, o governo teve um grande superávit; o turismo multiplicou a taxa anual de 77 mil visitantes por dez; e com Grace, o principado renasceu como o maior centro de ópera, balé, concertos e teatro. "Ela trouxe poetas e dramaturgos", lembrou o escritor inglês Anthony Burgess, residente em Mônaco. "Ela também fez do principado um centro de conferências culturais, com uma convenção anual de televisão, festivais de teatro amador e leituras de poesias". E havia seus adorados festivais de flores, para os quais ela convidava a todos, independentemente do talento ou da condição financeira — o único requisito era o amor pelas flores e o desejo de criar algo belo.

Em 1954, 95% do orçamento de Mônaco era proveniente do jogo. Em 1965, essa contribuição foi de menos de 4%, porque os Grimaldi tinham deslocado o rendimento do cassino para o turismo, setor bancário, setor imobiliário e cultura. Grace teve a ideia de abrir o palácio para visitas guiadas durante o verão, quando a família estava fora; e pela primeira vez em muitos anos, um grande número de turistas de classe média voltou a Mônaco e se aproximou da alta sociedade europeia. E o mais importante, em 1962, Rainier anunciou que ele e o conselho tinham redigido uma nova constituição, que reduzia seu poder e acabava com o regime autocrático. Segundo ele, a antiga constituição dificultava a vida administrativa e política do país.

Nos anos 1970, Grace demitiu os guarda-costas que acompanhavam todos os seus passos — e, em poucos dias, os habitantes se sentiram à vontade para se aproximar de sua princesa, saudá-la e perguntar sobre a família. Para horror de alguns conservadores obstinados, não era raro ver Grace com os filhos, ou com um amigo ou parente, tomando um chá ou uma taça de vinho em um café local. Ainda mais chocante era vê-la com as crianças na praia. Mas, com o tempo, a ideia da existência de uma família no palácio pegou e os residentes de Mônaco aprovaram. Mesmo quando as filhas de Grace exibiam um estilo de vida jovem e livre, a mãe conservava sua relação afetuosa com o povo, que dizia, "Ela tem os mesmos problemas de todas as mães de hoje". Não é exagero dizer que, em comparação com outras famílias europeias governantes, Grace era muito mais importante para seu país de adoção e muito mais amada. Ela sempre odiou dirigir e preferia o táxi à limusine oficial. "Ela esteve com cinco papas e não sei quantos governantes mundiais", disse um taxista monegasco, "e ainda soube como me deixar à vontade. Ela falava com o povo naturalmente".

Em 1963, para surpresa dos jornalistas de Paris, Grace já era fluente em francês. Mas estava sempre atenta às pessoas ao seu redor. Durante minhas primeiras visitas, Grace sempre se dirigia aos seus funcionários em inglês, em deferência a mim, como americano. Mas quando percebeu que eu também falava francês, ela voltou a usar a língua, em deferência a sua equipe. Depois disso, nós sempre nos divertíamos com as complexidades do idioma e a sintaxe da língua francesa. Em uma tarde quente de agosto, ela pediu a um funcionário do palácio para servir bebidas geladas. Por um instante, nós dois esquecemos como se dizia "água com gás" em francês, mas Grace simplesmente voltou-se para o rapaz e fez o pedido em inglês.

Quando ela me convidou para uma visita à área privativa, fiquei surpreso com sua simplicidade. O *palais princier* tinha 250 cômodos, mas a família ocupava apenas uma pequena parte: uma sala de estar e jantar, uma pequena biblioteca, que também servia como escritório para Grace, três quartos com banheiros, dois closets e uma pequena cozinha, onde Grace preparava o café da manhã para as crianças e — com mais frequência do que os empregados esperavam — também preparava o jantar. O quarto de bebê era conjugado ao seu, e foi convertido em sala íntima depois que Stéphanie cresceu. A residência completa não era maior do que um apartamento comum.

Além das atribuições de mãe, Grace recuperou e dirigiu pessoalmente a Cruz Vermelha no principado e supervisionou a restauração de um centro médico local. Quando a reforma terminou, era um hospital de primeira linha. Ela defendia apaixonadamente a amamentação e tornou-se uma representante da organização internacional La Leche. O Garden Club of Monaco, a International Arts Foundation e a Princess Grace Foundation, que estimulavam o envolvimento de jovens com a arte, eram muito importantes para ela.

Grace também foi um exemplo de voluntariado, com visitas regulares a pacientes e a asilos de idosos, onde se sentava e conversava. Ela nunca atravessava uma enfermaria ou uma clínica apenas com um aceno e um sorriso. Anthony Burgess tornou-se amigo de Grace, e ela sempre aproveitava todas as oportunidades que surgiam para conversar seriamente sobre livros e artes. "Eu observava sua preocupação com os monegascos idosos e pobres", lembrou Burgess, "que ela conhecia pelo nome. Ela não só falava francês, mas também o dialeto local. Beijava as velhas senhoras com verdadeira afeição. Havia calor em todos seus gestos".

A compaixão em Grace está bem ilustrada em sua amizade com Josephine Baker. Anos depois do infame incidente racista no Stork Club, a carreira de Baker entrou em decadência. No final de 1974, perseguida por credores, a cantora estava doente e em condição desesperadora. Quando soube disso, Grace a trouxe de Paris para Mônaco, onde lhe ofereceu uma casa e apoio financeiro para ela e seus doze filhos adotados. Grace visitava assiduamente sua velha amiga, estimulando-a voltar aos palcos, em um espetáculo com suas grandes canções. Grace conseguiu a participação de Jacqueline Onassis e ambas financiaram o retorno triunfante de Baker a Paris, no início de abril de 1975. Os Rainier compareceram ao show lotado, ao lado de muitas celebridades.

Logo depois, Josephine Baker foi encontrada deitada em sua cama, cercada de recortes de matérias a seu respeito. Ela tinha entrado em coma por causa de um derrame, e após dois dias, morreu em um hospital de Paris, em 12 de abril. Ela tinha 68 anos. Depois do funeral na igreja de La Madeleine, Grace pagou todas as despesas e providenciou para que os seus restos mortais fossem enterrados em Mônaco.

Desde criança, Grace se irritava com qualquer tipo de conversa preconceituosa e quando adulta, a raiva que sentia contra o racismo era evidente. Além de Josephine Baker, Coretta Scott King e Louis Armstrong (que participou de *Alta Sociedade*), outros homens e mulheres menos conhecidos foram protegidos por sua amizade.

ASSIM COMO AUDREY HEPBURN E Jacqueline Onassis, o estrelato de Grace provinha da sua misteriosa amálgama de presença e discrição, de acessibilidade e distância. Estas mulheres aparentemente se entregaram às câmeras, mas sabiam que deviam resguardar um pouco de si mesmas. Não se trata de hipocrisia, mas de autopreservação.

Estrelas ou não, elas não queriam que nada perturbasse a paz de seus casamentos. Nos anos 1970, os amigos dos Grimaldi sabiam que o casal divergia em seus interesses. "Não há dúvida quanto a isso", disse Gwen Robyns, que conhecia Grace muito bem. "Eles aparentavam uma fachada de união, mas nem sempre estavam juntos". Grace amava o balé, a ópera, o teatro e as artes, e se interessava por horticultura, de um modo que ia além do passatempo ocasional de uma matrona rica. Enquanto isso, Rainier se preocupava com os assuntos de Estado e as finanças — ele precisava manter Mônaco em funcionamento.

Independentemente das dificuldades pessoais, a beleza de Grace continuava a mesma. Quando o escritor Roderick Mann perguntou qual era o seu segredo, por ocasião de seu 40º Aniversário, ela respondeu que nunca pensava em si mesma como "uma grande beleza. Acho que tenho boa aparência, mas é só. Francamente, sempre odiei ser famosa por minha aparência. Prefiro ser conhecida por minha competência. Um dos meus poucos arrependimentos é não ter sido capaz de me desenvolver plenamente como atriz. Eu parei de representar antes disso. Mas foi minha escolha. Espero ter crescido como pessoa. O que importa para mim é desempenhar meu papel como esposa, mãe e princesa, não é a beleza que conta, mas se possuo mais caráter do que antes". E completou, "não estou muito satisfeita em ter quarenta... porque sinto que deveria ser mais madura e sábia sobre o mundo".

Segundo Robyns, nos anos 1980, o relacionamento dos Grimaldi estava em outro nível. O casamento tinha sido testado e "certamente tinha futuro". Grace era "o pivô e o centro daquela família e ninguém imagina o quanto ela se deu a todos durante sua vida". Os amigos de Grace de longa data concordavam totalmente com esse sentimento; eles nunca ficavam fora de sua órbita por muito tempo.

O percurso de sua vida pessoal não foi fácil, e tampouco o da vida pública. Ela tinha abandonado tudo — a família, os amigos, a profissão e o país — por algo absolutamente desconhecido para ela. Durante anos, Grace teve que se acostumar, se submeter, fazer acontecer, se conformar, se anular, aprender uma língua nova e os costumes antigos, tudo isso com um sorriso nos lábios. A chegada dos filhos trouxe alegria e propósito para sua vida, em contrapartida à depressão causada pelos vários abortos, que ela só superou depois de meses sem aparecer em público.

Episódios de depressão profunda não eram frequentes. Mas houve muitos períodos de melancolia e solidão, apesar de seus esforços e das atividades interessantes. Estes sentimentos ficaram mais frequentes com o passar dos anos. No início do outono de 1965, por ocasião de seu aniversário de 36 anos, ela disse em uma entrevista, "Eu não espero ficar alegre e não busco a felicidade. De alguma forma, estou satisfeita com a minha vida. Eu me compreendo, mas também argumento comigo mesma o tempo todo. Portanto, acho que não estou realmente em paz. Mas tenho muitas aspirações na vida, e se puder manter minha saúde e força, e conseguir sair da cama de manhã, algumas poderão ser realizadas". Depois de 1970, as cartas para os amigos pediam notícias "de onde não estou" e continham leves queixas de que ela se sentia "por fora".

Nesses momentos, ela buscava os amigos e a fé. "Ela era uma pessoa profundamente religiosa", disse Rita Gam, "e compreendia o verdadeiro papel da religião na vida moderna. Ela fazia tudo corretamente, para dar o exemplo aos outros, sem se referir a alguma denominação específica. E não tinha nenhuma culpa neurótica. Era tolerante com as pessoas e muito liberal, não politicamente, mas humanamente. Grace era uma verdadeiramente piedosa".

A melancolia e solidão de Grace derivavam da falta que sentia de sua carreira — especialmente depois que as crianças cresceram e foram para a escola. Ela pode ter "odiado" Hollywood. Mas também "amava representar" e guardava, como sempre dizia, boas lembranças do trabalho, e que superavam as más recordações do lugar.

Apesar da insistência inicial de Rainier para que ela desistisse da carreira, Grace nunca acreditou que "seu marido mediterrâneo, um líder, aquele que diz sim ou não" lhe imporia uma proibição permanente. "Ela nunca pensou que teria que desistir de atuar para sempre", continuou Rita, "e sempre falava em encontrar o momento certo para voltar ao cinema. Com o passar dos anos, Grace sentia cada vez mais falta do trabalho, algo terrível. Ela precisava ter alguma coisa de sua vida de volta e ansiava por uma boa conversa".

Em junho de 1962, Rita ganhou o prêmio de melhor atriz no Festival de Cinema de Berlim por sua atuação no filme *No Exit,* e depois da cerimônia, ela visitou Grace em Mônaco. "Sua empolgação com o meu sucesso exemplifica tudo o que era tão especial nela. Entretanto, percebi que por trás da comemoração carinhosa e generosa havia uma pontinha de inveja da atriz". No mesmo ano, a fotógrafa Eve Arnold esteve em Mônaco para trabalhar em um documentário da CBS. "Eu tive a nítida sensação de que Grace se sentia presa", lembra Arnold. "Não era o conto de fadas esperado". Como Oleg Cassini disse mais tarde, "Eles viviam em uma gaiola dourada, mas ela queria ser respeitada como atriz".

Alfred Hitchcock teve a impressão de que "haveria uma interrupção temporária (na sua carreira de atriz) para o casamento e o nascimento de alguns filhos — mas, depois, nós gostaríamos de tê-la de volta".

O plano de Hitch para trazê-la de volta se concretizou na oferta do papel-título de *Marnie, Confissões de uma Ladra,* em 1962. Ela aceitou, e depois voltou atrás. O fato é bem conhecido, mas os motivos da retirada repentina de Grace ficaram mal explicados por décadas.

Muitas justificativas foram apresentadas, algumas parcialmente sustentadas por Rainier e outras fabricadas por jornalistas criativos. Contudo, a situação só pode ser adequadamente compreendida se considerarmos a ordem dos acontecimentos.

Na tarde de 19 de março de 1962, o porta-voz do palácio anunciou que Sua Alteza Serenissíma viajaria com o marido e os filhos para os Estados Unidos, de agosto a novembro daquele ano, para que ela participasse do filme de Alfred Hitchcock, *Marnie, Confissões de Uma Ladra.* Não foram revelados detalhes. As notícias chegaram à América no dia seguinte, quando o *New York Times* noticiou, ao lado de uma fotografia da princesa de Mônaco e com um comentário de Hitchcock, dizendo que esperava "fazer novamente um filme com Grace Kelly, uma atriz maravilhosa". As notícias evocaram a ira do povo monegasco e forçaram Rainier a pedir que a esposa abandonasse seus planos, pois o papel de uma ladra compulsiva e frígida e as cenas de amor com o ator Sean Connery foram considerados impróprios para a princesa.

Entretanto, tais objeções nunca ocorreram, nem poderiam: naquele momento, ninguém sabia sobre *Marnie* e Connery sequer tinha sido mencionado para o papel. "Grace me contou", lembra a amiga Jacqueline Monsigny, "que na época do malogro de *Marnie,* Rainier nunca lhe pediu para desistir, nunca proibiu sua participação — nem houve qualquer protesto público". Segundo Grace, "Eu decidi não fazer".

O fato é que Grace não saiu do filme até o dia 6 de junho. Ela deu uma entrevista que apareceu no jornal *Nice-Matin* do dia seguinte, na qual simplesmente confirmou que tinha informado Hitchcock sobre sua desistência do papel no dia 1º de junho. Quanto à opinião do público sobre seu plano original de fazer o filme, Grace mencionou apenas "uma reação desfavorável", sem dar detalhes.

Rainier apoiou desde o início a decisão da esposa de aceitar a oferta de Hitchcock. "Nós conversamos sobre o assunto", disse ele, em 1997. "Também falamos com Hitchcock. Ela estava ansiosa para voltar à ativa, e a essa altura, eu não via nada de errado nisso". De fato, Rainier sugeriu que uma vez que Grace estaria trabalhando durante o verão e o outono, ele e as crianças poderiam acompanhá-la para umas férias em família — isso abafaria quaisquer rumores sobre sua desaprovação e também sobre problemas no casamento, que supostamente poderiam ter induzido a volta de Grace desacompanhada para Hollywood. Ela anunciou que seus honorários seriam destinados à caridade. Rainier não viu problema na exibição do nome Grace Kelly nos créditos e na divulgação do filme, "porque este era seu nome artístico".

Depois de 19 de março, houve uma troca de telefonemas e de cartas entre Hitch e Grace, detalhando problemas na programação da produção de *Marnie* naquele outono.

No dia 19 de março, quando o primeiro anúncio foi feito, Hitch estava prestes a dirigir *Os Passáros*, cuja produção fotográfica começou na segunda feira, dia 22 de março. Na terça-feira, o escritório de Hitchcock anunciou que *Marnie* teria que ser adiado por pelo menos um ano.

Os motivos do atraso foram muitos.

Primeiro, *Os Pássaros* era o filme tecnicamente mais desafiador da carreira de Hitchcock, e logo ficou muito claro que só estaria pronto em julho, na melhor das hipóteses. De certo modo, isso foi apenas o começo — o filme precisou de oito meses de pós-produção, edição, trabalho de laboratório, efeitos especiais e marcação de som. *Os Pássaros* só foi lançado no final de março de 1963.

Outro problema que atrasou *Marnie* foi o roteiro, baseado em um romance de Winston Graham, lançado recentemente na Inglaterra. Primeiro, Joseph Stefano, autor do roteiro de *Psicose*, escreveu uma adaptação. Sua versão foi analisada e rejeitada, e Evan Hunter, autor do roteiro de *Os Pássaros*, aceitou a tarefa e começou a trabalhar com Hitchcock. Mas o autor e o diretor discordaram seriamente sobre a personagem e o enredo, e para seu espanto, Hunter foi informado que estava demitido e que os bilhetes aéreos para seu retorno com a família para a Costa Leste poderiam ser retirados no dia seguinte.

Daí em diante, *Marnie* foi o filme mais atrapalhado de Hitchcock. O escritor novato Jay Presson Allen foi contratado por uma pechincha e a preparação do roteiro se arrastou aos trancos e barrancos. Ficou claro que a filmagem de *Marnie* não começaria em menos de um ano. Na verdade, as primeiras cenas não foram feitas antes de novembro de 1963 e o filme foi lançado no verão de 1964.

Mas os adiamentos, por si só, não inviabilizariam a participação de Grace. Por que então ela se retirou tão repentinamente no início de 1962? O motivo principal nunca foi declarado, mas pode ser revelado com um estudo cuidadoso de uma determinada correspondência.

No início de abril, depois de aceitar a oferta de Hitch, Grace descobriu que estava grávida, mas sofreu um aborto em meados de junho. No dia 9 de julho ela escreveu para Prudy Wise, contando que "viveu a grande tristeza de perder um bebê há duas semanas (isto é, meados de junho). Era uma gravidez de três meses. A experiência foi terrível e me abalou física e mentalmente". (Ao todo, ela sofreu três abortos.) O nascimento seria no final de março. Isso explica o fato de Grace ter aceitado a oferta de Hitchcock no dia 19 de março, antes de saber que estava grávida. Também justifica sua desistência em 1º de junho, quando a gravidez foi confirmada, mas não estava indo bem. Seria impossível começar a filmagem de *Marnie* em agosto.

Apesar de seu talento, é necessário dizer que Grace não era indicada para o filme. Mas o resultado deste debate favoreceu tanto o filme como sua estrela. O papel ficou com Tippi Hedren, que não tinha uma imagem pública para superar.

A atuação de Grace traria multidões para as bilheterias, mas seria impossível acreditar nela como uma ladra compulsiva e frígida. O público veria apenas a princesa de Mônaco, mãe de dois filhos, representando um papel. Como ela estava, como ela falava? Quanto ela lembrava a Grace de 1956? Por sua vez, Tippi Hedren já tinha atuado em *Os Pássaros* e o público aceitou sua interpretação de uma mulher estranha, e finalmente simpática, chamada Marnie — papel que, a propósito, ela interpretou com perfeição.

O assunto da gravidez de Grace não foi levado a público e, mais tarde, a justificativa oficial para a desistência foi o protesto da imprensa monegasca e dos cidadãos, que suspeitavam que a participação de Grace em *Marnie* anunciava sua volta permanente para Hollywood. Isso seria inaceitável e os assessores de Rainier o aconselharam contra este passo, o que segundo dizem, teria agradado o presidente francês Charles de Gaulle, porque dava indícios da presença de problemas no paraíso.

A situação política envolvendo de Gaulle e Rainier foi outro motivo alegado para a desistência de Grace. O governo de Gaulle travava uma notória batalha com Rainier. O presidente francês insistia no cancelamento de uma convenção de 1951, que governava as relações franco-monegascas, de modo que os impostos pudessem ser cobrados dos franceses residentes e a receita enviada para Paris. Rainier se recusava a deixar o principado enquanto o assunto estivesse sem solução, e preferia que a esposa também ficasse em casa, pois de Gaulle estava ameaçando cortar a água, a eletricidade e os serviços telefônicos, cujo fornecimento e controle estavam do lado francês da fronteira. Grace ficou ao lado do marido no impasse com de Gaulle, e permaneceram no palácio até a solução do impasse — a favor de Rainier, como sabemos. Porém, esta situação política não ocorreu antes do final do ano, depois que Grace desistiu do papel em razão da gravidez.

Em junho de 1962, mais de duas semanas depois de informar Hitch sobre sua desistência de *Marnie*, Grace escreveu uma carta com um pedido de desculpas: "Foi doloroso ter que deixar o filme. Eu estava muito animada para fazê-lo e especialmente para trabalhar com você novamente. Quando nos encontrarmos, gostaria de lhe explicar todos os motivos, o que é difícil fazer por carta ou por um terceiro. É lamentável que as coisas tenham acontecido desta forma — obrigada, Hitch, por ser tão compreensivo e prestativo. Sinto tê-lo desapontado. Também odeio saber que provavelmente existe outro 'gado' que poderia fazer o papel tão bem quanto eu — mesmo assim, espero continuar sendo uma de suas 'vacas sagradas' — Com carinho, Grace".

A resposta de Hitch, escrita à mão, chegou uma semana depois: "Sim, foi triste mesmo. Eu contava com a diversão e o prazer de trabalharmos juntos novamente. Sem dúvida, acho que você não só tomou a melhor decisão, mas a única possível. Afinal, é 'apenas um filme'. Alma e eu lhe enviamos nossas carinhosas lembranças, Hitch".

"P.S. Anexo está uma gravação que fiz para R., para ser ouvida em particular. — H".[38]

DIANTE DO CASO, HOUVE ALGUMA repercussão em Hollywood. Joseph R. Vogel, então presidente da Metro, leu que Hitch queria Grace em um filme, e escreveu de Nova York, em 28 de março, dizendo:

---

[38] De vez em quando, Hitch enviava fitas gravadas com canções obscenas e contos picantes para Rainier, e para outros — por isso a observação "para ser ouvida em particular".

> [...] *Quando Miss Kelly deixou o país para se tornar a princesa Grace, havia quatro anos e meio pendentes em seu contrato (com a Metro). A parte não expirada deste contrato representou e representa um ativo importante não utilizado desta companhia... Para ilustrar como os nossos interesses foram adversamente afetados pela incapacidade de nos valermos dos serviços da Srta. Kelly, James Stewart, Joshua Logan (diretor) e a Srta. Kelly foram escalados para o filme Teu Nome É Mulher. A Srta. Kelly se retirou e o grupo... ficou chateado. As substituições tiveram que ser feitas às pressas, com resultados insatisfatórios. Desde então, temos respeitado o afastamento da princesa Grace. Além disso, nós consentimos com sua participação no documentário Invitation to Monte Carlo.*
>
> *Portanto, enquanto a princesa Grace ficou afastada, achamos que não tínhamos alternativa além de aceitar o não cumprimento do compromisso. Em 1960, pedi a ela que fizesse um esforço para completar algo em que ela parecia ser bem-sucedida, se os relatos da imprensa são verdadeiros. Embora a volta da princesa Grace para a cena cinematográfica seja muito bem-vinda, acreditamos ser justo que a Metro-Goldwyn-Mayer participe deste retorno.*
>
> *Devo dizer com toda sinceridade que são poucos, se existir algum, os produtores independentes cujas normas e integridade permitam que se manifestem nestes termos. Aprecio sua consideração ao exposto e agradeço sua resposta.*

Hitchcock respondeu em 5 de abril: "Agradeço sua carta de 28 de março. Como o filme com a princesa Grace acabou de surgir, no que me diz respeito, acho que seria prematuro discutir o assunto agora. Eu poderia me comunicar com vocês mais tarde, quando as questões ligadas aos preparativos para este filme estiverem resolvidas?"

"Depois deste episódio", segundo um relato autorizado pelo palácio anos depois, "ela ficou muito triste e permaneceu trancada em seu quarto por vários dias". Anos depois, a família percebeu o arrependimento de Grace por ter desistido de sua carreira cinematográfica. "Em diferentes momentos, ela achou que poderia ter feito algo mais e que não tinha terminado o que tinha planejado", disse o filho. Duas peças estão entre os projetos inacabados de Grace. Ela disse para o amigo Gant Gaither que adoraria interpretar o papel-título de *Hedda Gabler*, como imaginou que seria a jovem Hedda. Outro papel era a protagonista de *Uncle George's Behold the Bridegroom*, sucesso na Broadway com Judith Anderson.

Suas participações no cinema depois de 1962 se limitaram a narrações em documentários de turismo sobre Mônaco ou o palácio, e uma narração para *The Children of Theatre Street*, em 1976. Tratava-se de uma pesquisa séria, mas tediosa, das dificuldades impostas às crianças na sua luta para seguir uma carreira bem-sucedida no Vaganova Choreographic Institute, em Leningrado, uma das melhores escolas de balé do mundo. (O documentário foi indicado ao prêmio da Academia.) No início de 1980, ela narrou um filme religioso de leituras bíblicas, e em 1982, fez dois breves programas religiosos de leituras e hinos ("The Nativity" e "The Seven Last Words"). Em todos, Grace recitava seu texto com sentimento sincero, mais como uma devota comum do que uma princesa. "Ela era muito bonita e, sempre, totalmente profissional e maravilhosa com todos", segundo o produtor Frank O'Connor.

Participar de todos estes projetos respeitáveis não tinha o mesmo significado que interpretar um papel. "Na intimidade, ela nutria um sentimento de perda", disse Judy Quine, em 1989, e acrescentou que Grace sentia que um dia a pressão iria abrandar e ela conseguiria voltar ao cinema — "mas, isso nunca aconteceu".

Desde 1962 até sua morte, em 1982, jornalistas, entrevistadores e amigos faziam a mesma pergunta para Grace, o tempo todo: "Quando você vai voltar às telas? Uma seleção de respostas revela sua sabedoria e experiência.

Em outubro de 1969, ela disse: "Com certeza, eu sinto falta de atuar, seja em Hollywood ou no teatro. Eu amo representar. Eu amava meu trabalho de atriz. Mas se eu quiser trabalhar bem, representar é algo que requer muito tempo e concentração e existe muita competição. Quanto se está atuando, você tem que pensar em si mesma em primeiro lugar, e sendo mãe, não é possível fazer isso. Minha situação é ainda mais complicada, ser a princesa de Mônaco e estar casada com um chefe de Estado. Entretanto, é muito bom, chegar na minha idade (quarenta!) e ver que ainda me querem".

Em junho de 1982: "Meu ex-agente, Jay Kanter, me enviou um roteiro (para o filme *Momento de Decisão*) e disse que eu poderia escolher entre dois papéis, que na verdade foram interpretados por Anne Bancroft e

Shirley MacLaine. Ele esperava que eu voltasse às telas, mas minha resposta foi 'não'. A profissão de ator não é vista em Mônaco como nos Estados Unidos. Na América, os atores podem manter separadas a vida pessoal e a vida pública. Mas, como esposa do príncipe Rainier, só posso ter uma vida pública — e ser uma princesa".

Em julho de 1982: "Fico lisonjeada que as pessoas pensem que posso voltar ao teatro ou fazer filmes. Mas esta seria uma decisão muito difícil depois de vinte e seis anos fora da profissão... Tudo mudou muito. Não tenho certeza se conseguiria trabalhar novamente".

Ela não voltaria a representar novamente? Ela sorria. "Ainda tenho meu primeiro estojo de maquiagem da Academia Americana de Artes Dramáticas. Está perdido em um dos meus armários, provavelmente coberto de poeira. Talvez um dia eu o tire de lá, ou não".

A oportunidade em que ela esteve mais próxima de se envolver novamente com a velha Hollywood aconteceu na primavera de 1976, quando lhe ofereceram, e ela aceitou, uma posição no conselho administrativo da Twentieth Century-Fox. Com isso, ela ia e voltava de Mônaco ou Paris (onde morou quando estudante) para Nova York ou Los Angeles, durante uns dois anos. Os executivos da Fox ficaram surpresos, pois as questões colocadas por Grace nas reuniões levantaram problemas importantes. Ela desenvolveu uma sensibilidade aguçada para os negócios e suas ideias criativas nunca foram desconsideradas.[39]

Entretanto, ela não podia aceitar convites para filmes — papéis cobiçados como o da imperatriz em *Nicholas e Alexandra*, por exemplo. Vivendo em contínua frustração, com o sentimento de que não tinha sido fiel ao seu talento, Grace teve períodos de profunda melancolia, com o crescimento e a partida dos filhos para viver suas próprias vidas. Quando sua amiga Peggy Lee cantava "Is That All There Is?", Grace conhecia a dor por trás de cada frase. "Não deve ser esquecido", diz o texto de uma celebração oficial de sua carreira, "que por trás da espontaneidade no exercício de seu papel (como princesa) se escondia um delicioso senso de humor e, às vezes, discretos acessos de melancolia. O protocolo e os deveres foram muito pesados em sua vida".

---

[39] Hitchcock alegou que falava por muitos quando me contou que Grace aceitou o cargo na Fox "porque ela teria bilhetes de primeira classe para ir e voltar". Eu o corrigi gentilmente: nunca faltou dinheiro vivo na conta dos Grimaldi. "Você ficaria surpreso", ele respondeu. Ele estava errado.

Rainier sabia da infelicidade de sua esposa, como revelou em 1966. "Houve um tempo em que a princesa ficou um pouco melancólica — o que é compreensível — depois de ter atuado com tanto sucesso, se ver completamente separada de sua arte. Ela foi impedida não apenas de atuar, como de ver outros atores em cena, pois não temos a oportunidade de tê-los por aqui. Se morássemos em Nova York, Londres ou Paris, ela ainda poderia se atualizar. Grace se viu privada disso também".

SEGUNDO O *NEW YORK TIMES*, em setembro de 1976, Grace fez um retorno triunfante ao mundo do entretenimento, no Festival Internacional de Edimburgo. Com os atores Richard Kiley e Richard Pasco, ela participou do "The American Heritage," em homenagem ao Bicentenário dos Estados Unidos. Grace recitou poemas de Anne Bradstreet, Carl Sandburg, Ogden Nash, T. S. Eliot e Robert Frost. Este compromisso foi tão bem-sucedido (ela me disse que "foi pura diversão"), que Grace continuou a aparecer no programa idealizado por John Carroll, levado ao palco em Pittsburgo, Minneapolis, Filadélfia, Princeton, Harvard e Washington, D.C.

O programa se chamava "Birds, Beasts and Flowers" e Grace revezou com Pasco a leitura dos textos, que chamavam a atenção para o World Wildlife Fund – Fundo Mundial da Vida Selvagem. Como escreveu o crítico do *New York Times*, "Talvez isso anime a princesa Grace a tentar uma performance real". O crítico sugeriu o papel de Lady Anne, em Ricardo III, ou de Titânia, contracenando com o Oberon de Pasco.

As leituras encenadas de poesia continuaram esporadicamente de 1976 a 1981 e foram muito agradáveis para Grace e seu público. Elas foram suspensas no início de 1982, quando Grace sofreu a primeira de uma série de fortes dores de cabeça, que pareciam ser enxaquecas, mas não eram. Não foi possível descobrir a causa ou um tratamento, exceto que a pressão de Grace estava anormalmente alta, e ela não tolerava os efeitos colaterais da maioria dos medicamentos disponíveis para hipertensão. As dores de cabeça iam e voltavam, mas a pressão não estava controlada. As dores foram os primeiros sinais de que ela sofria de uma doença vascular, assim como vários membros de sua família.

As dores de cabeça estavam quase insuportáveis durante o verão de 1982, quando Grace tinha uma agenda lotada de viagens e atividades profissionais e familiares. No dia 13 de setembro de 1982, ela estava dirigindo de Rocagel para Mônaco, na companhia de Stéphanie e, aparentemente, sentiu uma dor aguda na cabeça, e por um ou dois segundos, desmaiou. O carro mudou de direção e quando ela recuperou a consciência, estava momentaneamente desorientada. Em vez de frear, Grace acionou o acelerador (ou talvez não estivesse sentindo as pernas). Nesse ponto havia uma curva fechada na estrada, o carro seguiu em frente e caiu de um penhasco. Stéphanie sobreviveu ao acidente, mas Grace não. Enquanto dirigia, ela teve uma leve hemorragia cerebral, um acidente isquêmico transitório, que geralmente precede um evento mórbido maior. O segundo derrame foi causado pela queda e pela batida violenta do carro.

Em um hospital de Mônaco, a vida de Grace estava sendo mantida por aparelhos. No dia seguinte, uma equipe médica concluiu que ela tinha sofrido um dano cerebral irreversível. A família tomou a decisão difícil, mas necessária, de autorizar a retirada dos dispositivos artificiais que mantinham o coração e os pulmões em funcionamento. No dia 14 de setembro de 1982, Grace Kelly Grimaldi, Sua Alteza Sereníssima, a Princesa de Mônaco, esposa de Rainier e mãe de três filhos, foi declarada morta. Ela tinha 52 anos.

HÁ DOIS ANOS, EM 1980, quando surgiu a ideia de um projeto profissional excelente, Grace estava bem.

Jacqueline Monsigny é uma escritora francesa de sucesso, autora de mais de duas dúzias de livros e outrora apresentadora de um famoso programa de entrevistas em Paris. Quando foi convidada para uma conferência na televisão de Mônaco, ela e o marido, o ator Edward Meeks, foram apresentados à Grace, que ficou encantada em conhecer a talentosa apresentadora francesa e outro americano residente na França. Ela também tinha visto Edward na televisão recentemente, na série dramática *Les Globe-Trotters*. E assim se deu o início da amizade. Nos anos seguintes, Grace convidou Jacqueline e Edward muitas vezes para eventos beneficentes ou cinematográficos em Mônaco, ou para jantar em seu apartamento de Paris, na Avenue Foch. O príncipe Rainier e as crianças geralmente estavam presentes.

No início de 1980, no apartamento de Paris, Grace lhes disse que gostaria de aparecer em um filme original, provavelmente produzido para a televisão internacional, no qual representaria ao lado de Edward, como seu galã. O filme seria dirigido por Robert Dornhelm (que dirigiu The Children of

Theatre Street) — e Grace gostaria que Jacqueline escrevesse o roteiro. "Era como um sonho que se realizava para nós", disseram Edward e Jacqueline, em 2007, "mas, não era uma tarefa fácil. O que ela teria em mente?"

Eles discutiram o tema e o enredo por algum tempo. Jacqueline soube imediatamente que uma história de amor ou um thriller não eram apropriados para o projeto — isso poderia ser demais para Rainier. "Mas Grace veio com a ideia perfeita de uma história sobre o Monaco Flower Show, a exposição anual de flores que ela sempre presidia. A princesa faria o papel dela mesma em uma comédia sobre confusão de identidade". Em pouco tempo Jacqueline apresentou um roteiro ágil, que homenageava a exposição de flores e, ao mesmo tempo, contava uma história divertida.

O enredo fala de um astrofísico americano famoso internacionalmente, chamado Professor Nelson (interpretado por Meeks), que chegou a Monte-Carlo para uma conferência científica. Ele é recebido no aeroporto de Nice pelo motorista de uma limusine, que lhe diz, "A princesa terá finalmente o prazer de conhecê-lo". O professor fica surpreso, mas agradecido pela recepção inesperada.

Nelson é levado imediatamente para os jardins do palácio, onde a princesa Grace o confunde com um jornalista chamado Wilson, que escreve sobre viagens. Ela o recebe carinhosamente e sem uma pausa para respirar, descreve com entusiasmo a exposição anual de flores e os competidores em vários concursos de arranjos florais — "Até meu marido está apostando em seu talento!" (Mais tarde vemos Rainier fazendo um camafeu para ser usado na decoração.) Toda vez que Nelson tenta revelar sua identidade, ela tagarela sobre a competição e a alegria que se pode ter com as flores e plantas. Finalmente, ele consegue dizer que não tem nenhum talento para arranjos florais e que deve voltar para seu outro negócio.

"Bobagem", diz Grace com um sorriso irresistível. "O senhor vai se sair bem, professor Wilson. Nós conhecemos seu grande talento como jornalista". Mais uma vez, ouvimos os pensamentos de Nelson em off: "Talento? Ela pensa que sou um jornalista chamado Wilson, representante da imprensa! Como vou sair dessa?"

O humor irresistível do filme deriva do emprego da autêntica comédia de costumes: ninguém entende ninguém — as línguas se confundem, palavras na mesma língua têm significados ambíguos e as identidades mudam. Jacqueline Monsigny escreveu na melhor tradição da farsa francesa leve: o enredo remete, por exemplo, aos personagens confusos de Molière e aos episódios hilários nas comédias de Feydeau. Edward Meeks faz o papel de Nelson/Wilson com absoluta seriedade, o contraponto para o papel cômico de Grace, como ela mesma. O resultado é uma obra-prima minimalista. Em outras palavras, é uma grande comédia em sua expressão calorosa e humana.

Nelson descobre que a conferência científica foi adiada por alguns dias, e assim, como está sob os auspícios da princesa Grace, não tem outra coisa a fazer além de entrar no espírito da exposição de flores. Como tinha previsto, não consegue criar nada atraente ou mesmo aceitável, e tenta escapar. Mas Grace e o motorista o alcançam e o diálogo final é o epílogo perfeito para sua carreira:

> Professor Nelson (Edward Meeks): *Eu deveria ter lhe contado desde o início, mas deixe-me esclarecer agora. Não sou o jornalista Wilson. Não estou interessado em flores, plantas ou qualquer outra coisa que brote da terra. Pelo menos não estava, até conhecer a senhora. Tentei lhe contar — meu campo é a astrofísica: estrelas, cometas, satélites, pesquisa espacial. E meu nome é —*
> Grace: *Sim — é professor Nelson.*
> Professor Nelson: *Você sabia meu nome?*
> Grace: *Todos sabiam o seu nome. Você é tão famoso quanto Sarah Bernhardt. Mas quando eu soube que sua palestra tinha sido adiada para segunda-feira, decidi reorganizar as coisas. Sei que fui impertinente, mas não me arrependo. Diga-me, professor, por que um cientista — em especial aquele que estuda as estrelas e o céu — não pode encontrar um pouco de vida celestial em uma flor, ou em um cacho de uvas, ou até em uma cenoura?*
> Professor Nelson: *Mas você viu o meu arranjo de flores!*
> Grace: *Foi feito de coração, não foi? E não me diga que não gostou de sentir o coração bater um pouco mais rápido, para variar. Eu vi você! Você gostou do que estava fazendo. Ficou envolvido. Porque percebeu coisas que nunca tinha sentido antes. E era isso, professor, o que eu esperava que acontecesse. Até um desapontamento é melhor do que nenhuma emoção. Portanto, não lamente — mesmo se cometeu um erro.*

E ASSIM TERMINA O FILME chamado *Rearranged*, com menos de meia hora de duração e um projeto para sua sequência.

O filme foi rodado em Mônaco. Como lembraram Jacqueline e Edward, não houve problemas com sindicatos e apenas um pequeno grupo participou. "Grace esteve envolvida em tudo e nos transformou em uma família. Ela organizou a estreia com aproximadamente 500 pessoas. Grace queria ver como o marido e algumas pessoas ilustres de Mônaco reagiriam. Todos adoraram, e mais tarde, com o incentivo de Rainier, ela levou o filme para uma rede de televisão. Eles também gostaram e pediram o acréscimo de mais 15 minutos, para ter um programa especial de uma hora. Este foi o primeiro filme de Grace em vinte e cinco anos e provocou grande comoção entre os executivos. Quando voltou de Nova York, ela nos contou que teve que mostrar a primeira montagem para Frank Sinatra e Cary Grant — 'Eles adoraram!', ela disse. Na ocasião, ela se reuniu com Edward, Jacqueline e Dornhelm. Eles examinaram o material que tinham, fizeram anotações e começaram a aumentar o tempo da pequena comédia para uma hora de duração. O diretor sugeriu uma cena onde Grace usasse uma tiara ou coroa, para enfatizar sua posição. Mas Grace foi firme: 'Não', ela insistiu, 'isso seria pretensioso e eu não quero isso'".

Jacqueline e Edward sentiram que Grace "estava conduzindo o projeto de forma inteligente. As crianças cresceram e ela queria ter finalmente uma vida mais criativa. Mas não queria que o povo de Mônaco pensasse que sairia perdendo ou que ela estava voltando para sua vida de artista de cinema".

Quando Grace estava em Nova York, um repórter do *Paris-Match* ouviu falar do filme e ligou para Edward para saber mais. Ele disse que falaria com a princesa e ligou para Grace para saber como agir. "Diga-lhes que é algo que nós já fizemos, que o público de Mônaco já assistiu, que o trabalho está quase completo e é conhecido por todos". Edward retransmitiu suas palavras, e, é claro que o repórter ficou completamente perplexo. Segundo Edward e Jacqueline, as prioridades de Grace eram "na seguinte ordem — a família, sempre em primeiro lugar, depois Mônaco, Estados Unidos e França".

Nos meses de julho e agosto de 1982, Grace estava muito ocupada. Ela e a família viajaram em um cruzeiro para o Polo Norte. Ela também estava planejando o baile anual da Cruz Vermelha, para o qual convidou Edward como mestre de cerimônias. Depois que o planejamento para o evento beneficente terminou, ele e Jacqueline foram para Los Angeles de férias. "Liguem na volta", Grace lhes disse, "e faremos as cenas adicionais de nosso filme".

NO DIA 5 DE SETEMBRO, Grace escreveu para Rita Gam, que morava e trabalhava em Beverly Hills. Como sempre, ela escrevia para os amigos de próprio punho: "Estou lendo o roteiro revisado pela ABC (para o filme da rede sobre sua vida, com Cheryl Ladd no papel de Grace). Acho que vai ser bom. É claro que a ideia não me agrada e me sinto um pouco como alguém que ao chegar em casa, descobre que os ladrões entraram e mexeram em todos os seus pertences. Mas eles estão tentando fazer o melhor e são bastante cuidadosos. Você aparece muito bem no filme (isto é, uma atriz que representou Rita)".

"Nós fizemos um cruzeiro maravilhoso no Círculo Polar Ártico. Foi muito emocionante e misterioso. Mas passei um mês brigando com uma bronquite persistente e espero ficar bem logo, pois farei um recital de poesias no dia 28 de setembro, em Windsor, na Capela St. George e, no início de outubro, estarei com Sam Wanameker (ator e diretor) para uma pequena turnê por quatro cidades, para angariar fundos para o projeto do Globe Theatre, em Londres. Depois, estarei em Paris até dezembro. Devo ir para a Califórnia em março. Espero que possamos nos encontrar em algum lugar nesse meio tempo. Por enquanto, muito amor, minha querida, me aguarde! — Grace".

*REARRANGED* NUNCA FOI COMPLETADO COMO planejado, mas é uma joia na sua versão de 25 minutos. Grace ainda iluminava a tela e seu *timing* para a comédia era perfeito para o filme. Seu talento continuava o mesmo. Os anos o aguçaram e lhe deram uma profundidade e pungência que deixaram o público em Mônaco aplaudindo loucamente e pedindo bis.

Mais tarde, quando Jacqueline e Edward abordaram Rainier com um pedido para fazer a distribuição do filme, "ele estava completamente envolto pela tristeza", segundo Jacqueline, "e provavelmente não queria trazer lembranças dolorosas à tona". O príncipe negou, firme e educadamente, qualquer permissão para a distribuição do filme. "Não tínhamos intenção de obter lucro com isso", acrescentou Jacqueline, "mas acreditávamos sinceramente que, em honra à memória da princesa, o público poderia descobrir aspectos pouco conhecidos de sua verdadeira personalidade e talento, sua simplicidade, charme, sutileza e bom-humor". O negativo principal de *Rearranged* continua trancado nos cofres do palácio, provavelmente, para sempre.

Em junho de 1982, antes de sair com a família para o cruzeiro, Grace enviou uma cópia de *Rearranged* para Edward: "Ed, confio o filme a você durante o verão. Por favor, providencie algumas cópias em videocassete — para facilitar a exposição (de distribuidores potenciais) quando voltarmos — nos formatos Secam, Pal e NTSC, pois a versão em 35 milímetros requer uma sala de projeção".

No dia 22 de julho, Grace deu sua última entrevista. No final, alguém perguntou, "Como você gostaria de ser lembrada?" Ela hesitou e olhou de lado por um momento antes de responder.

"Eu gostaria de ser lembrada como uma pessoa que realizou algo, que era gentil e amorosa. Eu gostaria de deixar a lembrança de um ser humano que se comportou decentemente e tentou ajudar os outros."

# BIBLIOGRAFIA

AITKEN, MARIA. *Style: Acting in High Comedy*. Nova York: Applause Theatre Books, 1996.
BARRY, PHILIP. *The Philadelphia Story*. Nova York: Samuel French, 1969.
CASSINI, OLEG. *In My Own Fashion*. Nova York: Simon and Schuster, 1987.
CONANT, HOWELL. *Grace*. Nova York: Random House, 1992.
DEWEY, DONALD. *James Stewart: a biography*. Atlanta: Turner Publications, 1996.
DHERBIER, YANN-BRICE; PIERRE-HENRI VERLHAC. *Grace Kelly: a life in pictures*. Londres: Pavilion, 2006.
DRUMMOND, PHILLIP. *High Noon*. Londres: BFI Publishing/British Film Institute, 1997.
DUNCAN, PAUL (ed.); GLENN HOPP (texto). *Movie Icons: Grace Kelly*. Cologne: Taschen, 2007.
ENGLUND, STEVEN. *Grace of Monaco: an interpretive biography*. Nova York: Zebra/Kensington, 1985.
FINLER, JOEL W. *The Hollywood Story*. Londres: Wallflower, 2003.
GAITHER, GANT. *Princess of Monaco: the story of Grace Kelly*. Nova York: Hillman/Bartholomew House, 1961.
GAM, RITA. *Actress to Actress*. Nova York: Nick Lyons, 1986.
GARDNER, AVA. *Ava: my story*. Nova York: Bantam, 1990.
GLEDHILL, CHRISTINE. *Stardon: industry of desire*. Londres: Routledge, 1991.
*Grace Kelly: princesse du cinéma*. Paris: Stanislas Choko, 2007. (Nenhum autor ou editor creditado)
GRACE OF MONACO, PRINCESS; GWEN ROBYNS. *My Book of Flowers*. Nova York: Doubleday, 1980.
GRANGER, STEWART. *Sparks Fly Upward*. Nova York: G. P. Putnam's Sons, 1981.
GRAVES, MARK A. *George Kelly: a research and production sourcebook*. Westport, CT: Greenwood Press, 1999.
GUINNESS, ALEC. *Blessings in Disguise*. Nova York: Knopf, 1986.
HARRIS, WARREN G. *Clark Gable: a biography*. Nova York: Harmony, 2002.
HART-DAVIS, PHYLLIDA. Grace: *the story of a princess*. Londres: Willow/Collins, 1982.
HARTNOLL, PHYLLIS (ed.) *The Oxford Companion to the Theatre*, 4ª ed. Oxford: Oxford University Press, 1983.
HAWKINS, PETER. *Prince Rainier of Monaco: his authorised and exclusive story*. Londres: William Kimber, 1966.
HAWKINS-DADY, MARK (ed.) *The International Dictionary of Theatre*, vol. 1, Plays. Farmington Hills, Michigan: St. James Press/Gale, 1992.
HEAD, EDITH; PADDY CALISTRO. *Edith Head's Hollywood*. Nova York: E. P. Dutton, 1983.
JAKES, JOHN (ed.) *A Century of Great Western Stories*. Nova York: Forge/Tom Doherty, 2000.
KELLY, GEORGE. *Three Plays: the torch-bearers, the show-off, Craig's wife*. Nova York: Limelight/Proscenium, 1999.
KINSELLA, TERRY; ANGELIKA KINSELLA (eds.) *With Love – Grace*. Westlake Village, CA: A Piece of History, 1994.
KNOTT, FREDERICK. *Dial "M" for Murder*. Nova York: Dramatists Play Service, 1982.
LACEY, ROBERT. *Grace*. Nova York: Berkley, 1996.

# BIBLIOGRAFIA

LEWIS, ARTHUR H. *Those Philadelphia Kellys: With a Touch of Grace*. Nova York: William Morrow, 1977.
MARCHANT, WILLIAM. *To Be Continued*. Nova York: Dramatists Play Service, 1980.
MCCALLUM, JOHN. *That Kelly Family*. Nova York: A. S. Barnes, 1957.
MCGILLIGAN, PATRICK. *Alfred Hitchcock: a life in darkness and light*. Nova York: ReganBooks, 2003.
MICHENER, JAMES A. *The Bridges at Toko-Ri*. Nova York: Ballantine, 1982.
MITTERRAND, FRÉDÉRIC. *The Grace Kelly Years: Princess of Monaco*. Mônaco: Grimaldi Forum/Skira Editore, 2007.
MOLNÁR, FERENC. *The Swan*. Nova York: Longmans, Green, 1929.
MONSIGNY, JACQUELINE. *Chère Princesse Grace – Souvenirs*. Neuilly-sur-Seine: Michel Lafon, 2002.
ODETS, CLIFFORD. *The Country Girl*. Nova York: Dramatists Play Service, 1979.
QUINE, JUDITH BALABAN. *The Bridesmaids: Grace Kelly, princess of Monaco, and six intimate friends*. Nova York: Weidenfeld & Nicolson, 1989.
ROBINSON, JEFFREY. *Rainier and Grace: An Intimate Portrait*. Nova York: Atlantic Monthly, 1989.
ROBYNS, GWEN. *Princess Grace*. Londres: W. H. Allen, 1982.
ROSE, HELEN. *Just Make Them Beautiful*. Santa Mônica, CA: Dennis-Landman, 1976.
SCHARY, DORE. *Heyday*. Boston: Little, Brown, 1979.
SERVER, LEE. *Ava Gardner: "Love Is Nothing"*. Nova York: St. Martin's Press, 2006.
SILVERBERG, LARRY. *The Sanford Meisner Approach: An Actor's Workbook*. Manchester and Lyme, New Hampshire: Smith and Kraus, 1994.
SINDEN, DONALD. *A Touch of the Memoirs*. Londres: Hodder & Stoughton, 1982.
SPOTO, DONALD. *The Art of Alfred Hitchcock* (prefácio da princesa Grace de Mônaco). Nova York: Doubleday Anchor, 1999 (ed. do centenário); 1. ed., Nova York: Hopkinson & Blake, 1976; Londres: W. H. Allen, 1976.
_____. *Camerado: Hollywood and the American Man*. Nova York: New American Library, 1978.
_____. *The Dark Side of Genius: the life of Alfred Hitchcock*. Nova York: DaCapo/HarperCollins, 1999 (ed. de centenário); 1. ed., Boston: Little, Brown, 1983; Londres: Collins, 1983.
_____. *Enchantment: the life of Audrey Hepburn*. Londres: Hutchinson, 2006; Nova York: Harmony Books, 2006.
_____. *Jacqueline Bouvier Kennedy Onassis: a life*. Nova York: St. Martin's Press, 2000.
_____. *Marilyn Monroe: the biography*. Nova York: HarperCollins, 1993, e Londres: Chatto & Windus, 1993.
_____. *Notorious: the life of Ingrid Bergman*. Nova York e Londres: HarperCollins, 1997.
_____. *Spellbound by Beauty: Alfred Hitchcock and his leading ladies*. Londres: Hutchinson, 2008; Nova York: Harmony Books, 2008.
_____. *Stanley Kramer, film maker*. Nova York: G. P. Putnam's Sons, 1978.
STRINDBERG, AUGUST. *The Father*. (trad. Edith e Warner Oland) Mineola, NY: Dover Publications, 2003.
TRUFFAUT, FRANÇOIS. *Hitchcock* (ed. revisada). Nova York: Simon & Schuster, 1983.
VINEBERG, STEVE. *High Comedy in American Movies*. Nova York: Rowman & Littlefield, 2005.
ZINNEMANN, FRED. *Fred Zinnemann: an autobiography, a life in the movies*. Nova York: Robert Stewart/Scribner's, 1992.